Karl Uhr, Christoph Aerni, Bernhard Roten, Bernhard Scheidegger

Gesellschaft

Lehrmittel für den Lernbereich «Gesellschaft» im ABU

der bildungsverlag

Karl Uhr, Christoph Aerni, Bernhard Roten, Bernhard Scheidegger
Gesellschaft
Lehrmittel für den Lernbereich «Gesellschaft» im ABU
ISBN 978-3-03905-434-3

Weitere Materialien zu diesem Buch:
www.hep-verlag.ch

Gestaltung und Layout: Atelier Kurt Bläuer, Bern

Bibliografische Information der Deutschen Bibliothek:
Die Deutsche Bibliothek verzeichnet diese Publikation
in der Deutschen Nationalbibliografie; detaillierte
bibliografische Angaben sind im Internet über
http://dnb.ddb.de abrufbar.

hep verlag ag
Brunngasse 36
CH-3011 Bern

www.hep-verlag.ch

Vorwort

Berufslernende werden in der Allgemeinbildung gesamtschweizerisch nach den Vorgaben des neuen Rahmenlehrplans unterrichtet. Dieses Lehrmittel wurde eigens für den allgemeinbildenden Unterricht an Berufsfachschulen entwickelt. Als erstes auf dieser Stufe behandelt es alle relevanten Themen zum Lernbereich «Gesellschaft». Das inhaltlich verdichtete, in verständlicher Sprache geschriebene Werk ist methodisch-didaktisch vielseitig einsetzbar und enthält neben den wesentlichen Lerninhalten auch zahlreiche Verständnis- und Vertiefungsfragen. Eine übersichtliche Darstellung mit Marginalien und zahlreichen Abbildungen unterstützt das Lehren und Lernen.

Basis ist ein klares Konzept:
- Jedem Themenbereich ist ein Kapitel gewidmet. Die einzelnen Kapitel haben einen gut «verdaubaren» Umfang und folgen einem roten Faden.
- Eine Einleitung hilft, die Bedeutsamkeit der einzelnen Themenkreise zu erkennen, während die abgedruckten Zitate zum Einstieg in ein Thema erste Diskussionen ermöglichen.
- Verständnisfragen und weiterführende Aufgaben, in denen das neu erworbene Wissen angewendet werden muss, unterstützen den Lernprozess.
- Am Ende jedes Kapitels wird im Sinne einer Lernkontrolle rekapituliert, was die Lernenden gelernt haben müssen.
- Das Handbuch für Lehrpersonen beinhaltet einerseits Lösungsvorschläge zu den verschiedenen Aufgaben, andererseits Übersichten und Arbeitsblätter.
- Auf der Homepage des hep verlags (www.hep-verlag.ch) werden zusätzlich zu jedem Thema Online-Angebote bereitgestellt.

Autoren und Verlag sind überzeugt, mit diesem Lehrmittel einerseits die Lehrkräfte in ihrer tagtäglichen Unterrichtsarbeit wirksam zu unterstützen, andererseits den Lernenden die Wissensaufnahme zu erleichtern.

Im April 2009
Autorenteam und Verlag

Inhaltsverzeichnis

1 Berufliche Grundbildung

1.1	Organisation der Berufsbildung	9
1.2	Die gesetzlichen Grundlagen und Vollzugsorgane	10
1.3	Der Lehrvertrag	11
	Inhalt	11
	Probezeit	12
	Beendigung des Lehrverhältnisses	12
	Pflichten der Lernenden	13
	Rechte der Lernenden	14
	Pflichten der Berufsbildenden	16
	Konflikte im Lehrbetrieb	17
1.4	Nützliche Lerntipps	18
1.5	Miteinander reden	19
1.6	Frauen und Männer in der Berufsbildung	22
	Wahl unterschiedlicher Berufe	22
	Geschlechterrollen	23
	Das haben Sie in diesem Kapitel gelernt	24
	Wissen anwenden	25
	Korrespondenz	28

2 Geld und Kauf

2.1	Geld	31
	Der Lohn	31
	Geldinstitute	32
	Geldanlagemöglichkeiten	34
	Bargeldloser Zahlungsverkehr	37
	Budget	39
2.2	Kauf	40
	Ablaufschema eines Kaufvertrages	40
	Schlüsselfragen und Vertragsverletzungen	41
	Kaufvertrags- und Finanzierungsarten	44
	Ökologie und Ethik beim Kaufen	49
	Die Ökobilanz	51
	Das haben Sie in diesem Kapitel gelernt	52
	Wissen anwenden	53
	Korrespondenz	56

3 Risiko und Sicherheit

3.1	Risiken	59
	Das Risikomanagement	59
	Wahrnehmung von Risiken	59
	Persönliche Risiken	60
	Gesellschaftliche Risiken	65
3.2	Versicherungen	66
	Einführung	66
	Haftpflichtversicherungen	67
	Sachversicherungen	69
	Personenversicherungen	71
	Das haben Sie in diesem Kapitel gelernt	78
	Wissen anwenden	79
	Korrespondenz	82

4 Demokratie und Mitgestaltung

4.1	Die Schweiz gestern und heute	85
	Die Alte Eidgenossenschaft	85
	Untergang der Alten Eidgenossenschaft	85
	Die moderne Schweiz	86
	Steckbrief der Schweiz heute	88
4.2	Der Bundesstaat Schweiz	89
	Staatsformen	89
	Der föderalistische Bundesstaat	89
	Die Demokratie als Regierungsform	90
	Die Demokratie in Abgrenzung zur Diktatur	91
4.3	Mitwirkungsrechte und Pflichten	92
	Grundrechte, Freiheitsrechte, Menschenrechte	92
	Staatsbürgerliche Rechte	93
	Politische Rechte	93
	Staatsbürgerliche Pflichten	93
4.4	Stimmen und Wählen	94
	Stimmrecht	94
	Wahlrecht	95
	Majorzwahl	96
	Proporzwahl	96

4.5 Referendum und Initiative 98
Das Referendum 98
Die Initiative 99
4.6 Interessengruppen 100
Parteien 100
Parteienspektrum der Schweiz 104
Verbände 105
4.7 Gewaltenteilung 108
Das Parlament (Legislative) 109
Der Bundesrat (Exekutive) 110
Das Bundesgericht (Judikative) 112
4.8 Entstehung eines Gesetzes 113
4.9 Die wichtigsten Aufgaben eines Staates 114
Das haben Sie in diesem Kapitel gelernt 115
Wissen anwenden 116

5 Kunst und Kultur

5.1 Kultur 121
5.2 Die Kunst als Kulturform 122
5.3 Bildende Kunst 123
Malerei 124
Die Malerei des 20. Jahrhunderts 125
Grafik 130
Fotografie 130
Architektur 131
Bildhauerkunst 131
5.4 Darstellende Kunst 132
Schauspielkunst 132
Tanz 134
Medienkunst 135
5.5 Literatur 139
Erzählende Texte (Epik) 140
Dramatische Texte (Dramatik) 141
Lyrische Texte (Lyrik) 142
5.6 Musik 143
Erneuerung der klassischen Musik
im 20. Jahrhundert 143
Musikstile im 20. Jahrhundert 144
5.7 Das 20. Jahrhundert im Überblick 148
Das haben Sie in diesem Kapitel gelernt 150
Wissen anwenden 151

6 Schweiz in Europa und der Welt

6.1 Globalisierung 155
Wirtschaftliche Globalisierung 155
Die Schweiz in der globalisierten Wirtschaft 157
6.2 Die Europäische Union (EU) 159
Geschichte 159
Die Europäische Union im Überblick 164
Aufbau und Funktionsweise
der Europäischen Union 165
Die europäische Verfassung 166
Die drei Säulen der Europäischen Union 167
6.3 Die Schweiz innerhalb Europas 168
Geschichte 168
Die bilateralen Verträge 170
Das haben Sie in diesem Kapitel gelernt 172
Wissen anwenden 173

7 Markt und Konsum

7.1 Nachfrage – Angebot – Markt 177
Die Nachfrage 177
Das Angebot 179
Der Markt 180
**7.2 Der Wirtschaftskreislauf und seine
Teilnehmer** 182
Der einfache Wirtschaftskreislauf 182
Der erweiterte Wirtschaftskreislauf 183
Produktionsfaktoren 185
Wirtschaftssektoren 186
7.3 Die Messung der Wirtschaftsaktivität 187
Wohlstand und Wohlfahrt 187
Bruttoinlandprodukt (BIP) 187
Die Einkommensverteilung 189
7.4 Die Rolle des Staates 190
Wirtschaftsformen 190
Die soziale Marktwirtschaft 190
Wirtschaftspolitik 191
7.5 Die Finanzierung der Staatstätigkeit 195
Einnahmen und Ausgaben 195
Besteuerungsformen und
Besteuerungsarten 196
Spezielle Steuerarten 198
Selbstdeklaration 200
Das haben Sie in diesem Kapitel gelernt 201
Wissen anwenden 202
Korrespondenz 204

8   Globale Herausforderungen

8.1	**Menschen in Bewegung**	207
	Bevölkerungsentwicklung	207
	Migration	209
	Bevölkerungsentwicklung in der Schweiz	212
	Die Schweiz als Auswanderungsland	213
	Die Schweiz als Einwanderungsland	214
8.2	**Das Spannungsfeld zwischen Ökonomie und Ökologie**	218
	Der ökologische Fussabdruck	218
	Steigender Energieverbrauch	220
	Ressourcenverbrauch am Beispiel Wasser	221
	Die Klimaveränderung	223
	Politische Instrumente	225
	Nachhaltige Wirtschaftsentwicklung	226
8.3	**Wohlstand und Armut**	227
	Kluft zwischen Arm und Reich	227
	Entwicklungsländer	228
	Entwicklungspolitik	228
	Entwicklungszusammenarbeit	229
8.4	**Internationale Organisationen**	230
	Regierungsorganisationen	230
	Nichtregierungsorganisationen (NGO)	232
	Internationale Konferenzen	233
	Das haben Sie in diesem Kapitel gelernt	234
	Wissen anwenden	235

9   Wohnen und Zusammenleben

9.1	**Wohnen**	239
	Wohnungssuche und Umzug	239
	Mietvertrag und Mietantritt	241
	Mietzeit	242
	Mietende	245
	Mieterschutz	247
9.2	**Zusammenleben**	249
	Partnerschaft und Rollenverständnis	249
	Konkubinat	250
	Ehe	251
	Kindesverhältnis	254
	Errungenschaftsbeteiligung	256
	Erbrecht	258
	Das haben Sie in diesem Kapitel gelernt	260
	Wissen anwenden	261
	Korrespondenz	264

10   Arbeit und Zukunft

10.1	**Berufliche Zukunft**	267
	Stellensuche	267
	Die Stellenbewerbung	268
	Das Vorstellungsgespräch	271
10.2	**Rechtliche Grundlagen des Arbeitsvertrags**	273
10.3	**Einzelarbeitsvertrag (EAV)**	274
	Der Vertrag	274
	Pflichten der Arbeitnehmenden	274
	Pflichten des Arbeitgebers	276
	Beendigung	280
	Arbeitszeit	284
	Probleme und Lösungen	285
10.4	**Gesamtarbeitsvertrag (GAV)**	286
	Das haben Sie in diesem Kapitel gelernt	287
	Wissen anwenden	288
	Korrespondenz	292

11   Grundsätzliches zum Recht

11.1	**Rechtsgrundlagen**	295
	Aufgaben des Rechts	295
	Rechtsordnung	296
	Öffentliches Recht	297
	Privates Recht	297
	Rechtsgrundsätze	298
11.2	**Personenrecht**	299
	Personenrechtliche Bestimmungen	299
11.3	**Vertragsrecht**	301
	Vertragsformen	301
	Vertragsinhalt	302
	Verjährung	303
11.4	**Strafrecht**	304
	Grundsätze des Strafrechts	304
	Deliktarten	305
	Strafen	305
	Massnahmen	306
	Jugendstrafrecht	306
	Das haben Sie in diesem Kapitel gelernt	307
	Wissen anwenden	308

Stichwortverzeichnis	310

Berufliche Grundbildung

	Einleitung	8
1.1	Organisation der Berufsbildung	9
1.2	Die gesetzlichen Grundlagen und Vollzugsorgane	10
1.3	Der Lehrvertrag	11
1.4	Nützliche Lerntipps	18
1.5	Miteinander reden	19
1.6	Frauen und Männer in der Berufsbildung	22
	Das haben Sie in diesem Kapitel gelernt	24
	Wissen anwenden	25
	Korrespondenz	28

Einleitung

Zwei Drittel der Jugendlichen beginnen nach ihrer obligatorischen Schulzeit eine berufliche Grundbildung. Ziel der beruflichen Grundbildung ist es einerseits, dass die Jugendlichen lernen, sich in der Arbeitswelt zu behaupten, Selbstbewusstsein zu entwickeln und Verantwortung zu übernehmen. Auf der anderen Seite sollen sie auch lernen, die Fähigkeit und Bereitschaft zu entwickeln, beruflich flexibel zu sein, sich in eine Arbeitsgemeinschaft zu integrieren, sich anzupassen und zurückzuhalten, sich Mitmenschen gegenüber korrekt zu verhalten.

Wie erfolgreich Lernende mit der beruflichen Grundbildung zurechtkommen, hängt vielfach auch von der persönlichen Einstellung ab. Eine positive, motivierte und neugierige Haltung ist die beste Voraussetzung für eine erfolgreiche Lehrzeit.

《 *Sage es mir,*

und ich vergesse es;

zeige es mir,

und ich erinnere mich;

lass es mich tun,

und ich behalte es! **》**

Konfuzius

1.1 Organisation der Berufsbildung

Unser Berufsbildungssystem wird von der Schule, den Lehrbetrieben und den Berufsverbänden gemeinsam getragen. Die Lernenden wechseln in sinnvollen Abständen den Lernort. Es findet ein Wechselspiel zwischen dem Lernen von theoretischem Wissen und seiner anwendungsorientierten Umsetzung und Vertiefung statt.

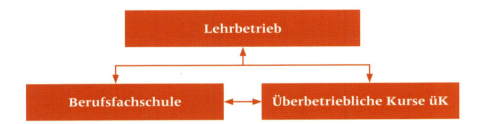

Der Lehrbetrieb ist der Ausbildungsort für die praktische Bildung. Grundlage für die praktische Ausbildung im Betrieb und in den überbetrieblichen Kursen bilden die berufsspezifischen Bildungsverordnungen (BIVO).

Lehrbetrieb

Die überbetrieblichen Kurse dienen der Vermittlung und dem Erwerb grundlegender Fertigkeiten. Sie ergänzen die Bildung in beruflicher Praxis und die schulische Ausbildung, wo dies erforderlich ist.

Überbetriebliche Kurse

Die Berufsfachschule vermittelt die schulische Bildung. Diese besteht aus fachkundlichem und allgemeinbildendem Unterricht.

Berufsfachschule

Die schulische Bildung an der Berufsfachschule besteht aus fachkundlichem und allgemeinbildendem Unterricht.

1.2 Die gesetzlichen Grundlagen und Vollzugsorgane

Bund	Der Bund ist für die grundsätzliche Regelung der Berufsbildung zuständig. Er steuert mit Gesetzen und Verordnungen die berufliche Grundbildung und sorgt für deren Weiterentwicklung.	• Bundesverfassung BV 63 • Bundesgesetz über die Berufsbildung BBG • Obligationenrecht OR (Arbeitsvertrag / Lehrvertrag) • Arbeitsgesetz ArG (Arbeitnehmerschutz) • Rahmenlehrplan ABU
Kantone	Mit dem Erlass von Ausführungsbestimmungen sorgen die Kantone für die Umsetzung der eidgenössischen Vorgaben und sind für die Aufsicht verantwortlich.	• Kantonales BBG • Vollzugsverordnung • Reglemente (z.B. Absenzen- und Disziplinarreglement)
Berufsverbände	Die Berufsverbände erstellen die Bildungsverordnungen (BIVO) und regeln die überbetrieblichen Kurse (üK).	• Bildungsverordnung BIVO • Reglement zu üK
Lehrbetrieb	Der Lehrbetrieb schliesst mit der oder dem Lernenden innerhalb der gesetzlichen Schranken den Lehrvertrag ab. Mit der Betriebsordnung sorgt der Lehrbetrieb unter anderem für den nötigen Schutz der Lernenden.	• Lehrvertrag • Betriebsordnung
Berufsfachschule	Mit Schullehrplänen sichert die Berufsfachschule zielgerichtetes Unterrichten und sorgt mit speziellen Massnahmen für deren Qualität. Stundenplan, Hausordnung und weitere Weisungen sollen erfolgreiches Lernen fördern.	• Schullehrplan • Stundenplan • Schul- und Hausordnung mit verschiedenen Weisungen

Die Grundlagen des Rechts werden in Kapitel 11 behandelt.

Verstanden?   1.1   Nennen Sie drei eidgenössische Gesetzeswerke, welche Bestimmungen über die Berufsbildung enthalten.

1.3 Der Lehrvertrag

Der Lehrvertrag bildet die wichtigste Grundlage des Lehrverhältnisses; es ist das erste Dokument, in dem nachzuschlagen ist, wenn Unklarheiten oder Streitigkeiten über das Lehrverhältnis bestehen. Die Besonderheit dieses Vertrages besteht darin, dass hier nicht die Arbeitsleistung und die Entlöhnung, sondern die fachgerechte Ausbildung der Lernenden im Vordergrund steht. Die Arbeit dient der Ausbildung.

Die Vertragsparteien heissen Berufsbildnerin / Berufsbildner und Lernende / Lernender. Unmündige (also noch nicht 18-jährige) Lernende sind bei Vertragsabschluss auf die Mitwirkung ihrer gesetzlichen Vertreter angewiesen. Dies sind in der Regel die Eltern, die den Lehrvertrag mitunterzeichnen.

Die Parteien des Lehrvertrages (OR 344a) (BBG 14)

Der Lehrvertrag muss vor Lehrbeginn dem Kantonalen Amt für Berufsbildung / KAB (z. B. im Kanton Bern MBA) zur Kontrolle und Genehmigung vorgelegt werden. Anschliessend lässt die kantonale Behörde jeder Vertragspartei ein genehmigtes Exemplar zukommen.

Kontrolle und Genehmigung

Inhalt

Folgendes wird in einem Lehrvertrag mindestens geregelt:

OR 344a

> **Obligatorische Bestandteile des Lehrvertrags**
> - Art und Dauer der beruflichen Ausbildung (genaue Berufsbezeichnung)
> - Dauer der Probezeit
> - Arbeitszeit
> - Lohn
> - Ferien

Zusätzlich ist die Regelung folgender Punkte empfehlenswert:

> **Freiwillige Bestandteile des Lehrvertrags**
> - Berufskleider und -werkzeuge
> - Lehrmittel
> - Unterkunft und / oder Verpflegung
> - Versicherungsprämien (NBU / Krankentaggeldversicherung)

Verstanden?

1.2   Welche Formvorschrift gilt für den Abschluss eines Lehrvertrages?

1.3   Wer unterschreibt den Lehrvertrag?

1.4   Welche Aufgaben hat das Kantonale Amt für Berufsbildung (KAB/MBA)?

1.5   Zählen sie vier Punkte auf, die im Lehrvertrag geregelt sein müssen.

Probezeit

OR 344a Die Probezeit dient den beiden Vertragsparteien zur Überprüfung der getroffenen Wahl. Der Berufsbildner erhält Einblick in die Arbeitsweise des Lernenden. Dieser kann feststellen, ob die begonnene Berufslehre seinen Neigungen und Fähigkeiten entspricht.

Dauer Die Probezeit darf nicht weniger als einen Monat und nicht mehr als drei Monate betragen. Die Höchstdauer der Probezeit kann vor Ablauf durch Absprache der Parteien unter Zustimmung der kantonalen Behörde bis auf höchstens sechs Monate verlängert werden. Während der Probezeit kann das Lehrverhältnis mit einer Kündigungsfrist von sieben Tagen jederzeit aufgelöst werden.

Beendigung des Lehrverhältnisses

Auflösung des Lehr-vertrages (OR 337/346) Der Lehrvertrag wird prinzipiell für eine bestimmte Zeit (zwei bis vier Jahre) abgeschlossen. Dieses befristete Ausbildungsverhältnis endet automatisch, d. h., eine Kündigung am Ende der Lehrzeit erübrigt sich. Wird nach der Lehre weiterhin in der Lehrfirma gearbeitet, gelten die Lehrjahre als Anstellungsjahre. Dies ist wichtig für die Bestimmung der Kündigungsfrist.

Fristlose Kündigung (OR 346) Nach Ablauf der Probezeit lässt sich das Lehrverhältnis nur noch aus wichtigen Gründen aufheben. Ein solcher Grund liegt vor, wenn man dem Kündigenden nicht mehr zumuten kann, das Lehrverhältnis fortzusetzen.

> **Mögliche Gründe für fristlose Kündigungen**
> - Berufsbildende: ungenügende Leistungen des Lernenden, Diebstahl u. Ä.
> - Lernende: mangelhafte Ausbildung, sexuelle Belästigung u. Ä.

Im Gegensatz zur ordentlichen Kündigung während der Probezeit braucht bei der ausserordentlichen Kündigung keine Kündigungsfrist beachtet zu werden. Wird der Lehrbetrieb aus wirtschaftlichen Gründen oder anderen Überlegungen geschlossen, so muss das Kantonale Amt für Berufsbildung nach Möglichkeit den Lernenden eine neue Lehrstelle vermitteln, wo diese ihre Ausbildung ordnungsgemäss beenden können.

Verlängerung der Lehrzeit Versäumen die Lernenden einen Teil ihrer Lehre wegen Krankheit, Unfall oder Militärdienst, dürfen sie nicht zur Verlängerung der Lehrzeit gezwungen werden. Falls jedoch deutlich wird, dass das Ausbildungsziel (Bestehen des Qualifikationsverfahrens, QV) nicht erreicht wird, kann die Lehrzeit verlängert werden. Für eine Verlängerung braucht es zwingend die Bewilligung des Kantonalen Amtes für Berufsbildung.

Verstanden?

1.6 Wie lange dauert die Probezeit?

1.7 Wozu dient die Probezeit?

1.8 Welche Regelung gilt für die Beendigung eines Lehrverhältnisses?

1.9 Nennen Sie vier Gründe, welche nach Ablauf der Probezeit eine Auflösung des Lehrvertrages rechtfertigen.

Pflichten der Lernenden

Die Lernenden haben alles zu tun, um das Lehrziel zu erreichen. Insbesondere haben sie die Anordnungen der Berufsbildnerin resp. des Berufsbildners zu befolgen und die ihnen übertragenen Arbeiten gewissenhaft auszuführen.

Hauptpflicht (OR 345)

Die Lernenden sind verpflichtet, den Pflichtunterricht und die überbetrieblichen Kurse (üK) zu besuchen. Ferner haben sie die Anordnungen der Schule bzw. der Kursleitung zu befolgen.

Berufsfachschule / üK (BBG 23)

Zu den ihnen anvertrauten Arbeitsgeräten, Materialien und technischen Einrichtungen haben die Lernenden Sorge zu tragen.

Sorgfaltspflicht (OR 321a)

Die Lernenden haben Schwarzarbeit zu unterlassen und die Geschäftsgeheimnisse zu wahren.

Treuepflicht (OR 321a)

Für Schäden, die die Lernenden dem Lehrbetrieb fahrlässig oder absichtlich zufügen, haften sie. Bei grober Fahrlässigkeit («das hätte niemals passieren dürfen») fällt der Schadenersatz höher aus als bei leichter Fahrlässigkeit. Ferner sind bei einem Schaden der Bildungsgrad, das Berufsrisiko sowie die Fähigkeiten und Erfahrungen der Lernenden zu berücksichtigen.

Haftung (OR 321e)

Die Berufsbildnerin oder der Berufsbildner können die Lernenden zur Leistung von Überstunden verpflichten. Die Überstunden müssen etwas mit der Ausbildung zu tun haben; sie müssen betrieblich notwendig und für die Lernenden zumutbar sein. Die Tagesarbeitszeit von neun Stunden darf dabei nicht überschritten werden. Lernende unter 16 Jahren dürfen keine Überstunden leisten.

Überstunden (OR 321c)

Die Lernenden haben auf Verlangen ein Arbeitsbuch zu führen (Bildungsverordnung). Dafür muss ihnen genügend Arbeitszeit zur Verfügung gestellt werden, und das Arbeitsbuch muss von der Berufsbildnerin oder dem Berufsbildner regelmässig kontrolliert und unterschrieben werden.

Arbeitsbuch

Verstanden?

1.10 Was ist die gesetzliche Hauptpflicht der Lernenden?

1.11 Was versteht das Gesetz unter Sorgfalts- und Treuepflicht?

1.12 Für welche Schäden haften Lernende?

1.13 Wann können sich Lernende weigern, Überstunden zu leisten?

Rechte der Lernenden

Lohn Der Lohn wird für die ganze Ausbildungsdauer im Lehrvertrag festgelegt. Die Höhe des Lohnes für Lernende ist gesetzlich nicht verankert und richtet sich meistens nach den Empfehlungen der verschiedenen Berufsverbände. Die Lehrbetriebe sind nicht verpflichtet, den Lernenden zum Jahresende einen 13. Monatslohn oder eine Gratifikation zu gewähren, es sei denn, dies ist im Lehrvertrag so geregelt.

Lohnfortzahlungspflicht Fehlt ein Lernender wegen Krankheit, Unfall oder Militärdienst am Arbeitsplatz, muss der Lehrbetrieb für eine beschränkte Zeit den Lohn weiterzahlen. Im ersten Lehrjahr beispielsweise besteht eine Lohnfortzahlungspflicht von drei Wochen pro Jahr.

Lohnabzüge Im Allgemeinen sind die bei einem Einzelarbeitsvertrag üblichen und zulässigen Lohnabzüge auch bei Lernenden erlaubt (AHV, NBU usw.). Fügt ein Lernender seinem Lehrbetrieb fahrlässig oder absichtlich einen Schaden zu, kann ihm der entsprechende Gegenwert vom Lohn abgezogen werden.

Überstunden (OR 321c) Überstunden müssen durch Freizeit von gleicher Dauer oder durch einen Lohnzuschlag von 25 Prozent abgegolten werden. Der Überstundenzuschlag wird in der Regel anhand des Lohnes der angelernten Mitarbeitenden berechnet.

Arbeitszeit Die Arbeitszeit für Lernende dauert grundsätzlich gleich lang wie diejenige der anderen im Betrieb beschäftigten Arbeitnehmenden. Die tägliche Höchstarbeitszeit darf mit Einschluss von Überstunden 9 Stunden pro Tag (maximal 45 Stunden pro Woche) nicht überschreiten. Der obligatorische Unterricht an der Berufsfachschule gilt als Arbeitszeit.

Lernende haben bis zum vollendeten 20. Altersjahr fünf Wochen Ferien zugute.

Grundsätzlich müssen Lernende nur Arbeiten verrichten, die etwas mit dem Beruf zu tun haben.

Berufsfremde Arbeiten (OR 345a)

Lernende haben bis zum vollendeten 20. Altersjahr Anspruch auf mindestens fünf Wochen bezahlte Ferien pro Jahr. Ferien sollen während der schulfreien Zeit bezogen werden und dürfen nicht durch Geldleistungen abgegolten werden. Der Berufsbildner bestimmt den Zeitpunkt der Ferien und nimmt auf die Wünsche des Lernenden so weit Rücksicht, als diese mit den Interessen des Betriebes vereinbar sind.

Ferien (OR 345)

Den Berufsmatura- oder Stützkursunterricht sowie Freikurse dürfen die Lernenden ohne Lohnabzug besuchen. Der gesamte Berufsfachschulunterricht darf insgesamt höchstens zwei Tage pro Woche dauern. Abmachungen, die den Besuch ausschliessen oder einschränken, sind ungültig.

Freikurse / Stützkurse / Berufsmatura (BBG 22 025)

Die Berufsbildenden müssen die Lernenden zum Qualifikationsverfahren (QV, früher Lehrabschlussprüfung) anmelden. Für die Prüfungszeit müssen sie den Lernenden ohne Lohnabzug freigeben, und sie müssen ihnen Material und Werkzeug für die Herstellung der Prüfungsarbeiten zur Verfügung stellen. Das QV kann zweimal wiederholt werden. In der Regel finden die Wiederholungen im Rahmen des nächsten QV statt. Es werden nur die Fächer geprüft, in denen die oder der Lernende beim vorhergehenden Prüfungsversuch ungenügend war.

Qualifikationsverfahren (QV)

1.14 Welche Regelung gilt für den 13. Monatslohn?

1.15 Welche Lohnabzüge sind gestattet?

1.16 Wie werden Überstunden verrechnet?

1.17 Wie lange dauert die tägliche Arbeitszeit?

1.18 Welche Arbeiten dürfen einem Lernenden übertragen werden?

1.19 Wie viele Wochen Ferien hat eine Lernende jährlich zugute?

1.20 Wer bestimmt den Zeitpunkt der Ferien?

1.21 Wegen Krankheit kann ein Lernender mehrere Wochen nicht arbeiten. Die Berufsbildnerin will nun den Lernenden zwingen, die Lehrzeit zu verlängern. Wie regelt das Gesetz diesen Sachverhalt?

1.22 Wer muss den Lernenden zum Qualifikationsverfahren (QV) anmelden?

1.23 Was kostet den Lernenden das QV?

1.24 Wann kann das QV wiederholt werden?

Pflichten der Berufsbildenden

Ausbildungspflicht (OR 345a)

Die Berufsbildenden haben die Lernenden fachgemäss, systematisch und verständnisvoll auszubilden. Als Berufsbildnerin oder Berufsbildner gilt die Betriebsinhaberin resp. der Betriebsinhaber oder eine von diesen bestimmte Person. Der Stellvertreter muss die gleichen Anforderungen erfüllen wie die Berufsbildenden und wird im Lehrvertrag genannt.

Lohnzahlungspflicht

Die Berufsbildenden müssen den im Lehrvertrag vereinbarten Lohn zahlen. Arbeitet eine Lernende oder ein Lernender nach erfolgreich abgeschlossener Lehre weiterhin im Lehrbetrieb, wird die Lehrzeit an das neue Arbeitsverhältnis angerechnet (Auswirkungen auf die Kündigungs- und Lohnfortzahlungspflicht).

Versicherungspflicht

Die Lernenden müssen gegen Unfall versichert werden. Die Prämie für die Berufsunfallversicherung bezahlt der Lehrbetrieb, die Bezahlung der Prämie für die Nichtberufsunfallversicherung wird im Lehrvertrag geregelt. Ab dem 1. Januar des Jahres, in dem die oder der Lernende 18 Jahre alt wird, muss der Lehrbetrieb die Beiträge für AHV, IV, EO und ALV in Rechnung stellen.

Ferien (OR 345a)

Die Berufsbildenden müssen den Lernenden die gesetzlichen Ferien gewähren. Zwei Ferienwochen müssen zusammenhängend bezogen werden, damit genügend Erholung gewährleistet ist.

Urlaub für ausserschulische Jugendarbeit (OR 329e)

Die Lernenden haben für ausserschulische Jugendarbeit zusätzlich eine Woche Ferien zugute, allerdings unbezahlt. Dazu gehören z. B. J + S-Leitertätigkeiten, Lagerbetreuung oder soziale Tätigkeiten.

Berufsschulunterricht und üK (OR 345a)

Die Berufsbildenden haben den Lernenden zum Besuch des Pflicht-, Berufsmatura- und Stützkursunterrichtes sowie zur Teilnahme an Freikursen und am Qualifikationsverfahren ohne Lohnabzug freizugeben. Für den Besuch der überbetrieblichen Kurse dürfen dem Lernenden keine zusätzlichen Kosten anfallen.

Arbeitszeugnis / Arbeitsbestätigung (OR 346a / 330a)

Am Ende der Lehrzeit müssen die Berufsbildenden den Lernenden ein Zeugnis ausstellen, das über den erlernten Beruf, die Dauer der Lehre und über die Fähigkeiten und Leistungen der Lernenden Auskunft gibt. Fehlen im Zeugnis Angaben über die Fähigkeiten und Leistungen der Lernenden, gilt das Schreiben als Arbeitsbestätigung.

Weiterbeschäftigung nach dem QV (OR 346a)

Spätestens drei Monate vor Lehrende muss der Lehrbetrieb den Lernenden mitteilen, ob sie nach erfolgreich abgeschlossener Lehre im Betrieb bleiben dürfen. Abmachungen im Lehrvertrag, dass die Lernenden nach erfolgreich abgeschlossener Lehre im Betrieb bleiben müssen, sind nicht gestattet.

Verstanden?

1.25 Welche Angaben müssen in einem Arbeitszeugnis stehen?

1.26 Wann muss der Berufsbildner einer Lernenden bekannt geben, ob sie nach der Lehre im Lehrbetrieb weiterbeschäftigt werden kann?

1.27 Wer trägt die Verantwortung für die Ausbildung der Lernenden?

1.28 Was ist die gesetzliche Hauptpflicht der Ausbildenden?

1.29 Welche Versicherung muss die Berufsbildnerin für die Lernenden abschliessen?

Konflikte im Lehrbetrieb

Wenn die Bedürfnisse eines Menschen nicht befriedigt werden, entsteht häufig Unzufriedenheit. Diese kann zu Widerstand und damit zu Konflikten führen.

Häufige Konfliktursachen

- Anhaltende Einengung von individuellen Freiheitsrechten durch Zwang oder autoritären Führungsstil.
- Gestörtes Selbstvertrauen, welches oft zur Annahme verleitet, angegriffen zu werden, auch wenn dies gar nicht der Fall ist.
- Unkontrollierte Stimmungsschwankungen beeinflussen das gegenseitige Einvernehmen von Berufsbildenden und Lernenden. Launenhaftigkeit verunsichert sensible Menschen.
- Neid, Eifersucht, Klatsch und Überheblichkeit trüben zwischenmenschliche Beziehungen.
- Unklare oder unrationelle Arbeitsabläufe bergen Konfliktpotenzial.

Bevor die Lernenden im Konfliktfall das Gespräch suchen, sollten sie Selbstkritik üben. Anschliessend ist es empfehlenswert, eine Vertrauensperson beizuziehen, um mit ihr das Problem zu erörtern. Nach sorgfältiger Gesprächsvorbereitung und vereinbartem Termin ist es wichtig, sachlich zu argumentieren. Falls sich die Vertragsparteien nicht einigen können, wird die Lehraufsichtskommission kontaktiert, die im Lehrvertrag genannt ist. Diese ist verpflichtet, zu vermitteln und nach einer für beide Parteien akzeptablen Lösung zu suchen.

Schwierigkeiten zwischen Berufsbildenden und Lernenden sind kein Grund für einen Lehrabbruch. Lassen sich die Schwierigkeiten allerdings nicht lösen, kann der Lehrvertrag in gegenseitigem Einverständnis aufgelöst werden. Bei unmündigen Lernenden müssen die Eltern der Vertragsauflösung zustimmen. Das Kantonale Berufsbildungsamt muss vorher informiert werden.

Verstanden?

1.30 Wie kann ein Konflikt zwischen einer Berufsbildnerin und einem Lernenden gelöst werden?

1.4 Nützliche Lerntipps

Im Bereich Lerntechniken / Lernstrategien ist in den letzten Jahrzehnten viel geforscht worden. Folgende Lerntipps haben sich als nützlich herausgestellt und unterstützen eine erfolgreiche Informationsaufnahme:

Lerntipps	
Lernstoff strukturieren	Sich einen Überblick verschaffen – übersichtliche Zusammenfassungen sind sehr gut geeignet, Zusammenhänge aufzeigen (z. B. Mind-Map, Schema). *Der Prüfungsstoff wird in unserem Hirn strukturiert abgelegt und kann so einfacher wieder abgerufen werden.*
Lernstoff portionieren und verteilt lernen	«Verdaubare» Portionen bilden – Lernplan mit fixen Lernzeiten erstellen – verteilt lernen. *Mehrmaliges Lernen erhöht die Behaltensquote massiv – Neuronenmuster werden «eingebrannt».*
Verschiedene Eingangskanäle (Sinne) gebrauchen	Lesen, anstreichen, herausschreiben – Lernstoff mit eigenen Worten wiederholen – Lernstoff jemandem mit eigenen Worten erklären. *Je mehr Eingangskanäle benutzt werden, umso vielfältiger wird der Lernstoff im Hirn gespeichert und kann auf verschiedenen Wegen wieder abgerufen werden.*
Neuen Lernstoff mit Bekanntem verknüpfen	Zusammenhänge zum Vorwissen herstellen – was kenne ich schon? *Wenn Neues im Gehirn an schon Bekanntes, gut Gespeichertes angehängt wird, kann über das Bekannte auch das Neue gefunden werden.*
Nur Verstandenes lernen	Mit Einsicht lernen (Zusammenhänge, Abläufe). *Unverstandenes, auswendig gelernt, ist schwierig wiederzufinden.*
Aktive Teilnahme am Unterricht	Zuhören – mitdenken – mitreden – Fragen stellen – sich selbst motivieren – Lernen im Vorgriff (sich im Vorfeld mit neuen Unterrichtsthemen befassen).
Motivation	Erreichbare, nahe Ziele setzen – Belohnungen bei Erreichen des Zieles. Desinteresse abbauen – neugierige Haltung aufbauen – Antipathien zu Einzelpersonen abbauen.
Arbeitsplatz	Aufgeräumt – Lernzeiten ohne Störungen.

Verstanden?

1.31 **Beschreiben Sie drei nützliche Lerntipps**

1.5 Miteinander reden

Warum streiten wir? Warum sind wir manchmal beleidigt? Warum verletzen wir die Gefühle anderer? Warum glauben wir nicht immer, was uns das Gegenüber sagt? Die Kunst der Verständigung zwischen den Menschen, die Kommunikation, will gelernt sein. Der Kommunikationsforschung ist es im Laufe der vergangenen Jahrzehnte gelungen, uns wissenschaftlich abgestützte Erkenntnisse zur Verfügung zu stellen, die uns dabei helfen, im Alltag erfolgreicher zu kommunizieren.

Kommunikation

Eine vierfache Botschaft

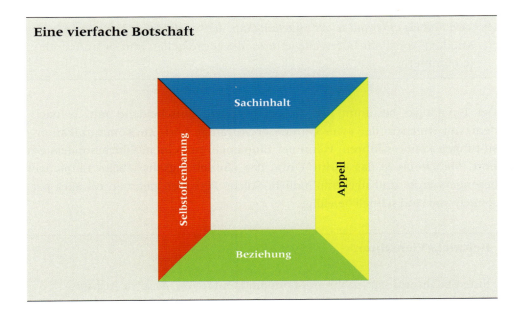

Das Kommunikationsquadrat ist ein weitverbreitetes Modell von Friedemann Schulz von Thun. Wenn ich als Mensch etwas von mir gebe, bin ich auf vierfache Weise wirksam. Jede meiner Äusserungen enthält, ob ich will oder nicht, vier Botschaften gleichzeitig.

Vier Botschaften

Vier Botschaften des Kommunikationsquadrats

- *Sachinhalt*
  Worüber ich informiere.
- *Selbstoffenbarung*
  Was ich von mir zu erkennen gebe.
- *Beziehung*
  Was ich von dir halte, und wie ich zu dir stehe.
- *Appell*
  Was ich bei dir erreichen möchte.

«Vier Ohren» Der Empfänger nimmt eine Nachricht auf diesen vier Ebenen oder mit «vier Ohren» wahr. Er kann sich beim Empfang einer Nachricht vier Fragen stellen.

Vier Fragen beim Empfang einer Nachricht

Sachohr
- *«Wie ist der Sachverhalt zu verstehen?»*
  Mit dem Sachohr nimmt man nur die nüchternen Tatsachen wahr.

Selbstoffenbarung
- *«Was ist das für einer? Was ist mit ihm?»*
  Wer mit dem Selbstoffenbarungsohr zuhört, will etwas über die andere Person erfahren. Man durchleuchtet die Botschaften, um Hinweise auf tiefer liegende Motive und Eigenschaften des Gegenübers zu erhalten.

Beziehungsohr
- *«Wie redet der eigentlich mit mir? Wen glaubt er vor sich zu haben?»*
  Mit dem Beziehungsohr nimmt man alle Botschaften wahr, die etwas über die Beziehung zur anderen Person aussagen.

Appellohr
- *«Was soll ich aufgrund seiner Mitteilung tun, denken, fühlen?»*
  Mit dem Appellohr hören alle jene zu, die gerne helfen und sich um andere kümmern.

Der Empfänger bestimmt den Gesprächsverlauf entscheidend mit, je nachdem, mit welchem der «vier Ohren» er vorrangig hört. Zu Kommunikationsstörungen kann es führen, wenn der Empfänger mit einem Ohr besonders gut hört. Manchmal ist das «dritte Ohr», das «Beziehungsohr», beim Empfänger besonders gross und überempfindlich. Solche Personen nehmen oft alles persönlich und sind schnell beleidigt.

Beispiel «Vier Ohren»

Eine Beifahrerin sagt zu ihrem Mann am Steuer: *«Du, da vorne ist grün.»*
Er antwortet: *«Fährst du, oder fahre ich?»*

1. Sachohr:
   «Die Ampel ist grün!»
2. Selbstoffenbarungsohr:
   «Ich habs eilig!»
3. Beziehungsohr:
   «Du brauchst meine Hilfe!»
4. Appellohr:
   «Gib Gas, dann schaffst dus noch!»

© Mascha Greune, München

Die menschliche Kommunikation bedient sich verschiedener Mittel wie der Sprache, der Mimik, der Gestik oder anderer Signale. Bedenken Sie, dass Kommunikation nur dann erfolgreich ist, wenn die Nachricht auf allen vier Ebenen so verstanden wird, wie sie gemeint ist. Es ist nicht ausschlaggebend, was Sie gesagt haben, viel wichtiger ist, was die andere Person verstanden hat! Manchmal bewirkt eine einfache Rückfrage Wunder.

«Kommunikation ist nicht, das Richtige zu sagen, sondern richtig verstanden zu werden.»

1.32 Welche vier Botschaften senden wir mit unseren Äusserungen aus?

1.33 Mit welchen «vier Ohren» nehmen wir eine Nachricht auf?

Verstanden?

1.6 Frauen und Männer in der Berufsbildung

Wahl unterschiedlicher Berufe

Unterschiedliche
Berufswahl

In der Schweiz absolvieren fast alle Schulabgängerinnen und -abgänger nach der obligatorischen Schulzeit eine Ausbildung. 2006 traten rund 70 000 Jugendliche in eine berufliche Grundbildung ein. Im Unterschied zu früher lernen heute auch die meisten Frauen einen Beruf.

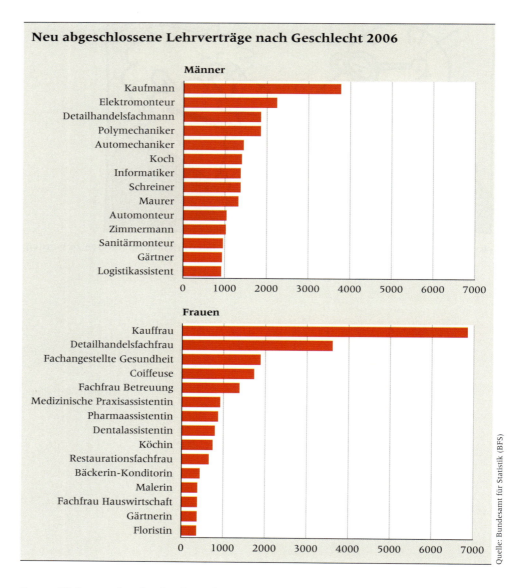

Neu abgeschlossene Lehrverträge nach Geschlecht 2006

Quelle: Bundesamt für Statistik (BFS)

Jugendlichen steht eine breite Palette von beruflichen Grundbildungen zur Auswahl. Wie aus der Grafik ersichtlich wird, entscheiden sich Frauen und Männer häufig für unterschiedliche Berufe.

Geschlechterrollen

Es ist keine 60 Jahre her, da galt der Mann noch als Oberhaupt der Familie und brachte das Geld nach Hause. Die Frau war in erster Linie Hausfrau und Mutter, erwerbstätige Frauen waren selten. Das Verständnis zweier sich ergänzender Geschlechter war nicht nur typisch für die Schweiz, sondern für ganz Europa.

Traditionelle Geschlechterrollen

Im 20. Jahrhundert wurde dieses traditionelle Rollenverständnis zunehmend infrage gestellt. Vor allem die Frauenbewegung forderte gleiche Rechte für Mann und Frau. 1981 wurde die Bundesverfassung mit einem neuen Artikel ergänzt:

Gleiche Rechte für Mann und Frau

> **Gleichstellungsartikel (BV 8)**
> «Mann und Frau sind gleichberechtigt. Das Gesetz sorgt für ihre rechtliche und tatsächliche Gleichstellung, vor allem in Familie, Ausbildung und Arbeit. Mann und Frau haben Anspruch auf gleichen Lohn für gleichwertige Arbeit.»

Gleichberechtigung bedeutet nicht, dass Frauen und Männer gleich sein müssen. Vielmehr sollen beide Geschlechter dieselben Chancen erhalten. So verbietet das auf dem Gleichstellungsartikel in der Verfassung basierende Gleichstellungsgesetz von 1995 / 96 jegliche Art der Diskriminierung (z. B. unterschiedlichen Lohn bei gleichwertiger Arbeit, sexuelle Belästigung am Arbeitsplatz).

Chancengleichheit

Verstanden?

1.34 Wo liegen die Unterschiede in der Berufswahl zwischen Frauen und Männern?

1.35 Was besagt der Gleichstellungsartikel?

Das haben Sie in diesem Kapitel gelernt

- **Organisation der Berufsbildung**
  Wie das schweizerische Berufsbildungssystem aufgebaut ist.
  Welche weiterführenden Berufswege Ihnen offenstehen.

- **Die gesetzlichen Grundlagen und Vollzugsorgane**
  Wer für die grundsätzliche Regelung in der Berufsbildung zuständig ist, und
  wer sie überwacht.
  Welche Gesetze in die Berufsbildung hineinspielen.

- **Der Lehrvertrag**
  Welches die wichtigsten Rechte und Pflichten der Lernenden sind.

- **Nützliche Lerntipps**
  Was Sie für ein erfolgreiches Lernen beachten müssen.

- **Miteinander reden**
  Welche Regeln man bei einem Gespräch beachten soll.

- **Rolle von Mann und Frau in der Berufsbildung**
  Wie Sie unterschiedliche Rollen von Mann und Frau als Chance sehen und
  geschlechterspezifische Stärken nützen können.

Wissen anwenden

W1   Esther sucht schon seit längerer Zeit erfolglos eine Lehrstelle als Floristin. Beim Bowlingspielen wird ihr Vater mit dem Wirt des Betriebes per Handschlag einig, dass Esther bei ihm eine berufliche Grundbildung als Restaurationsfachfrau machen wird.
Wie kann sich Esther gegen diesen Entscheid zur Wehr setzen?

W2   Während der Probezeit hat Patrick mit seinem Berufsbildner eine heftige Auseinandersetzung. Verärgert packt Patrick seine Sachen zusammen und will den Arbeitsplatz umgehend verlassen. Der Berufsbildner hält Patrick zurück und verlangt von ihm, dass er weiterarbeitet.
Darf der Berufsbildner Patrick zurückhalten?

W3   Christoph lernt Polymechaniker. Morgens kommt er hie und da zu spät zur Arbeit, und dem Berufsfachschulunterricht ist er auch schon unentschuldigt ferngeblieben. Als der Berufsbildnerin noch zu Ohren kommt, dass Christoph regelmässig in einschlägigen Lokalen verkehrt, will sie das Lehrverhältnis auflösen.
Reichen die Gründe für eine Vertragsauflösung aus?

W4   Andrea versteht die Welt nicht mehr. Seit zwei Jahren ist sie in der beruflichen Grundbildung als Chemielaborantin. Heute haben ihre Eltern und sie vom Lehrbetrieb die Mitteilung erhalten, dass auf Beginn des neuen Lehrjahres der Lehrvertrag aufgelöst wird: Infolge fehlender Aufträge muss der Betrieb geschlossen werden.
Was heisst das für Andrea?

W5   Reto wird beim Stehlen eines Werkzeuges ertappt. Da in letzter Zeit verschiedentlich Material verschwunden ist, wird Reto nun von allen Mitarbeitenden verdächtigt. Die Berufsbildnerin zitiert Reto ins Büro und entlässt ihn fristlos.
Wie beurteilen Sie die Rechtslage?

W6   Letzte Woche konnte Kathrin den Berufsfachschulunterricht nicht besuchen, weil sie dringende Arbeiten im Betrieb machen musste.
Ist der Berufsbildner berechtigt, Kathrin vom Besuch des Unterrichts abzuhalten?

W7   Kurz vor Feierabend verlangt die Lehrmeisterin von Stefan, dass er wegen dringender Arbeiten noch eine Stunde länger im Lehrbetrieb bleiben muss.
Kann Stefan sich weigern?

W8 Pascal weigert sich, die Werkstatt aufzuräumen. Er begründet seine Haltung mit der Erklärung, dass er nicht zum Putzen, sondern zum Lernen da sei und der Chef gefälligst eine Putzfrau anstellen solle.
Wie beurteilen Sie diese Situation?

W9 Markus, Lernender im ersten Lehrjahr, hat grosse Freude an seinem Beruf. Seine Schulleistungen sind nicht überragend, aber genügend. Einiges läuft aber seiner Meinung nach schief im Lehrbetrieb. Er muss nämlich oft Überstunden leisten, ohne dass er dafür eine Entschädigung bekommt. Zudem muss er jeweils am Freitagabend den Lieferwagen der Firma waschen. Ein weiteres Problem ist, dass der Berufsbildner wenig Geduld hat. Er findet, Markus arbeite zu wenig selbstständig und zu langsam.
Was raten Sie Markus?

W10 Die Berufsbildnerin erklärt Anna, sie müsse das Arbeitsbuch in der Freizeit führen.
Ist die Berufsbildnerin im Recht?

W11 Michael will wegen Prüfungsangst nicht zum Qualifikationsverfahren antreten. Seine Berufsbildnerin ist damit nicht einverstanden und verlangt von ihm, dass er an die Prüfung geht.
Wie beurteilen Sie diese Situation?

W12 Die 18-jährige Barbara bespricht mit ihrem Berufsbildner den Ferienplan für das kommende Lehrjahr. Im September, Oktober, Februar und März wird sie je eine Woche Ferien erhalten.
Nehmen Sie zu diesem Ferienplan Stellung.

W13 Wegen eines Kreuzbandrisses kann Roland zwei Monate nicht im Lehrbetrieb arbeiten. Als Roland wieder zur Arbeit erscheint, macht der Berufsbildner ihn darauf aufmerksam, dass er die versäumte Arbeitszeit nach Lehrabschluss nachholen müsse.
Was meinen Sie dazu?

W14 Nachdem Roland wieder einige Tage gearbeitet hat, gibt der Berufsbildner ihm zu verstehen, dass er ihm wegen der zweimonatigen Abwesenheit selbstverständlich auch die Ferien kürzen werde.
Muss Roland das akzeptieren?

W15 Thomas lernt Bäcker im ersten Lehrjahr. Gestern ist ihm etwas Dummes passiert. Beim Flirten mit seiner Arbeitskollegin liess er einen ganzen Ofen voll Brötchen anbrennen. Die Ware musste weggeworfen werden. Der Lehrmeister fordert nun Schadenersatz von ihm.
Wie sieht die Rechtslage aus?

W16 Adriana macht eine Kochlehre in einem renommierten Hotel. Während der ersten Monate muss sie tagelang die gleichen Arbeiten verrichten: Gemüse rüsten, Küche putzen usw. Zudem arbeitet sie oft länger als 50 Stunden pro Woche. Am Samstag wird sie jeweils bis um 3 Uhr an der Snackbar im Nachtclub eingesetzt. Als sich Adrianas Eltern beim Berufsbildner darüber beschweren, antwortet er ihnen, die lange Arbeitszeit sei während der Sommersaison normal und die Arbeit im Nachtclub eine schöne Abwechslung.
Was kann Adriana tun?

W17 Sven hat eine Anfrage erhalten, ob er Lust hätte, in einem Jugendlager Snowboardunterricht zu erteilen. Er ist von dieser Anfrage begeistert und sagt zu.
Helfen Sie Sven.

W18 Beate hat grosse Mühe in der Berufsfachschule. Ihr Zeugnis ist ungenügend. Im Betrieb kommt sie aber ganz gut mit. Trotzdem ist es fraglich, ob sie das Qualifikationsverfahren bestehen kann.
Welche Möglichkeiten hat Beate?

W19 Die Berufsbildnerin weigert sich, Erikas Kosten für das auswärtige Mittagessen während des überbetrieblichen Kurses zu bezahlen.
Was sagt das Gesetz dazu?

W20 Zurzeit herrschen im Lehrbetrieb von Kevin prekäre Verhältnisse. Wegen Unfall und Kündigungen fehlen in der Küche drei Angestellte. Die Berufsbildnerin schlägt Kevin vor, dass er gegen Bezahlung auf seine fünfte Ferienwoche verzichten soll.
Wie sieht die rechtliche Situation aus?

W21 Die Lerntheorie sagt, dass ich mehr Wissen behalten kann, wenn ich viermal eine Stunde an verschiedenen Tagen lerne, als wenn ich einmal vier Stunden am Stück lerne.
Begründen Sie, wieso diese Aussage stimmt.

W22 Es ist Samstagmittag. Der Ehemann sitzt im Jogginganzug gespannt vor dem Fernseher. Ein Skirennen ist in vollem Gange, als er zu seiner Frau in die Küche ruft: «Du, es hat kein Bier mehr!»
Wenden Sie bei dieser Situation das Kommunikationsquadrat an.

W23 Frauen entscheiden sich häufig für andere Berufe als Männer.
Was könnte diesen Entscheid beeinflussen?

W24 Die Gleichstellung von Mann und Frau ist heute in der Bundesverfassung verankert.
Ist die in Artikel 8 geforderte Gleichstellung erreicht?

Korrespondenz

K1 Wegen einer Krankheit sind Sie gezwungen, Ihre berufliche Grundbildung aufzugeben. Teilen Sie den ärztlichen Befund in einem Brief Ihrer Berufsbildnerin
resp. Ihrem Berufsbildner mit.
Bitten Sie um die Auflösung des Lehrverhältnisses.

K2 Vor einer Woche haben Sie den Berufsfachschulunterricht nicht besucht.
Schreiben Sie eine begründete Entschuldigung.

K3 Sie haben von Bekannten eine Einladung für zwei Wochen Ferien in der Karibik
erhalten. Diese zwei Wochen fallen in die Schulzeit. Ihr Lehrbetrieb hat Ihnen
bereits sein O.K. gegeben. Jetzt benötigen Sie noch die Einwilligung Ihrer Berufsfachschule.
Verfassen Sie das entsprechende Dispensationsgesuch.

K4 Sie sind mit einer Zeugnisnote nicht einverstanden.
Formulieren Sie eine begründete Einsprache mit Antrag.

K5 Als J+S-Leiterin haben Sie die Möglichkeit, mit zwei Bekannten zusammen eine
Woche lang ein Snowboardlager für Jugendliche im Berner Oberland zu leiten.
**Schreiben Sie Ihrer Berufsbildnerin resp. Ihrem Berufsbildner ein Ge-
such um Gewährung des Jugendurlaubes.**

Geld und Kauf

	Einleitung	30
2.1	Geld	31
	Der Lohn	31
	Geldinstitute	32
	Geldanlagemöglichkeiten	34
	Bargeldloser Zahlungsverkehr	37
	Budget	39
2.2	Kauf	40
	Ablaufschema eines Kaufvertrages	40
	Schlüsselfragen und Vertragsverletzungen	41
	Kaufvertrags- und Finanzierungsarten	44
	Ökologie und Ethik beim Kaufen	49
	Die Ökobilanz	51
	Das haben Sie in diesem Kapitel gelernt	52
	Wissen anwenden	53
	Korrespondenz	56

Einleitung

Geld spielt in unserem Leben eine wichtige Rolle: Es ist schwierig, sich ein Leben ohne Geld vorzustellen. Geld hat in unserer Gesellschaft unterschiedliche Funktionen: Es ist das allgemein anerkannte Tauschmittel, es dient als Wertaufbewahrungsmittel und als Wertmassstab. Auch wenn Geld aus unserem Leben nicht wegzudenken ist, sollte man nicht vergessen, dass mit Geld nicht alles, was uns wichtig ist, erworben werden kann: weder Gesundheit noch Liebe, weder Freundschaft noch Talent.

Im Gegensatz zu vielen Einwohnerinnen und Einwohnern in Drittweltländern können wir neben den Grundbedürfnissen auch einen grossen Teil unserer Wahlbedürfnisse befriedigen. Dies schlägt sich z.B. in unserem Konsumverhalten und der grossen Anzahl abgeschlossener Kaufverträge nieder. Dabei sind nicht alle diese Verträge gleich wichtig, und nur der kleinste Teil davon wird schriftlich festgehalten. Wichtig ist jedoch, gerade bei teuren Anschaffungen die wesentlichen Inhalte von Kaufverträgen sowie die Rechte und Pflichten von Käuferin und Verkäufer zu kennen.

« Geld regiert die Welt! »

Unbekannt

« Magst du auch Gut und Geld zusammentragen, du wirst doch nackt ins Grab getragen. »

Persisches Sprichwort um 1200

2.1 Geld

Der Lohn

In der Lohnabrechnung wird der Brutto- und der Nettolohn ausgewiesen. Als Bruttolohn bezeichnet man den mit dem Arbeitgeber vereinbarten Lohn. Der Nettolohn ist das Arbeitsentgelt, das nach den Abzügen für Sozialversicherungsbeiträge ausbezahlt wird.

Bruttolohn / Nettolohn

Beispiel einer Lohnabrechnung			
Bruttolohn	Monatslohn Lernende	950.–	
	Leistungszulagen	205.–	**1155.–**
Arbeitnehmerbeiträge	AHV / IV / EO	5,05 % von 1155.– = 58.35	
	ALV	1 % von 1155.– = 11.55	
	NBU	1,95 % von 1155.– = 22.50	**92.40**
Nettolohn			**1062.60**

Die Lohnabzüge sind im Lehrvertrag zu regeln. Abzüge vom Bruttolohn können für Versicherungsprämien sowie für bezogene Leistungen des Arbeitnehmenden (z. B. für Kost und Logis) vorgenommen werden. Für die obligatorische Berufsunfallversicherung, für den Schulbesuch oder den Besuch von Einführungs- und überbetrieblichen Kursen sowie für die Lehrabschlussprüfung dürfen hingegen keine Abzüge erfolgen. Diese Kosten trägt vollumfänglich der Lehrbetrieb.
Ab dem 1. Januar des Jahres, in dem die Lernenden 18 Jahre alt werden, werden von ihren Lernendenlöhnen mindestens die folgenden Sozialversicherungsbeiträge in Abzug gebracht:

Lohnabzüge bei Lernenden

Abzüge Sozialversicherung bei Lernenden
- AHV (Alters- und Hinterbliebenenversicherung)
- IV (Invalidenversicherung)
- EO (Erwerbsersatzordnung)
- ALV (Arbeitslosenversicherung)

Möglicherweise kommen noch Abzüge für die berufliche Vorsorge (BVG) oder eine Krankentaggeldversicherung dazu. Der Lehrbetrieb darf auch die Beiträge für die Nichtberufsunfallversicherung (NBU) abziehen. Was und wie viel vom Lohn abgezogen wird, muss auf der monatlichen Lohnabrechnung aufgelistet sein.

Verstanden?

2.1 Erklären Sie den Unterschied zwischen Brutto- und Nettolohn.

2.2 Welche Abzüge können vom Bruttolohn gemacht werden?

2.3 Was darf den Lernenden nicht vom Lohn abgezogen werden?

Geldinstitute

Einführung   Die Banken sind in der Schweiz ein wichtiger Wirtschaftsfaktor. UBS, CS und andere erwirtschaften einen beträchtlichen Teil des Sozialproduktes und stellen Tausende von Arbeitsplätzen zur Verfügung. Sie sind deshalb für die schweizerische Volkswirtschaft von grosser Bedeutung.

Schweizerische Nationalbank (SNB)

Die Schweizerische Nationalbank ist als unabhängige Zentralbank für die Geld- und Währungspolitik der Schweiz verantwortlich. Sie steuert den Geldumlauf und versucht damit, die Preise stabil zu halten. Die Nationalbank ist keine Geschäftsbank; man kann bei ihr also kein Konto eröffnen.

In der Schweiz ist die Schweizerische Nationalbank (SNB) für die Geld- und Währungspolitik der Schweiz verantwortlich. Der Hauptsitz befindet sich am Bundesplatz 1 in Bern.

Geschäftsbanken

Grossbanken   Die Geschäftsbanken kann man in unterschiedliche Gruppen einteilen. Die bekanntesten Geschäftsbanken sind die international tätigen Grossbanken (UBS, CS) mit ihren Tochtergesellschaften auf der ganzen Welt.

Kantonalbanken   Daneben gehören auch die Kantonalbanken zu den Geschäftsbanken. Eine Besonderheit der Kantonalbanken ist es, dass mehrheitlich die Kantone für ihre allfälligen Schulden haften und ihre Zahlungsfähigkeit garantieren (Staatsgarantie).

Übrige Geschäftsbanken   Zusätzlich gibt es noch weitere, in ihren Geschäftsbereichen zum Teil völlig unterschiedliche Banken, z.B. Regionalbanken, Raiffeisenbanken, Finanzgesellschaften oder Kleinkredit- und Finanzierungsinstitute.

Haupttätigkeiten der Geschäftsbanken

Die Banken treten als Kapitalvermittlerinnen auf. Durch Zinsen werden Spargelder angelockt, welche gegen Zinsen wieder in die Wirtschaft investiert werden. Dieses vermittelte Kapital ist sehr bedeutend: Die wenigsten Hausbesitzerinnen und -besitzer hätten sich den Hauskauf ohne Bankkredite leisten können.

Aktiv- und Passivgeschäft

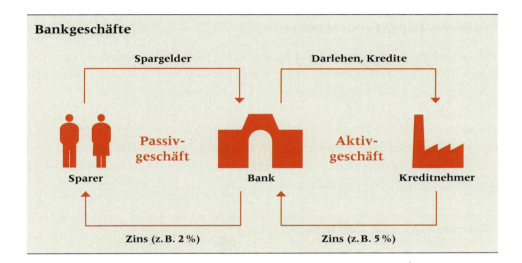

Bankgeschäfte

Spargelder — Darlehen, Kredite

Passivgeschäft — Aktivgeschäft

Sparer — Bank — Kreditnehmer

Zins (z. B. 2 %) — Zins (z. B. 5 %)

Eine andere Tätigkeit der Geschäftsbanken sind ihre Dienstleistungsgeschäfte, welche sie gegen Bezahlung einer Gebühr (Kommission) ausführen.

Dienstleistungsgeschäft

Wichtige Dienstleistungsgeschäfte der Geschäftsbanken
- Zahlungsverkehr
- Vermögensverwaltung
- Wertschriftenhandel an der Börse (Private haben keinen Zugang)
- Vermietung von Safes
- Geldwechsel

Einen grossen Teil ihres Umsatzes erwirtschaften vor allem die Grossbanken heute aber nicht mehr mit diesen ursprünglichen Haupttätigkeiten. Gewinnträchtig können in diesem Zusammenhang die Geschäfte sein, die die Banken selbstständig an den grossen Kapitalmärkten machen. Dass sich daraus auch Milliardenverluste ergeben können, hat die jüngere Vergangenheit gezeigt.

Vor allem die Grossbanken investieren stark auf den weltweiten Kapitalmärkten. Im Bild der Handelssaal der Frankfurter Börse.

Geldanlagemöglichkeiten

Wer sein Geld anlegen will, hat die Qual der Wahl. Banken, Versicherungen, die Post und andere Geldinstitute umwerben potenzielle Anlegerinnen und Anleger mit den unterschiedlichsten Angeboten. Dabei die Übersicht zu bewahren und sein Geld sinnvoll anzulegen, ist für die einzelne Person nicht immer einfach.

Zusammenhänge bei Geldanlagen

Zins Wer sein Geld jemandem zur Verfügung stellt, sein Geld also anlegt, erwartet einen Gewinn. Diesen Gewinn nennt man Zins. Der Zins ist also der Preis, den z. B. eine Bank für das Entgegennehmen von Geld bezahlt.

Rendite Bei einer Geldanlage interessiert letztlich die Rendite. Diese gibt Auskunft über das Verhältnis des Ertrags zum eingezahlten Betrag und wird meistens als Prozentsatz angegeben. Anhand der Rendite lassen sich zudem unterschiedliche Anlagemöglichkeiten vergleichen.

Beispiel Zins- und Renditeberechnung	
Anzulegender Betrag:	Fr. 5000.–
Zinssatz:	3 %
Kontoführungsgebühr:	Fr. 10.– pro Jahr
Zins pro Jahr:	$5000.{-} \times \dfrac{3}{100} =$ **Fr. 150.–**
Ertrag:	Fr. 150.– $-$ Fr. 10.– = **Fr. 140.–**
Rendite:	$\dfrac{\text{Fr. } 140.{-}}{\text{Fr. } 5000.{-}} \times 100 =$ **2,8 %**

Rückzugsmöglichkeit / Verfügbarkeit Die Höhe des Zinssatzes (und damit die Rendite) hängt u. a. davon ab, wie eingeschränkt der Zugang zum Geld ist. Kann das Geld lange nicht zurückgezogen werden (z. B. drei Monate), bezahlt die Bank einen höheren Zins. Kann das Guthaben jedoch beispielsweise täglich vollständig abgehoben werden, ist der Zinssatz tiefer.

Risiko Andererseits hängt die Rendite auch mit dem Risiko zusammen, das eine Anlegerin oder ein Anleger eingeht. Je höher die Rendite ist, die jemand erreichen will, umso grössere Risiken muss er in Kauf nehmen.

«Magisches» Dreieck Wer eine Anlagemöglichkeit beurteilen will, muss sich über die drei Kriterien Sicherheit, Rendite und Verfügbarkeit informieren:

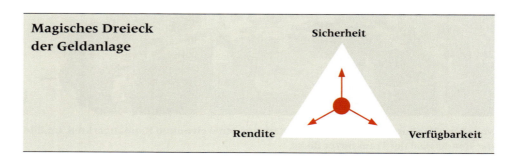

Magisches Dreieck der Geldanlage

Konten

Grundsätzlich ist es denkbar, dass alle ihren Lohn zu Hause aufbewahren, davon die Rechnungen und Einkäufe bezahlen und den Rest als Sparbatzen in den eigenen Safe legen. Dass die Mehrheit der Schweizerinnen und Schweizer ihr Geld aber den Geldinstituten zur Verfügung stellt, hat seine Gründe: Banken und die Post bewahren das Geld der Kunden nicht nur auf, sondern geben ihnen dafür auch Zinsen. Zudem ermöglichen sie uns, unsere Konten während einer beschränkten Zeit zu überziehen. Sie geben ihren Kunden also Kredit. Schliesslich ist das Geld bei den Geldinstituten vor Diebstahl geschützt, und wir können von Dienstleistungen profitieren (z. B. E-Banking).

Konto bei Bank oder Post

Es gibt eine Vielzahl unterschiedlicher Konten. Sie unterscheiden sich vor allem in der Verfügbarkeit der jeweiligen Spargelder. Will jemand möglichst frei über sein Geld verfügen können, so wählt er mit Vorteil ein Lohnkonto. Sparkonten (z. B. Anlagesparkonto) schränken die Verfügbarkeit ein, werfen aber höhere Renditen ab.

Kontenarten

Wertschriften

Die beiden wichtigsten Wertschriftentypen sind Aktien und Obligationen. Daneben gibt es noch eine Vielzahl anderer Wertschriftenformen.

Wertschriften

Der Käufer einer Obligation gibt für eine vereinbarte Laufzeit dem Herausgeber der Obligation Geld. Er erhält dafür eine Art Quittung. Diese Quittung ist die Obligation. Es steht darauf, wem der Geldgeber wie viel Geld für welchen Zeitraum zur Verfügung stellt und welcher Zins pro Jahr dafür gezahlt wird. Am Ende der Laufzeit erhält der Geldgeber sein Geld wieder zurück. Banken, grosse Unternehmen und auch der Bund beschaffen sich über Obligationen Geld für die laufenden Geschäfte.

Obligation

Mit dem Kauf einer Aktie wird eine Käuferin Miteigentümerin einer Unternehmung. Sie erhält dadurch das Recht, an der Generalversammlung der Firma teilzunehmen und deren Geschicke mitbestimmen zu können. Zusätzlich erhält die Eigentümerin der Aktie einen Teil der allfälligen Gewinnausschüttung der Firma (Dividende pro Aktie). Da einerseits der Aktienkurs beträchtlich schwanken

Aktie

Aktienkurse können stark schwanken. Wer in Aktien investiert, kann daher viel Geld verdienen – aber auch sehr viel verlieren.

kann, andererseits der Gewinn pro Aktie (Dividende) vom Geschäftsergebnis des Unternehmens abhängt, ist im Unterschied zur Obligation der Ertrag einer Aktie schwierig vorauszusehen. Das Geld, welches man in den Kauf von Aktien investierte, erhält man beim Verkauf der Aktien an der Börse wieder zurück. Je nachdem, wie hoch die aktuellen Kurse gerade sind, kann damit viel Gewinn gemacht werden oder viel Geld verloren gehen.

Vergleich Aktie – Obligation

	Obligation	Aktie
Besitzer	Gläubiger	Mitinhaber
Laufzeit	fest (auf Obligation festgeschrieben, z.B. 3, 5 oder 8 Jahre)	unbeschränkt
Zins	fester Zinssatz (während der gesamten Laufzeit gleich)	allfällige Dividende
Rechte der Besitzer	Auszahlung des Jahreszinses, Rückzahlung am Schluss	Teilnahmerecht, Stimm- und Wahlrecht an der Generalversammlung der Firma; Recht auf allfällige Dividende.
Arten	Kassaobligation (Herausgeber sind Banken), Anleihensobligation (Handel an der Börse)	Namensaktie (Name steht auf der Aktie; Eintrag ins Aktienbuch) Inhaberaktie (Inhaber = Besitzer)
Verschiedenes		Nennwert (auf Aktie geschrieben) Kurswert (so viel ist die Aktie an der Börse wert)
Sicherheit	*«Wer gut schlafen will, kauft sich Obligationen.»* Sichere Geldanlage bei erstklassigen Schuldnern	*«Wer gut essen will, kauft sich Aktien.»* An der Börse sind Kursgewinne, aber auch Kursverluste möglich.

Fonds Heute wird häufig in sogenannte Fonds anstatt in einzelne Obligationen oder Aktien investiert. Wer in einen Anlagefonds investiert, kauft einen Anteil eines Aktien- und Obligationenpakets.

Je höher der Aktienanteil in einem Fonds ist, desto risikoreicher ist eine Investition. Der Vorteil eines Fonds ist hingegen, dass er aus einem grossen Mix aus Aktien und Obligationen besteht. Verliert nun eine Aktie dieses Pakets stark an Wert, so hat dies weniger massive Folgen für eine Investorin, weil unter Umständen andere Titel und Obligationen den Wertverlust dämpfen. Mit dem Einkauf in Aktien- und Obligationenpakete können die Risiken einzelner Aktienabstürze besser aufgefangen werden. Bei einem Börsencrash schützen aber auch Fonds nicht vor erheblichen Verlusten.

Verstanden?

2.4 Erklären Sie den Unterschied zwischen der Schweizerischen Nationalbank (SNB) und den Geschäftsbanken.

2.5 Beschreiben Sie mit Beispielen die Haupttätigkeit(en) der Banken.

2.6 Erklären Sie die Zusammenhänge zwischen Rendite – Risiko – Rückzügen.

2.7 a) Was sagt die Zinshöhe über die Verfügbarkeit aus?

b) Welches Konto hat den höheren Zins: Anlagesparkonto oder Lohnsparkonto?

2.8 Welches sind die wichtigsten Unterschiede zwischen einer Aktie und einer Obligation (Eigentümer, Rechte, Ertrag, Risiko)?

Bargeldloser Zahlungsverkehr

Wer ein Konto bei einer Bank oder der Post besitzt, hat unterschiedliche Möglichkeiten, bargeldlose Zahlungen vorzunehmen.

Bei einer Banküberweisung füllt die Kundin einen Zahlungsauftrag aus und stellt diesen mit den Einzahlungsscheinen der Bank zu. Diese führt die Zahlungen aus und schickt der Kundin eine detaillierte Belastungsanzeige.

Banküberweisung

Beim Dauerauftrag wird die Bank beauftragt, einen festen Betrag regelmässig an den gleichen Empfänger zu überweisen. Die Bank führt diese Zahlungen zu den festgesetzten Zeitpunkten aus.

Dauerauftrag

Die Bankkundin kann mit der Bank schriftlich vereinbaren, dass Rechnungen von bestimmten Unternehmen an die Bank geschickt und direkt durch diese bezahlt werden. Dies nennt man Lastschriftverfahren (LSV).

Lastschriftverfahren (LSV)

Beim E-Banking hat der Bankkunde via Internet einen gesicherten Zugang zu seinen Konten. Dadurch hat er einen Überblick über seine Finanzen, kann selbstständig Kontoüberträge vornehmen, Zahlungen erfassen, neueste Bankinformationen abfragen und vieles mehr.

E-Banking

Karten

Eine Kreditkarte ist ein Ausweis über die Zugehörigkeit zu einer Kreditkartenorganisation. Wer in einem Geschäft oder Restaurant eine Kreditkarte vorweist, muss nicht bar bezahlen. Vielmehr gewährt ihm die Kreditkartenorganisation Kredit und fordert das Geld erst Ende Monat mit einer Rechnung ein (via LSV). Kreditkarten können gegen eine Jahresgebühr (z. B. Fr. 150.–) bei Banken, der Post oder anderen Institutionen beantragt werden. Gegen eine Gebühr kann mit ihnen auch Geld am Bankomaten bezogen werden.
Beispiele: Mastercard, American Express, Visa, Diners Club

Kreditkarten

Vor- und Nachteile von Kreditkarten
Vorteile:
- Weniger Bargeld notwendig (kleineres Diebstahlrisiko)
- Bei Kautionen (z. B. Fahrzeugmiete) reicht Angabe der Kreditkartennummer

Nachteile:
- Schlechtere Kontrolle über eigene Ausgaben
- Gefahr des Missbrauchs bei Verlust

In der Schweiz kann in etwa 100 000 Geschäften und Restaurants mit einer Kreditkarte bezahlt werden.

Debitkarten Die Debitkarten ermöglichen Bargeldbezüge rund um die Uhr sowie bargeldloses Bezahlen an sogenannten Zahlterminals in Geschäften im In- und Ausland. Die Bezüge werden laufend dem entsprechenden Konto belastet.
Beispiele: Maestro-Karte, Postcard

> **Vor- und Nachteile von Debitkarten**
> Vorteile: • Weniger Bargeld notwendig
>   • Bargeldbezüge rund um die Uhr möglich
> Nachteile: • Gefahr, mehr Geld auszugeben, als man hat
>   • Gefahr des Missbrauchs bei Verlust (falls Code bekannt)

Schecks

Reisechecks Bei Reisen ins Ausland versucht man, den Verlust bei einem Raub oder Diebstahl möglichst gering zu halten. Hat jemand das gesamte Reisegeld bar bei sich, ist bei einem Raub das Geld weg und die Reise meistens vorzeitig vorbei.
Deshalb gibt es das Angebot der Reiseschecks. Schon vor Reiseantritt können Reiseschecks (in unterschiedlichster Währung) gekauft werden. Nach dem Kauf müssen die Schecks zum ersten Mal unterschrieben werden. Beim Einlösen im Ausland werden sie ein zweites Mal unterschrieben (Unterschriften werden verglichen). Werden die Reiseschecks gestohlen oder gehen sie verloren, werden sie ersetzt. Dabei ist es wichtig, die Nummern der Schecks vor der Reise aufzuschreiben, um sie bei einem Verlust nachweisen zu können.
Beispiele: Swiss Bankers Travelers Cheque, American Express Travelers Cheque

> **Vor- und Nachteile von Reiseschecks**
> Vorteile: • Weniger Bargeld notwendig
>   • Bei Diebstahl oder Verlust werden die Schecks ersetzt
> Nachteil: • Kommission beim Einlösen: ein Prozent des Scheckbetrags

Travel Cash Eine Variante zu den Reiseschecks ist das Swiss Bankers Travel Cash. Dies ist eine aufladbare Karte, mit der weltweit an Bankomaten Guthaben in der jeweiligen Landeswährung bezogen werden kann. Auch sie wird bei Verlust oder Diebstahl mit dem Restwert ersetzt (ein Prozent des Kartenwerts wird als Versicherungsprämie verrechnet).

Verstanden?

2.9 Neben den «handfesten» bargeldlosen Zahlungsmitteln wie Karten und Schecks gibt es noch andere Möglichkeiten, Zahlungen bargeldlos abzuwickeln. Nennen und beschreiben Sie zwei.

2.10 Erklären Sie den Unterschied zwischen einer Debit- und einer Kreditkarte.

2.11 Beantworten Sie folgende Fragen zum Thema Reiseschecks:
a) Was geschieht beim Kauf? Was erhält man?
b) Was geschieht beim Einlösen?
c) Was muss beachtet werden, damit die Schecks bei Verlust ersetzt werden?
d) Was ist der Unterschied zu Travel Cash?

2.12 Erklären Sie anhand des Beispiels Kreditkarte die Hauptproblematik der bargeldlosen Zahlungsmittel.

Budget

Jugendliche geraten relativ schnell in eine Schuldenspirale: Jede vierte jugendliche Person in der Schweiz lebt über ihren finanziellen Verhältnissen.

Schulden

Falls die Finanzsituation jeweils so aussieht, dass zwar noch Tage im Monat übrig sind, das Geld aber schon aufgebraucht ist, sollte man handeln. Als Erstes ist es wichtig, sich einen Überblick über seine finanzielle Situation zu verschaffen. In einem zweiten Schritt versucht man auszuloten, wie viel Geld pro Monat für Rückzahlungen zur Verfügung steht. Dies kann mit einem Budget herausgefunden werden. Sind die laufenden Zahlungsverpflichtungen höher als der maximale Sparfreibetrag, so lohnt es sich, mit den einzelnen Gläubigern Kontakt aufzunehmen, um mit ihnen alternative Rückzahlungsvarianten festzulegen.

Schuldensanierung

Mit einem Budget verschafft man sich einen Überblick über Einnahmen und Ausgaben und kann die Geldmittel gezielt einsetzen.

Budget

Bei der Erstellung eines Budgets werden zunächst sämtliche Einnahmen notiert. In einem weiteren Schritt schaut man die festen Kosten an, also Ausgaben, welche «gleich» bleiben, solche, die nicht beeinflusst werden können, wie z.B. Mietzins, Telefongrundgebühr, Radio, TV, Steuern oder Versicherungen.

Fixe Kosten

Als Nächstes werden die veränderlichen Kosten eingesetzt, Kosten, welche durch persönliche Verhaltensänderungen beeinflusst werden können, z.B. Essen, Fahrkosten Auto, Rückstellungen für Arzt und Zahnarzt oder das Taschengeld.

Variable Kosten

Mögliche Budgetpositionen für Lernende	
Einnahmen	
	Nettolohn, andere Einnahmen (z.B. Alimente)
	Total Einnahmen
Ausgaben	
Fixe Kosten	Krankenkasse, Fahrspesen, auswärtige Verpflegung, Schulmaterial, Haushaltsbeitrag, Miete
Variable Kosten	Taschengeld, Mobiltelefon, Kleider, Schuhe, Coiffeur, Körperpflege, Hobby, Sport
Rückstellungen	Zahnarzt, Optiker, Ferien, Sparen, Diverses (z.B. Steuern)
	Total Ausgaben

Ohne Kontrolle ist ein Budget jedoch nutzlos. Deshalb müssen die Ausgaben kontrolliert und Ende Monat mit dem Budget verglichen werden. Falls nötig, muss man seinen Lebensstil verändern, um einen Weg aus den Schulden zu finden.

Verstanden?

2.13 Einer Ihrer Kollegen ist überschuldet und bittet Sie um Hilfe. Zeigen Sie ihm auf, welche Schritte in dieser Situation angezeigt sind.

2.14 Erklären Sie den Unterschied zwischen fixen und variablen Kosten in einem Budget.

2.2 Kauf

Ablaufschema eines Kaufvertrages

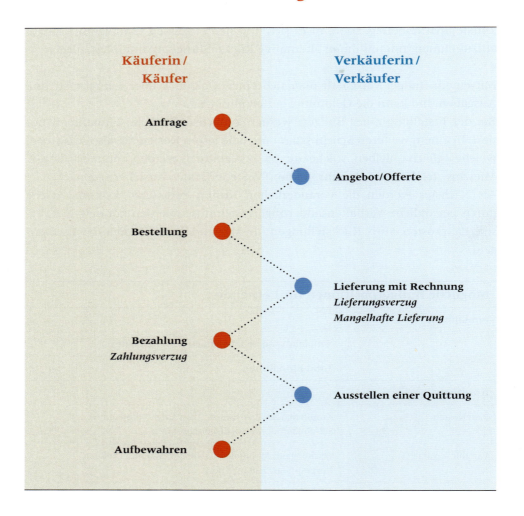

Im Folgenden wird der Abschluss eines Kaufvertrags anhand eines Käufers und einer Verkäuferin beispielhaft durchgespielt.

Schlüsselfragen und Vertragsverletzungen

Anfrage

Anfragen, welche sowohl schriftlich wie auch mündlich sein können, beziehen sich auf Informationen über den Kaufgegenstand, den Preis oder die Lieferungs- und Zahlungsbedingungen. Eine Anfrage ist immer unverbindlich.

Offerte

Warenauslagen mit Preisangabe (z.B. in Schaufenstern) sind genauso verbindlich wie schriftlich eingeholte unterschriebene Offerten. Der Käufer kann also den Kaufgegenstand zum angeschriebenen (respektive vereinbarten) Preis erwerben. Kataloge, Inserate, Prospekte u.Ä. hingegen sind immer unverbindliche Offerten. Dies vor allem deshalb, weil die Zeitdauer, über welche diese Offerten gültig sein müssten, schwierig zu regeln wäre.

Verbindliche und unverbindliche Offerte (OR 6a/7)

Im ganzen Vertragswesen spielt der Begriff des wesentlichen Irrtums eine wichtige Rolle. Dieser hat eine Schutzfunktion: Er schützt z.B. die Verkäuferin, die den Preis einer Schaufensterauslage aus Versehen eindeutig zu tief angeschrieben hat. Wird ein Armband z.B. mit der Preisangabe Fr. 200.– statt Fr. 20 000.– ausgestellt, liegt ein wesentlicher Irrtum vor, das Angebot ist somit nicht verbindlich.

Wesentlicher Irrtum (OR 23)

Eine befristete Offerte ist so lange gültig, bis die Frist zur Annahme (Bestellung) abgelaufen ist. Eine mündliche unbefristete Offerte muss sofort angenommen werden, sonst verliert sie ihre Gültigkeit. Dies gilt auch für telefonische Offerten. Wird eine Offerte schriftlich unterbreitet, ist die Verkäuferin so lange daran gebunden, wie eine ordnungsgemässe und rechtzeitige Antwort des interessierten Käufers benötigen würde (zirka sieben bis zehn Tage).

Befristete und unbefristete Offerte (OR 3–5)

Mit der Zusendung einer unbestellten Ware wird keine gültige Offerte gemacht. Der Empfänger muss deshalb die Ware weder aufbewahren noch zurückschicken. Dies gilt jedoch nicht für eine offensichtlich irrtümlich zugestellte Ware. In diesem Fall muss die Absenderin benachrichtigt werden.

Unbestellte Ware (OR 6 a)

Bestellung

Mit der Bestellung nimmt der Käufer die Offerte an, er schliesst damit also einen Kaufvertrag mit der Verkäuferin ab.

Kaufvertrag (OR 1)

> ### Wichtiges bei Kaufverträgen
> - Auch mündliche Zusagen sind bindend.
> - Lassen Sie sich nie zu einer Unterschrift drängen.
> - Lesen Sie vor der Unterschrift das Kleingedruckte.

Es ist empfehlenswert, sich wichtige mündliche Abmachungen schriftlich bestätigen zu lassen.

Schriftliche Bestätigungen

Lieferung

Lieferungsverzug

Mahnkauf (OR 107)
Wenn bei einem Mahnkauf Waren gegen Rechnung geschickt werden, wird meistens eine ungefähre Lieferfrist vereinbart. Lässt die Verkäuferin diese Frist verstreichen, muss der Käufer sie mit einer Nachfrist in Verzug setzen. Dies tut man am besten mit einer eingeschriebenen Liefermahnung. Verstreicht auch die Nachfrist ohne entsprechende Lieferung, kann der Käufer das Folgende tun:

Möglichkeiten des Käufer nach Ablauf der Nachfrist
a) Auf eine spätere Lieferung bestehen und evtl. Schadenersatzforderung erheben.
b) Auf spätere Lieferung verzichten und Schadenersatzforderung wegen Vertragsverletzung erheben.
c) Vom Vertrag zurücktreten.

Fixkauf (OR 108)
Bei einem Fixkauf ist der Liefertermin von grosser Bedeutung, die Lieferung muss also auf einen bestimmten Zeitpunkt oder bis zu einem bestimmten Stichtag erfolgen (z. B. Hochzeitskleid, Würste für einen Fussballmatch). Wird die Ware zum vereinbarten Zeitpunkt nicht geliefert, befindet sich die Verkäuferin sofort in Verzug. Die Ansetzung einer neuen Frist zur nachträglichen Lieferung ist nicht notwendig. Der Käufer hat die gleichen Möglichkeiten wie beim Mahnkauf.

Mangelhafte Lieferung

Gewährleistung / Garantie
(OR 197 / 210)
Die Verkäuferin hat grundsätzlich dafür zu sorgen, dass ihre Ware fehlerfrei, unbeschädigt und für den vorgesehenen Gebrauch tauglich ist. Sie haftet üblicherweise während eines Jahres für Mängel an der Kaufsache (auch für versteckte Mängel und auch ohne Verschulden der Verkäuferin). Man spricht in diesem Zusammenhang von Gewährleistung oder Garantie. Wenn der Käufer eine Verkäuferin wegen mangelhafter Lieferung haftbar machen will, so muss er unbedingt das Folgende beachten:

Pflichten des Käufers
(OR 201 / 204)
Pflichten des Käufers bei einer Mängelrüge
a) Ware nach Erhalt sofort prüfen.
b) Mangel unverzüglich der Verkäuferin mitteilen. Dies tut man am besten mit einer eingeschriebenen Mängelrüge.
c) Beanstandete Ware aufbewahren, ohne sie zu benutzen.

Mängelrüge (OR 205 / 206)
Mit dem Einreichen der Mängelrüge kann der Käufer das Folgende fordern:

Mögliche Forderungen des Käufers bei einer Mängelrüge
a) Einwandfreier Ersatz (Ersatzlieferung)
b) Angemessene Preisermässigung (Minderung)
c) Kauf rückgängig machen (Wandelung)

Die Dauer der Gewährleistungspflicht kann vertraglich mit Einwilligung des Käufers auch verkürzt werden (Gewährleistung z. B. nur während eines halben Jahres oder gar keine).

Will die Verkäuferin «nur» eine Reparatur der mangelhaften Sache zulassen, so muss dies speziell im Vertrag geregelt werden.

Gewährleistungspflicht

Zahlung

Wenn ein Rechnungsbetrag bis zum Ablauf der Zahlungsfrist nicht bezahlt worden ist, so muss die Verkäuferin den säumigen Zahler in Verzug setzen. Dies kann sie mit einer eingeschriebenen Zahlungsmahnung machen. In dieser Mahnung wird dem Käufer meist eine zusätzliche Frist zur Zahlung eingeräumt. Ist ein genauer Zahlungstermin verabredet worden, befindet sich der Käufer mit Ablauf dieses Datums in Verzug.

Zahlungsverzug (OR 102/104)

Ist der Käufer mit der Zahlung der Schuld in Verzug, kann die Verkäuferin einen Verzugszins von 5 Prozent im Jahr verlangen.

Verzugszins

Hat der Käufer auch nach Ablauf der Nachfrist nicht bezahlt, kann ihn die Verkäuferin betreiben.

Betreibung

Quittung

Auf Wunsch muss die Verkäuferin dem Käufer eine Quittung ausstellen als Beweis, dass die Schuld beglichen ist.

Forderungen verjähren. Dies bedeutet, dass die Gläubigerin nach einer bestimmten Frist ihr Guthaben nicht mehr einfordern kann. Die meisten Forderungen verjähren nach 10 Jahren (siehe Kapitel 11). So lange muss der Käufer also wichtige Quittungen aufbewahren.

Auch im Zusammenhang mit Versicherungen ist es von Vorteil, «teure» Anschaffungen mit Quittungen belegen zu können (z. B. als Beweismittel bei Diebstahl).

Aufbewahrungspflicht

Verstanden?

2.15 Warum sind Preisangaben in Katalogen keine gültigen Offerten?

2.16 Nennen Sie zwei gültige Offertenarten.

2.17 Welche Bedeutung haben die Artikel zum «wesentlichen Irrtum»?

2.18 Welche Regelungen gelten bei unbestellter Ware?

2.19 Welche Bedeutung hat die Bestellung beim Kaufvertrag?

2.20 Was ist der erste korrekte Schritt bei einem Lieferungsverzug (Mahnkauf)?

2.21 Welche Folgen hat der Lieferungsverzug für den Verkäufer bei einem Fixkauf?

2.22 Welche gesetzliche Gewährleistungspflicht hat die Verkäuferin?

2.23 Welche drei Pflichten hat die Käuferin, wenn sie den Verkäufer wegen mangelhafter Lieferung haftbar machen will?

2.24 Was kann der Käufer mithilfe einer Mängelrüge verlangen?

2.25 Welches ist das korrekte Vorgehen bei einem Zahlungsverzug?

2.26 Wie lange sollten Sie wichtige Zahlungen mit Quittungen belegen können?

Kaufvertrags- und Finanzierungsarten

Es gibt unterschiedliche Möglichkeiten, einen Kaufgegenstand zu erwerben. Sie unterscheiden sich vor allem dadurch, wie viel eigenes Geld beim Abschluss des Kaufvertrages eingesetzt werden muss.

Barkauf

OR 184 ff. Beim Barkauf erfolgt die Übergabe von Ware und Geld gleichzeitig (Zug um Zug).

Eigentumsverhältnisse	Käufer wird sofort Eigentümer.
Rücktrittsrecht	Kein Rücktrittsrecht.

Der Barkauf ist meistens die günstigste Art, etwas zu erwerben (Rabatt, Skonto).

Gewöhnlicher Kreditkauf

OR 184 ff. Beim gewöhnlichen Kreditkauf liefert die Verkäuferin die Ware mit Rechnung. Üblicherweise hat der Käufer 30 Tage Zeit, die Rechnung zu begleichen. Die Verkäuferin gibt dem Käufer also Kredit.

Eigentumsverhältnisse	Käufer wird mit der Übergabe der Ware Eigentümer. Die Verkäuferin vertraut dem Käufer, dass er die Kaufsumme innerhalb der Zahlungsfrist überweisen wird.
Rücktrittsrecht	Kein Rücktrittsrecht.

Beim Barkauf erfolgt die Übergabe von Ware und Geld gleichzeitig.

Kauf mit Konsumkreditvertrag

Beim Kauf von Waren mit Konsumkreditvertrag leistet der Käufer in der Regel eine Anzahlung und erhält die Ware sofort. Der Rest der Kaufsumme (zwischen Fr. 500.– und Fr. 80 000.–) wird in Raten abbezahlt (mehr als vier Raten, Laufzeit länger als ein Jahr).

Eigentumsverhältnisse	Durch den Kauf wird der Käufer Besitzer der Kaufsache, meist aber nicht Eigentümer. Die Verkäuferin hat das Recht, einen Eigentumsvorbehalt zu machen.
Rücktrittsrecht	Rücktrittsrecht innert sieben Tagen nach Erhalt des Vertragsdoppels mit eingeschriebenem Brief. Es gilt das Datum des Poststempels.

Das Gesetz schreibt vor, dass bei einem Kauf mit Konsumkreditvertrag sowohl der Barzahlungspreis wie auch der Preis, der im Rahmen des Kreditvertrags zu bezahlen ist, im Vertrag festgeschrieben sein müssen. Ebenfalls im Vertrag vermerkt werden muss die Höhe der Anzahlung sowie Anzahl, Höhe und Termine der Teilzahlungen (Raten). Schliesslich müssen auch die Eigentumsverhältnisse der Kaufsache vermerkt werden (z. B. ein Eigentumsvorbehalt). **Vertragsbestandteile**

Ein Eigentumsvorbehalt bewirkt, dass der Kaufgegenstand bis zur Bezahlung der letzten Rate im Eigentum der Verkäuferin bleibt. Bezahlt der Käufer die Raten nicht, kann die Verkäuferin den Gegenstand zurückholen und Rechnung für Miete und Abnützung verlangen. Ein Eigentumsvorbehalt wird im Eigentumsvorbehaltsregister auf dem Betreibungsamt am Wohnort des Käufers eingetragen. **Eigentumsvorbehalt**

Wichtig ist, dass die Ratenhöhe im persönlichen Budget Platz hat. Die Kreditfähigkeit muss überprüft werden: Jeder Kreditvertrag muss innerhalb von drei Jahren zurückbezahlt werden können. **Kreditfähigkeit**

Kauf von Waren mit einem Kleindarlehen

Kleinkreditbanken (Tochtergesellschaften der Grossbanken) vergeben Darlehen an Privatpersonen. Diese Kleindarlehen (oft auch Kleinkredite genannt) werden dann zum Kauf von Waren eingesetzt.
Bei Kleindarlehen müssen oft keine Sicherheiten hinterlegt werden, meistens reicht der Nachweis einer Arbeitsstelle. Durch die fehlenden Sicherheiten ist das Risiko für die Bank als Geldgeberin gross. Deshalb sind Kleindarlehen sehr teuer (bis zu 15 Prozent Jahreszins).

Eigentumsverhältnisse	Käufer zahlt bar und wird daher sofort Eigentümer. Allerdings müssen die Schulden bei der Kleinkreditbank ratenweise abbezahlt werden.
Rücktrittsrecht	Rücktrittsrecht innerhalb von sieben Tagen.

Form und Inhalt der Verträge mit Kleindarlehen sind im Konsumkreditgesetz (KKG) geregelt. Darin sind das Rücktrittsrecht, die Pflicht zur Kreditfähigkeitsprüfung sowie die Möglichkeit einer vorzeitigen Rückzahlung festgeschrieben. **KKG**

Leasing (am Beispiel Autoleasing)

Beim Leasing überlässt die Leasinggeberin dem Leasingnehmer ein Auto zum Gebrauch und zur Nutzung. Dafür erhält sie eine Leasinggebühr.

Eigentumsverhältnisse	Das Auto ist nie Eigentum des Leasingnehmers.
Rücktrittsrecht	Rücktrittsrecht innerhalb von sieben Tagen. Dies bedeutet, dass das Leasingobjekt oft erst nach dieser Frist in die Hände des Leasingnehmers gelangt.

Leasingarten

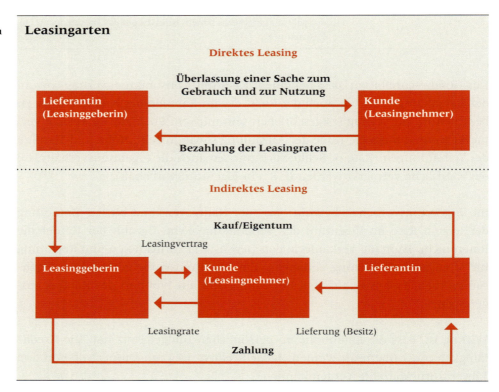

KKG Leasingverträge, die von Privatpersonen abgeschlossen werden, sind im Konsumkreditgesetz (KKG) geregelt. Sie müssen schriftlich abgeschlossen werden.

Inhalt KKG 11
Zwingende Inhalte von Leasingverträgen
- Beschreibung der Leasingsache
- Barkaufpreis bei Vertragsabschluss
- Anzahl, Höhe und Fälligkeit der Leasingraten
- Höhe der Kaution, falls eine solche verlangt wird
- Allfällig verlangte Versicherungen
- Effektiver Jahreszins
- Hinweis auf Widerrufsrecht und die Widerrufsfrist
- Konditionen bei vorzeitiger Beendigung des Leasingvertrags

Weitere Bestimmungen Beim Leasing beträgt der Höchstzinssatz 15 Prozent. Vor Vertragsabschluss muss die Kreditfähigkeit der Konsumentinnen und Konsumenten überprüft werden (der Leasingnehmer muss den Kredit mit dem nicht pfändbaren Lohnanteil innerhalb von 36 Monaten zurückzahlen können).

Eine normale Leasinggebühr setzt sich zusammen aus der Abschreibung (Wertverminderung) des Autos und den Zinsen für das eingesetzte Kapital.
Zusätzliche Auswirkungen auf die Leasinggebühr haben die Leasingdauer sowie die vereinbarte jährliche Kilometerleistung: Werden mehr Kilometer als vereinbart gefahren, werden diese am Ende der Leasingdauer in Rechnung gestellt.

Leasinggebühr

Leasing-Beispiele		
	Seat Leon Cupra	**BMW Z4**
Wert des Autos	Fr. 38 900.–	Fr. 61 800.–
Leasingdauer	48 Monate	24 Monate
Jährliche km-Leistung	15 000 km	25 000 km
Leasingrate pro Monat	Fr. 706.30	Fr. 1738.80
Gesamtkosten	Fr. 33 902.40	Fr. 41 731.20
Effektiver Jahreszins	7,44 %	7,02 %
Restwert	Fr. 12 448.–	Fr. 25 956.–

Neben den Leasingraten fallen jedoch noch zusätzliche Kosten an. Insgesamt müssen bei einem Leasing die folgenden Kosten getragen werden:

Zusätzliche Kosten

Kosten beim Autoleasing
- Leasinggebühr
- Obligatorische Vollkaskoversicherung
- Obligatorische Haftpflichtversicherung
- Treibstoffkosten
- Obligatorischer Service bei Markengaragen
- Kosten für Reparaturen, Abgaswartung, Garagierungskosten usw.

Die Leasinggebühr allein ist also nicht massgebend, ob sich jemand das Leasing eines Autos leisten kann oder nicht!

Eine vorzeitige Auflösung des Leasingvertrages führt zu einer Neuberechnung der Leasingraten, wobei zu beachten ist, dass mit der kürzeren Leasingdauer die Abschreibung mehr ins Gewicht fällt. Dies kann zu beträchtlichen Nachzahlungen führen!

Vorzeitiger Ausstieg

Zur Leasingrate kommen weitere Kosten hinzu – so zum Beispiel die Treibstoffkosten.

Miet-Kauf-Vertrag

Bei einem Miet-Kauf-Vertrag mietet der «Käufer» einen Konsumartikel. Beim späteren Kauf dieses Artikels werden die schon bezahlten Mietraten an den Kaufpreis angerechnet.

Eigentumsverhältnisse	Mieter ist nicht Eigentümer der Ware.
Rücktrittsrecht	Kein Rücktrittsrecht.

Zurzeit ist diese Erwerbsform gesetzlich nicht geregelt. Sie wird auch «unechtes Leasing» genannt.

Verstanden?

2.27 Warum heisst es, dass der Barkauf meistens die günstigste Art ist, etwas zu erwerben?

2.28 Was ist der Unterschied zwischen einem Barkauf und einem gewöhnlichen Kreditkauf?

2.29 Beim Kauf von Waren mit Konsumkreditvertrag hat die Verkäuferin das Recht, einen Eigentumsvorbehalt zu machen.
   a) Warum ist dem so?
   b) Welche Folgen hat ein Eigentumsvorbehalt?
   c) Was geschieht, wenn ein Käufer seine Raten nicht mehr bezahlen kann?
   d) Wo muss ein Verkäufer den Eigentumsvorbehalt geltend machen?

2.30 Verkäuferinnen von Waren müssen nach KKG die Kreditfähigkeit der Käufer überprüfen. Welche Regelung gilt in diesem Zusammenhang?

2.31 Warum sind Kleinkredite so teuer?

2.32 Welche Kosten deckt eine normale Leasinggebühr ab (z. B. beim Autoleasing)?

2.33 Mit welchen zusätzlichen Kosten (neben der Leasinggebühr) muss ein Leasingnehmer beim Autoleasing rechnen?

2.34 Warum kann eine vorzeitige Auflösung des Leasingvertrages zu beträchtlichen Nachzahlungen führen?

2.35 In welchem Gesetz ist der Miete-Kauf-Vertrag geregelt?

Ökologie und Ethik beim Kaufen

Viele Menschen achten beim Einkaufen darauf, dass die gekauften Produkte ökologischen und ethischen Kriterien genügen. Ökologisch Einkaufen bedeutet, dass die Konsumentinnen und Konsumenten auf biologische, naturnahe und nachhaltige Produktion achten und z. B. auf Tropenhölzer und gentechnisch veränderte Lebensmittel verzichten. Ebenfalls ein Anliegen ist diesen Menschen Fleisch, das aus artgerechter Tierhaltung stammt, oder Kosmetik, die ohne Einsatz von Tierversuchen entwickelt wurde. Ethische Kaufkriterien berücksichtigen auch die Produktions- und Arbeitsbedingungen im Herkunftsland. So wird etwa auf faire Löhne und ein Verbot von Kinderarbeit geachtet.

Lebensmittellabels

Eine Vielzahl von Organisationen versucht der Kundschaft durch Labels aufzuzeigen, welche Produkte ihre Ansprüche erfüllen. Der WWF, die Tierschutzorganisation VIER PFOTEN und die Stiftung für Konsumentenschutz haben die wichtigsten Lebensmittellabels nach den Kriterien Ökologie, Tierwohl und Kontrolle sowie nach sozialen Kriterien wie Arbeitszeit, Entlöhnung und Gesundheitsschutz bewertet:

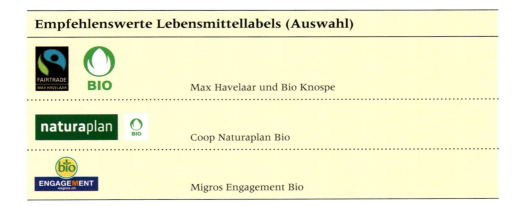

Empfehlenswerte Lebensmittellabels (Auswahl)

	Max Havelaar und Bio Knospe
	Coop Naturaplan Bio
	Migros Engagement Bio

Fairtrade-Organisationen

Als «fair trade» (fairer Handel) wird ein kontrollierter Handel bezeichnet, bei dem die Preise für die gehandelten Produkte üblicherweise über dem jeweiligen Weltmarktpreis angesetzt werden. Damit soll den Produzenten ein höheres und verlässlicheres Einkommen als im herkömmlichen Handel ermöglicht werden. In der Produktion sollen ausserdem internationale Umwelt- und Sozialstandards eingehalten werden (z. B. ist keine Kinderarbeit erlaubt).

Produkte von Max Havelaar sind mit Fairtrade-Stickern versehen.

Die Fairtrade-Bewegung konzentriert sich hauptsächlich auf Waren, die aus Entwicklungsländern in Industrieländer exportiert werden. Fairer Handel umfasst landwirtschaftliche Erzeugnisse ebenso wie Produkte des traditionellen Handwerks und der Industrie und weitet sich zusehends auf neue Bereiche wie den Tourismus aus. Die Max-Havelaar-Stiftung ist die bekannteste dieser Fairtrade-Organisationen.

Stiftung für Konsumentenschutz (SKS)

Die Stiftung für Konsumentenschutz (SKS) setzt sich unter anderem für gesunde, ökologisch und ethisch verantwortbare Lebensmittel ein. Sie informiert die Konsumentinnen und Konsumenten über ihre Rechte und Möglichkeiten. Anbieter und Hersteller sollen ihrer Pflicht zur Information und Deklaration nachkommen.

Die Stiftung für Konsumentenschutz versteht sich als Anwältin der Konsumentinnen und Konsumenten in der Schweiz. Sie agiert als deren Vertreterin auf der politischen Bühne und bildet in dieser Funktion ein Gegengewicht zu den Interessen der Hersteller und Vertreiber. Über ihre Hotline beantwortet sie den Konsumentinnen und Konsumenten Fragen zu Konsum und rechtlichen Themen.

Die Preisüberwachung

Die Preisüberwachung ist das Kompetenzzentrum des Bundes für Preise. Jede Bürgerin, jeder Bürger und jede Unternehmung kann mit einer Preisbeschwerde an den Preisüberwacher gelangen. Jeder und jede bekommt eine Antwort.

Die Preisüberwachung ist für eine amtliche Überprüfung eines allfälligen Preismissbrauchs zuständig, wenn der Wettbewerb bei der Preisbildung nicht zum Spielen kommt. Dies kann bei Preisen von marktmächtigen Unternehmen oder Monopolen der Fall sein. Die Preisüberwachung ist auch zuständig bei Gebühren, Medikamentenpreisen oder Tarifen für öffentliche Unternehmungen. Hier richtet sie Preis- oder Politikempfehlungen an die zuständigen Behörden. Oft steht sie im Spannungsfeld von Interessen (Lobbys). Die Preisüberwachung mit dem Preisüberwacher ist unabhängig und sucht nach bestmöglichen Lösungen für die Konsumentinnen und Konsumenten und die Volkswirtschaft.

Stefan Meierhans, seit Herbst 2008 der neue Preisüberwacher der Schweiz (auch «Monsieur Prix» genannt), spricht gemeinsam mit Bundesrätin Doris Leuthard zu den Medien.

Die Ökobilanz

Eine Ökobilanz ist eine systematische Analyse der Umweltwirkungen von Produkten während ihres gesamten Lebenswegs («von der Wiege bis zur Bahre»). Dazu gehören sämtliche Umweltwirkungen, die während der Produktion, der Nutzungsphase und der Entsorgung des Produktes insgesamt entstehen (inkl. Herstellung der Roh-, Hilfs- und Betriebsstoffe). Zu den Umweltwirkungen zählt man sämtliche umweltrelevanten Entnahmen aus der Umwelt (z. B. Erze, Rohöl) sowie die Emissionen in die Umwelt (z. B. Abfälle, Kohlendioxidemissionen).

Beispiele aus der Praxis

Verpackungen gehörten zu den ersten Produkten, welche anhand von Ökobilanzen verglichen wurden. Doch welche Getränkebehälter (PET-Flaschen, Glasflaschen, Aludosen) sind denn nun am umweltfreundlichsten? Eine Untersuchung des Bundesamtes für Umwelt im Jahr 2004 kam zu folgendem Resultat: Die ideale Flasche gibt es nicht! Bei allen ist die Umweltverschmutzungen etwa ähnlich. Auch Mehrwegflaschen sind entgegen dem Klischee nicht generell besser. Es kommt auf die Umstände an: Wenn die Getränke über weite Strecken transportiert werden müssen, sind die leichten und platzsparenden PET-Flaschen im Vorteil. Bei den PET-Flaschen hängt die Umweltbelastung wiederum stark von der Rücklaufquote und dem Anteil an wiederverwertetem PET ab.

Getränkeverpackungen

Interessant ist auch die Ökobilanz eines Autos. Oft gelten jene Fahrzeuge als umweltfreundlich, welche wenig Benzin verbrauchen, wenige Schadstoffe ausstossen und wenig Lärm verursachen. Eine umfassende Ökobilanz berücksichtigt aber auch die Herstellung und die Entsorgung: So verursacht die Produktion eines Autos etwa gleich viel CO_2, wie es während seiner gesamten Nutzung ausstösst. Ein modernes Auto besteht aus den unterschiedlichsten Werkstoffen, welche mit modernsten Verfahren miteinander verbunden werden (z. B. Aluminium, Stahl, Titan, Kohlefasern, Kunststoffe). Allein die Trennung dieser Materialien bei der Entsorgung verschlingt Unmengen an Energie. Deshalb kann es zur absurden Situation kommen, dass ältere Fahrzeuge eine insgesamt bessere Ökobilanz aufweisen als neueste Hybridautos.

Autos

Die persönliche Ökobilanz

Die persönliche Ökobilanz kann durch den sogenannten ökologischen Fussabdruck gemessen werden. Unter dem ökologischen Fussabdruck wird die Fläche auf der Erde verstanden, die notwendig ist, um den Lebensstil und Lebensstandard eines Menschen dauerhaft zu ermöglichen. Das schliesst Flächen ein, die zur Produktion seiner Kleidung und Nahrung oder zur Bereitstellung von Energie, aber z. B. auch zum Abbau des von ihm erzeugten Mülls oder zum Binden des durch seine Aktivitäten freigesetzten Kohlendioxids benötigt werden. Auf den ökologischen Fussabdruck wird beim Thema «Globale Herausforderungen» näher eingegangen.

Ökologischer Fussabdruck

Verstanden?

2.36 Erklären Sie anhand von Beispielen ökologische und ethische Kriterien beim Kaufen.

2.37 Was will man mit dem fairen Handel erreichen?

2.38 Was ist mit «Ökobilanz» gemeint?

2.39 Womit kann die persönliche Ökobilanz gemessen werden?

Das haben Sie in diesem Kapitel gelernt

Geld

- **Lohn**
  Wie eine korrekte Lohnabrechnung aussieht.
  Wie sich der Bruttolohn vom Nettolohn unterscheidet.
  Welche Abzüge die Arbeitgebenden machen dürfen.

- **Geldinstitute**
  Wie sich die SNB und Geschäftsbanken unterscheiden.
  Welche Hauptaufgabe die SNB hat.
  Welches die Haupttätigkeiten der Geschäftsbanken sind.
  Welcher Zusammenhang zwischen Rendite, Risiko und Verfügbarkeit besteht.
  Wie sich Konten unterscheiden.
  Was die Hauptunterschiede zwischen Aktie und Obligation sind.
  Welche bargeldlosen Zahlungsmöglichkeiten Sie haben.
  Wie sich Kredit- und Debitkarte unterscheiden.
  Welche Möglichkeiten Ihnen Reiseschecks bieten.

- **Budget**
  Wie man seine Schulden sanieren kann.
  Welche Bedeutung das Budget bei der Schuldensanierung hat.
  Welches die Unterschiede zwischen fixen und variablen Kosten sind.

Kauf

- **Ablauf eines Kaufvertrags**
  Nach welchem Schema ein Kaufvertrag abläuft.
  Wie man auf Vertragsverletzungen reagiert.

- **Verschiedene Kaufvertrags- und Finanzierungsarten**
  Worin sich die wichtigsten Kaufvertrags- und Finanzierungsarten unterscheiden.

- **Ökologie und Ethik beim Kaufen**
  Was Ökologie und Ethik beim Einkaufen bedeuten.
  Welche Institutionen sich für die Konsumentinnen und Konsumenten einsetzen.
  Was man unter einer Ökobilanz versteht.

Wissen anwenden

Hinweis: Die Antworten zu den Fragen, die mit einem Ja oder Nein beantwortet werden können, müssen Sie begründen.

W1 Klären Sie bei Ihrem Postkonto/Bankkonto Folgendes ab:
– **Zinssatz**
– **Inbegriffene Dienstleistungen**
– **Spesen**

W2 Ein Kollege erzählt Ihnen von einem sicheren Anlagetipp mit einer Rendite von 50 Prozent.
Was halten Sie von diesem Anlagetipp?

W3 «Wenn jemand gut schlafen will, soll er Obligationen kaufen; wenn jemand aber gut essen will, soll er Aktien kaufen.»
Zeigen Sie die Hintergründe dieses Spruchs auf.

W4 Sie wollen einen Monat in den USA verbringen. Dort können Sie bei einer Bekannten wohnen.
a) **Schätzen Sie ab, wie viel Geld Sie diese Reise etwa kosten dürfte. Begründen Sie Ihre Schätzung.**
b) **Beschreiben Sie, in welcher Form Sie diesen Betrag in die USA mitnehmen. Begründen Sie Ihre Wahl.**

W5 a) **Führen Sie während eines Monats Kontrolle über Ihre Einnahmen und Ausgaben (z.B. mit einem Kassenbuch).**
b) **Fassen Sie Ihre Aufzeichnungen in die wichtigsten Einnahme- und Ausgabekategorien zusammen.**
c) **Kommentieren Sie Ihre finanzielle Situation.**

W6 Erstellen Sie mithilfe der vorgegebenen Struktur der Budgetberatungsstelle (www.budget.ch) Ihr eigenes Budget.
Suchen Sie Sparmöglichkeiten.

W7 Im Schaufenster eines Kleidergeschäftes werden Jeans mit Fr. 58.– angepriesen. Dieses günstige Angebot will sich Tina nicht entgehen lassen. Bei der Anprobe stellt sie aber fest, dass auf dem Preisschild Fr. 85.- steht.
Welcher Preis gilt nun? Begründen Sie Ihre Antwort.

W8 Ein Musikgeschäft bietet Ihnen in einem Telefongespräch eine Musikanlage für Fr. 750.– an. Nach einer Bedenkzeit von einer Woche wollen Sie die Anlage kaufen. Die Verkäuferin erklärt Ihnen aber, dass dieses Angebot nicht mehr gelte und die Musikanlage wieder Fr. 950.– koste.
Muss das Musikgeschäft Ihnen die Anlage für Fr. 750.– verkaufen? Begründen Sie Ihre Antwort.

W9 Per Brief bestellen Sie in einem Fachgeschäft einen PC. Am nächsten Tag sehen Sie in der Fernsehwerbung, dass das gleiche Gerät in einem anderen Geschäft wesentlich günstiger angeboten wird. Da Sie noch keine Auftragsbestätigung erhalten haben, widerrufen Sie per Fax Ihre Bestellung.
Sind Sie damit von Ihrer Bestellung entbunden?

W10 Trotz mehrmaliger Mahnung hat Ihr Freund das Motorrad, welches Sie ihm vor einem Monat verkauft haben, noch immer nicht bezahlt. Sie entscheiden sich, das Motorrad wieder zurückzuholen.
Sind Sie dazu berechtigt?

W11 Rolf kauft in einer Modeboutique einen Mantel. Zu Hause stellt er fest, dass das Innenfutter an einer Stelle zerrissen ist. Ihn stört das zunächst nicht, zumal er den Mantel heute sowieso unbedingt braucht. Vierzehn Tage später meint er jedoch, dass ein so teurer Mantel keine Schäden aufweisen sollte. Er reklamiert im Geschäft und verlangt die Beseitigung des Mangels.
Hat seine Beschwerde Aussicht auf Erfolg?

W12 Sie erhalten eine unbestellte Sendung mit vier alten Münzen zum Preis von Fr. 56.– mit der Aufforderung, bei Nichtbezahlung des Betrages die Münzen innerhalb von drei Wochen wieder zurückzusenden. Sie haben kein Interesse an alten Münzen.
Wie sieht die Rechtslage aus?

W13 Peter sieht bei der Firma Schrott AG ein Occasionsauto für Fr. 4500.–. Bei den Vertragsverhandlungen versichert ihm der Verkäufer, dass dieses Auto in einwandfreiem Zustand sei. Kurze Zeit später merkt Peter, dass es einige Hinweise gibt, die belegen, dass er ein Unfallauto gekauft hat. Er will das Auto sofort zurückgeben. Der Geschäftsführer lässt aber nicht mit sich reden und beharrt auf der Gültigkeit des Kaufvertrages. Vor Gericht erklärt er, dass Peter leicht selbst hätte erkennen können, dass es sich um einen Unfallwagen handelt.
Beurteilen Sie die Rechtslage!

W14 Franz, seit einem Jahr aus der Lehre, will sich ein Auto kaufen. Sein Traumauto kostet Fr. 24 000.–. Gespart hat er bisher Fr. 8000.–. Pro Monat verdient Franz netto Fr. 4000.–. Davon kann er pro Monat Fr. 1000.– sparen.
a) Nennen Sie drei Finanzierungsmöglichkeiten für Franz.
b) Erklären Sie ihm die Eigentumsverhältnisse bei diesen drei Finanzierungsmöglichkeiten.
c) Geben Sie Franz einen begründeten Rat, welche der Finanzierungsmöglichkeiten für ihn die beste wäre.

W15 Geben Sie auf dem Computer in eine Suchmaschine den Begriff «Ökolabels» ein und öffnen Sie aus dem Angebot die Seite des WWF.

a) Welche Labels werden als sehr empfehlenswert, welche als empfehlenswert, welche als bedingt empfehlenswert und welche als nicht empfehlenswert eingestuft?

b) Welche Labels sind Ihnen bekannt?

c) Warum werden gewisse Labels als «nicht empfehlenswert» bewertet?

W16 Zeigen Sie auf einem Plakat den Lebensweg eines Autos von der Herstellung über die Nutzung bis zur Verschrottung auf. Kommentieren Sie diese «Ökobilanz».

a) Welche Rohstoffe werden zur Herstellung benötigt?

b) Welche Betriebsstoffe braucht man bei der Nutzung? Welche Emissionen fallen an?

c) Wie wird ein Auto entsorgt? Welche Teile müssen speziell entsorgt werden? Was ist bei einem Auto wieder verwertbar?

Korrespondenz

K1   Endlich wird Ihnen die lang erwartete Musikanlage geliefert. Beim Auspacken stellen Sie fest, dass beim CD-Player der schwarze Lack über eine Länge von fünf Zentimetern zerkratzt ist.
Schreiben Sie dem Musikgeschäft einen Brief mit einem konkreten Vorschlag zur Erledigung der Sache.

K2   Kathrin hat bei einem Versandhaus eine Nachttischlampe bestellt. Es wurde eine Lieferfrist von etwa zwei Wochen vereinbart. Trotz zweimaliger telefonischer Reklamation hat Kathrin die Lampe auch nach sechs Wochen noch nicht in ihren Händen.
Schreiben Sie einen rechtlich korrekten Brief.

K3   Vor einem Monat haben Sie einen neuen Computer mit Farbdrucker gekauft. Es wurde Ihnen eine Zahlungsfrist von 30 Tagen eingeräumt. Inzwischen sind Sie in eine finanzielle Notlage geraten und können die Rechnung nicht zum vorgesehenen Zeitpunkt bezahlen.
Schreiben Sie dem Händler ein begründetes Gesuch um Zahlungsaufschub. Machen Sie ihm zusätzlich einen Zahlungsvorschlag.

Risiko und Sicherheit

	Einleitung	58
3.1	Risiken	59
	Das Risikomanagement	59
	Wahrnehmung von Risiken	59
	Persönliche Risiken	60
	Gesellschaftliche Risiken	65
3.2	Versicherungen	66
	Einführung	66
	Haftpflichtversicherungen	67
	Sachversicherungen	69
	Personenversicherungen	71
	Das haben Sie in diesem Kapitel gelernt	78
	Wissen anwenden	79
	Korrespondenz	82

Einleitung

Als «Risiko» wird die Wahrscheinlichkeit bezeichnet, dass bei einer Handlung ein Schaden eintritt. Umgangssprachlich wird Risiko oft mit «Gefahr» gleichgesetzt. Sämtliche Entscheidungen, welche wir tagtäglich fällen, enthalten Risiken. Das Leben ist ein Risiko. «Sicherheit» ist zwar das allgemeine Ziel der meisten Menschen, lässt sich jedoch nie ganz erreichen. Ein gewisses Mass an Risiko müssen wir eingehen, um überhaupt leben zu können. Dass es in einzelnen Situationen sinnvoll sein kann, mehr Risiko als üblich einzugehen, verdeutlichen die Redewendungen «Mut zum Risiko» und «no risk, no fun».

Viele Risiken sind messbar und in Statistiken darstellbar. So kann beispielsweise berechnet werden, wie gross, statistisch gesehen, die Wahrscheinlichkeit ist, Opfer eines Verkehrsunfalls zu werden. Menschen neigen allerdings dazu, Risiken nicht objektiv einzuschätzen. So fürchten sich viele eher vor dem Fliegen als vor der Fahrt zum Flughafen, obwohl Autofahren riskanter ist als Fliegen. Umgekehrt kann das Unterschätzen von Risiken fatale Folgen haben. Es ist deshalb wichtig, sich mit den Risiken des eigenen Handelns auseinanderzusetzen, Risiken gezielt einzugehen und sich gegen grosse Risiken zu schützen.

« *Das Misstrauen ist die Mutter der Sicherheit.* »

Jean de La Fontaine

« *Sicher ist, dass nichts sicher ist. Selbst das nicht.* »

Karl Valentin

3.1 Risiken

Das Risikomanagement

Mit Risikomanagement ist der planvolle Umgang mit Risiken gemeint. Dabei gilt es, sich auf drei Ebenen mit den eigenen Risiken auseinanderzusetzen:

Risikomanagement	
1. Risiken erkennen	In einem ersten Schritt müssen die Risiken des eigenen Handelns erkannt und richtig eingeschätzt werden. Wie wir sehen werden, ist dabei unsere Wahrnehmung leicht getrübt.
2. Risiken vermeiden	Zweitens gilt es, Risiken zu vermeiden oder zu vermindern. Mit einer verantwortungsbewussten Lebensgestaltung zum Beispiel können gesundheitliche Risiken eingeschränkt und körperliches wie seelisches Wohlbefinden erhöht werden.
3. Folgen von Risiken absichern	Auf der dritten Ebene versucht man, eintretende negative Folgen von Risiken abzusichern. Hier sind die Versicherungen tätig, welche die finanziellen Folgen aus Schadensfällen auffangen.

Wahrnehmung von Risiken

Risiken werden oft falsch eingeschätzt. Menschen handeln häufig nicht danach, wie gefährlich etwas tatsächlich ist, sondern als wie gefährlich sie ein Risiko beurteilen. Folgende Verhaltensweisen lassen sich bei der Wahrnehmung und Einschätzung von Risiken erkennen:

Wahrnehmung von Risiken

- Freiwillig eingegangene Risiken (z. B. Sonnenbrand) werden als weniger gefährlich eingestuft als uns auferlegte (z. B. AKW).
- Ein seltenes Ereignis mit grossem Schaden (Flugzeugabsturz) wird schlimmer empfunden als viele kleine Vorfälle, die sich zum selben Schaden addieren (Autounfälle).
- Sofort eintretende Schäden (Strassenverkehr) werden als schlimmer wahrgenommen als solche, die mit zeitlicher Verzögerung eintreten (Rauchen).
- Risiken, deren Ursachen leicht zu verstehen sind (Lawinen), werden eher akzeptiert als Risiken, welche auf komplexer Technik beruhen (Gentechnik).
- Risiken neuer Technologien (Gentechnik) werden höher eingeschätzt als Risiken von Bekanntem (Staudamm).
- Gefahren, die unmittelbar sinnlich wahrnehmbar sind (Bergsteigen), werden eher akzeptiert als nicht wahrnehmbare (Strahlung).

Der Mensch ist im Umgang mit Risiken oft unvernünftig. Er hält das Ungefährliche für riskant und das Gefährliche für harmlos.

Persönliche Risiken

Individuelle Risiken betreffen eine einzelne Person und sind häufig beeinflussbar. Jeder Mensch kann also bis zu einem gewissen Grad steuern, wie viel Risiko er auf sich nehmen will. Welches sind nun individuelle Risiken, welche unsere Lebenserwartung verkürzen oder unsere Lebensqualität vermindern?

Alkohol und Tabak

Tabak Rauchen ist weltweit die wichtigste vermeidbare Ursache für vorzeitigen Tod; in der Schweiz sterben jährlich mehr als 8000 Menschen daran. Es ist bekannt, dass der Tabakkonsum oft in der Jugendzeit beginnt, dass das Rauchen sehr schnell zu einer Abhängigkeit führen kann und die Gesundheit schädigt.
Die einfachste Risikovermeidung auf diesem Gebiet ist der Verzicht auf das Suchtmittel Zigarette.

Alkohol Alkoholsucht ist stärker verbreitet als wahrgenommen. In der Schweiz sterben jährlich mehr als 3500 Menschen an den Folgen des Alkoholkonsums; an harten Drogen hingegen «nur» 200 Menschen. Zusätzlich fordert der Alkoholkonsum Opfer im Strassenverkehr: Von den rund 400 tödlichen Unfällen sind 60 auf zu viel Alkohol am Steuer zurückzuführen.
Je früher Jugendliche beginnen, regelmässig Alkohol zu konsumieren, und je häufiger sie Rauscherfahrungen machen, desto grösser ist die Gefahr, später Probleme mit Alkohol zu bekommen.
Weniger Risiko geht ein, wer Alkohol als Genussmittel und nicht als Suchtmittel verwendet. Wer fährt, trinkt nicht.

Der problematische Alkoholkonsum betrifft die ganze Gesellschaft: Plakatkampagne des Bundesamts für Gesundheit (BAG) aus dem Jahr 2008.

Bewegungsarmut und falsche Ernährung

Bewegungsarmut führt dazu, dass Menschen schneller krank werden und früher sterben. Herz-Kreislauf-Erkrankungen (vor allem der Herzinfarkt) zählen zu den häufigsten Todesursachen nach dem 40. Altersjahr. Mit genügend Bewegung kann man dieses Risiko vermindern. Sport ist insbesondere zur Erhaltung eines gesunden Körpergewichtes wichtig, aber auch zur Vorbeugung gegen diverse Krankheiten. Schliesslich wirkt sich Bewegung auch auf unser psychisches Wohlbefinden positiv aus: Neben der erhöhten Stresstoleranz kann auch eine stimmungsaufhellende und antidepressive Wirkung nachgewiesen werden.

Bewegungsarmut

Wir Mitteleuropäer essen in der Regel zu süss, zu fettig, zu ballaststoffarm, zu schnell oder einfach viel zu viel. Übergewicht verkürzt das Leben und ist ausserdem verantwortlich für viele Krankheiten und Beschwerden wie Diabetes und Gelenkprobleme.

Ernährung

Ernährungsempfehlungen

- *Abwechslungsreich essen*
  Abwechslungsreich und vielseitig zu essen ist der sicherste Weg, um den Bedarf an allen wichtigen Nährstoffen (Kohlenhydrate, Eiweisse, Fett), Vitaminen und Mineralstoffen zu decken.
- *Getränke – reichlich über den Tag verteilt*
  Es ist empfehlenswert, täglich 1–2 Liter Flüssigkeit zu trinken. Wasser und ungezuckerte Getränke sind die besten Durstlöscher.
- *Gemüse und Früchte – 5 am Tag in verschiedenen Farben*
  Um die Zufuhr von Vitaminen und Mineralstoffen sicherzustellen, sind frische Früchte, Gemüse und Salate besonders wichtig.
- *Stärkereiche Nahrungsmittel zu jeder Hauptmahlzeit*
  Deshalb sollte zu jeder Hauptmahlzeit Brot, Teigwaren, Reis, Mais, Kartoffeln oder Hülsenfrüchte eingenommen werden.
- *Milch, Milchprodukte, Fleisch, Fisch und Eier – täglich genügend*
  Pro Tag sollten Eiweissquellen wie Fleisch, Fisch, Eier, Käse gegessen werden. Der Fisch enthält wertvolle Fette; Milch oder Milchprodukte enthalten u. a. das für die Knochenbildung unentbehrliche Kalzium.
- *Öle, Fette und Nüsse – täglich mit Mass*
  Fette und Öle sind die energiereichsten Nahrungsmittel. Zu viel Fett begünstigt das Übergewicht. Deshalb sollte auch auf versteckte Fette geachtet werden!
- *Süssigkeiten, salzige Knabbereien und energiereiche Getränke – massvoll mit Genuss*
  Diese Lebensmittel liefern dem Körper hauptsächlich Energie in Form von Zucker, Fett oder Alkohol. Ein häufiger Konsum birgt die Gefahr einer zu hohen Energiezufuhr.
- *Essen Sie mit Freude, aber beenden Sie den Genuss, bevor Sie übersättigt sind!*
  Eine alte Weisheit besagt, dass man sich vom Tisch erheben soll, bevor das Gefühl einer endgültigen Sättigung erreicht ist.

Quelle: Bundesamt für Gesundheit (BAG)

Krankheiten

Bewegung, Entspannung und eine ausgewogene Ernährung sind zentral für die Erhaltung unserer Gesundheit. Neben diesen vorbeugenden Massnahmen lässt sich das Risiko, an gewissen Krankheiten zu erkranken, aber auch gezielt vermindern.

Impfungen   Impfungen können ein wirksames Mittel sein, um sich gegen bestimmte Krankheiten zu schützen (z. B. Starrkrampf oder Hepatitis). Besonders empfehlenswert sind Impfungen bei Reisen in Länder, in denen gewisse Infektionskrankheiten vorkommen. So ist beispielsweise in tropischen Regionen das Risiko besonders hoch, an Gelbfieber zu erkranken. Gegen Malaria gibt es zurzeit noch keinen Impfstoff, allerdings lässt sich das Risiko einer Ansteckung durch Medikamente und einen Mückenschutz reduzieren.

Geschlechtskrankheiten /   Aids ist eine Krankheit, bei der beim Menschen infolge einer Infektion mit dem
Verhütung   HI-Virus das Immunsystem zerstört wird. Die oft tödliche Krankheit wird in erster Linie beim Geschlechtsverkehr übertragen. Mit Kondomen kann man sich gegen Aids und andere sexuell übertragbaren Krankheiten schützen.

Unfälle

Strassenverkehr   Im Strassenverkehr kommen in der Schweiz jährlich rund 400 Menschen ums Leben. Häufigste Unfallursachen sind übermässiger Alkoholkonsum und übersetzte Geschwindigkeit. Beide Ursachen findet man besonders häufig bei Fahrzeuglenkern unter 25 Jahren.

Das Unfallrisiko der 18- bis 24-jährigen Fahrzeuglenkenden ist besonders hoch.

Unfallverhütung   Am Arbeitsplatz helfen die SUVA-Richtlinien mit, unnötige Unfälle zu vermeiden.
In der Freizeit und im Sport liegt die Risikovermeidung in der Eigenverantwortung jedes Einzelnen. Im Wintersportbereich z. B. ist das Risiko des Ski- und Snowboardfahrens ohne Helm bekannt wie auch die möglichen Folgen beim Verlassen der markierten Pisten.

Stress und geringes Selbstwertgefühl

Stress ist eine natürliche Reaktion des Körpers auf Druck, Spannung oder Veränderung. Eine gewisse Dosis an Stress kann das Leben interessanter machen.
Zu viel Stress jedoch kann schädlich sein und Krankheiten oder Unfälle verursachen. Stress kann vermieden werden, indem bewusste Auszeiten genommen
werden. Erholung und Regeneration können auf vielfältige Weise geschehen:
durch gezielte Entspannungsmassnahmen, genügend Schlaf, körperliche Betäti-
gung oder geselliges Beisammensein.

Stress

Wenn unser Selbstwertgefühl gering ist, dann fehlt uns die wichtigste Voraussetzung für ein erfülltes und glückliches Leben. Minderwertigkeitsgefühle und
Selbstzweifel sind die häufigsten Ursachen für Probleme im zwischenmenschli-
chen Bereich.
Ein positives Selbstwertgefühl bedeutet, eine gesunde und gute Einstellung zum
eigenen Ich zu haben. Es bedeutet, sich selbst als wertvoll zu betrachten und
deswegen gut mit sich umzugehen. Wer ein positives Selbstwertgefühl hat, kann
Schwächen eingestehen, Fehler zugeben und aus diesen lernen.

Geringes Selbstwertgefühl

Körperliche und sexuelle Gewalt

Das Risiko, Opfer eines Gewaltverbrechens zu werden, ist nicht sehr gross. Zwar
legen Presseberichte den Schluss nahe, dass die Gewaltbereitschaft vor allem
Jugendlicher deutlich angestiegen sei. Allerdings ist in der Schweiz in den vergangenen 20 Jahren keine Zunahme schwerer Gewalt festzustellen. Die starke
Zunahme von Angezeigen wegen Jugendgewalt ist vermutlich auf eine erhöhte
Sensibilisierung der Gesellschaft und eine steigende Anzeigebereitschaft zurückzuführen.
Die Frage bleibt aber, wie ich verantwortungsbewusst mit Konflikten umgehe,
wie ich sie gewaltfrei lösen kann.

Körperliche Gewalt

Umgang mit Konflikten

- *Gesprächsbereitschaft*
  Wenn man miteinander redet, können Missverständnisse aus dem Weg ge-
  räumt werden. Miteinander reden ist der erste Schritt, einen Konflikt nicht
  eskalieren zu lassen.
- *Empathie (Einfühlungsvermögen)*
  Wenn man sich in die Gefühlslage seines Gegenübers hineinversetzen
  kann, wenn man den Zorn, den Frust oder die Trauer einer anderen Person
  nachvollziehen kann, dann wird man andere, gewaltlose Problemlösungs-
  strategien finden.
- *Kompromissbereitschaft*
  Probleme werden nicht gelöst, indem man auf seinem Standpunkt beharrt
  und Maximalforderungen aufrechterhält. Es ist wichtig, nachgeben zu
  können und Kompromisse einzugehen.
- *Sich auf die Metaebene begeben können*
  Es ist hilfreich, in einer Konfliktsituation die Betrachtungsebene zu wechseln
  und den Konflikt aus einer distanzierteren Sicht, aus der Sicht eines unbe-
  teiligten Betrachters anzuschauen. Dieses Vorgehen hilft, problembehaftete
  Situationen nüchterner, sachlicher, objektiver einschätzen zu können.

Sexuelle Gewalt

Trotz oder gerade wegen der sexuellen Revolution ist es für Jugendliche von heute nicht einfach, eine gesunde Sexualität zu entwickeln, welche u. a. auch Grenzen einhält. Pornografische Massenproduktionen gaukeln uns z. B. vor, dass die Frauen immer wollen und die Männer immer können. Diese Tatsache erhöht das Risiko, Opfer von sexueller Belästigung und sexueller Gewalt zu werden.

Verantwortung in der Sexualität

- *Ein Nein als Stopp akzeptieren*
  Seine Sexualität verantwortungsbewusst leben heisst, dass man sein Gegenüber ernst nimmt, dass man seine Wünsche und Grenzen respektiert. Das Ausnützen und der Missbrauch von Personen gegen deren Willen ist verantwortungslos.
- *Die Schutzaltersgrenze beachten*
  Strafbar ist, wenn jemand mit einem Kind unter 16 Jahren sexuelle Handlungen vornimmt, es sei denn, der Altersunterschied beträgt nicht mehr als drei Jahre.
- *Sich gegen sexuelle Belästigung am Arbeitsplatz wehren*
  Dies ist eine Form von Mobbing und darf nicht akzeptiert werden. Die vorgesetzte Person muss dafür sorgen, dass sexuelle Belästigungen nicht toleriert, sondern geahndet werden.

Verstanden?

3.1 Der planvolle Umgang mit den eigenen Risiken nennt man Risikomanagement.
Charakterisieren Sie mit je einer treffenden Frage die drei Teilbereiche des Risikomanagements.

3.2 Warum tut sich der Mensch beim Einschätzen von Risiken schwer?

3.3 Es gibt persönliche Risiken, welche unsere Lebenserwartung verkürzen oder unsere Lebensqualität vermindern können.
Nennen Sie fünf solcher Risiken. Beschreiben Sie zusätzlich, warum diese Risiken die Lebenserwartung verkürzen oder unsere Lebensqualität vermindern können.

3.4 Erklären Sie, wieso regelmässige Bewegung zu einem gesunden Lebensstil gehört.

3.5 Nennen Sie fünf Ernährungsempfehlungen des BAG.

3.6 Warum sollte auf sämtliche Suchtmittel verzichtet werden?

3.7 Ein negatives Selbstwertgefühl vermindert die Lebensqualität. Zeigen Sie die negativen Auswirkungen auf.

3.8 Erklären Sie, wieso Empathie und das Wechseln auf die Metaebene helfen, Konflikte gewaltfrei zu lösen.

3.9 Wie kann ich mich gegen sexuelle Belästigung am Arbeitsplatz wehren?

Gesellschaftliche Risiken

Viele Risiken bedrohen nicht den einzelnen Menschen, sondern die Gesellschaft als Ganzes und sind meist grenzüberschreitend. Gesellschaftliche Risiken werden häufig viel stärker wahrgenommen als individuelle.

Zu den gesellschaftlichen Risiken gehören zum Beispiel die ökologischen Folgen unseres Wirtschaftens. Treibhauseffekt, Ozonloch, Wetterkapriolen, Verknappung der Ressourcen, Verlust an Kulturland oder giftige Abfälle sind Stichworte dazu.

Ökologische Folgen

Ziegen durchschreiten ein ausgetrocknetes Wasserreservoir in Zypern. Der Klimawandel führt zu zunehmender Trockenheit, insbesondere in Südeuropa und Nordafrika. Dürreperioden stellen in den betroffenen Gebieten eine Bedrohung für Mensch und Tier dar.

Auch die Kluft zwischen Arm und Reich, zwischen jenen, die nichts haben, und jenen, die alles haben, ist ein gesellschaftliches Risiko, dem wir uns stellen müssen. Abschottung alleine wird keine Lösung sein.

Arm – Reich

In Kapitel 8 (Globale Herausforderungen) werden Sie sich vertieft mit gesellschaftlichen Risiken auseinandersetzen.

Verstanden?

3.10 Gesellschaftliche und globale Risiken bedrohen nicht den einzelnen Menschen, sondern die Gesellschaft als Ganzes. Genannt wurden die ökologischen Folgen unseres Lebens und die Kluft zwischen Arm und Reich.
Beschreiben Sie bei beiden Beispielen, welche zusätzlichen Risiken für die Schweiz entstehen.

3.2 Versicherungen

Einführung

Was macht eine Versicherung? Etwa 20 Prozent des Einkommens gibt eine durchschnittliche Schweizer Familie für Versicherungen aus. Aber was macht eine Versicherung überhaupt?

Solidaritätsprinzip Versicherungen bieten den Menschen die Möglichkeit, sich gegen die finanziellen Folgen eines Schadens zu schützen. Sie «versichern» also ein bestimmtes Risiko. Dies funktioniert nach dem sogenannten Solidaritätsprinzip: Alle Versicherten zahlen Prämien in einen Geldtopf ein. Dieses Geld kommt denjenigen zugute, die einen Schaden erleiden. Da dies nur bei wenigen Versicherten eintreten wird, reicht der Geldtopf zur Bezahlung aller Schäden aus. Die Versicherten bilden also eine Gefahrengemeinschaft. Die Versicherung zieht dabei die Prämien ein, verwaltet das Geld und bezahlt die Schäden.

Mittlerweile gibt es für fast alle möglichen Risiken eine Versicherung. Die wichtigsten werden in diesem Kapitel behandelt.

Übersicht Versicherungen

	Haftpflichtversicherungen	Sachversicherungen	Personenversicherungen
obligatorisch	• Motorfahrzeughaftpflichtversicherung • Haftpflichtversicherungen für: – Fahrräder – Luftfahrzeuge – Wasserfahrzeuge	• Gebäudeversicherung	• Krankenversicherung • Unfallversicherung • Invalidenversicherung • Arbeitslosenversicherung • Erwerbsersatzordnung • Alters- und Hinterlassenenversicherung • Pensionskasse
freiwillig	Privathaftpflichtversicherung für: – Familien – Tierhalter – Hauseigentümer – Arbeitgeber	• Hausratversicherung (in einigen Kantonen obligatorisch) • Kaskoversicherungen (Teilkasko, Vollkasko) • Rechtsschutzversicherung • Diebstahlversicherung	• Private Vorsorge (z.B. Lebensversicherung) • Private Unfallversicherung

Haftpflichtversicherungen

Motorfahrzeughaftpflichtversicherung

Grundsätzlich gilt im Strassenverkehr: Wer anderen Schaden zufügt, ist für die Folgen verantwortlich. Dies kann schnell sehr teuer werden, besonders wenn Personen verletzt oder getötet werden. Damit die Geschädigten in allen Fällen ihre berechtigten Ansprüche einfordern können, hat der Staat alle Fahrzeughaftpflichtversicherungen für obligatorisch erklärt. Die Haftpflichtversicherungen übernehmen die Folgen der Schäden, welche anderen zugefügt werden.

Schäden an Dritten

Autofahrer und Motorradfahrer können ihr Nummernschild nur einlösen, wenn sie nachweisen können, dass sie auch eine Motorfahrzeughaftpflichtversicherung abgeschlossen haben.

Nummernschild

Die Motorfahrzeughaftpflichtversicherung hat die Besonderheit, dass die Versicherungsgesellschaft zwar die Geschädigten auszahlen muss, das Geld aber später teilweise zurückfordern darf, falls der Unfallverursacher grob fahrlässig gehandelt hat. Als grob fahrlässig gilt z. B. das Autofahren ohne Benutzung der Sicherheitsgurte oder mit abgefahrenen Pneus, das Autofahren in betrunkenem oder bekifftem Zustand sowie das Überfahren von Rotlichtern oder Stoppstrassen.
Das Recht der Versicherung, Gelder zurückzufordern, nennt man Regressrecht. Ein Regress bei einer grossen Schadenssumme kann sehr teuer werden.

Regressrecht

Beispiel eines Regressfalles

H. Muster rammt unter Cannabiseinfluss einen anderen Wagen von hinten. Die Fahrerin erleidet ein schweres Schleudertrauma mit lebenslanger Teilinvalidität. Das Urteil vor Gericht lautet: fahrlässige schwere Körperverletzung und grobe Verletzung der Verkehrsregeln (Fahren in bekifftem Zustand).

Strafe	20 Tage bedingt (Probezeit 2 Jahre), Busse Fr. 500.–, Übernahme Gerichtskosten Fr. 1800.–
Zu erwartende Versicherungsleistungen	Fr. 1 350 000.– Heilungskosten, Erwerbsausfall, Haushaltschaden (Mutter / Hausfrau), Genugtuung, Anwaltskosten
Regress wegen Grobfahrlässigkeit	20 % der Versicherungsleistung: Fr. 270 000.–

Beachtung verdient auch die Bonus-Malus-Regelung der Motorfahrzeughaftpflichtversicherung: Wer unfallfrei fährt, wird bei allen Gesellschaften mit einer Prämienreduktion (Bonus) belohnt. Wer hingegen einen Unfall verursacht, wird einige Versicherungsklassen hinaufgestuft, sodass er als grösseres Versicherungsrisiko gilt und höhere Prämien bezahlen muss (Malus). Es lohnt sich deshalb oft nicht, kleinere Unfälle der Versicherung zu melden, da man sonst aufgrund der Bonus-Malus-Bewertung höhere Versicherungsprämien bezahlen muss.

Bonus – Malus

Privathaftpflichtversicherungen

Verschuldenshaftung für Schäden an Dritten

Das Prinzip der Privathaftpflichtversicherung ist gleich wie bei der Motorfahrzeughaftpflichtversicherung: Wenn einem Dritten schuldhaft Schaden zugefügt wird, übernimmt die Versicherung des Schuldigen die Kosten, sofern nicht Absicht oder grobe Fahrlässigkeit vorliegt.

Dazu ein Beispiel: Beim Besuch einer Freundin stossen Sie unglücklicherweise deren wertvolle Vase um, sodass sie in tausend Stücke zerbricht. Dieser Schaden wird von Ihrer Privathaftpflichtversicherung übernommen.

Kausalhaftung

Man kann auch ohne direkte Schuld haftpflichtig werden. Dies nennt man Kausalhaftung:

Kausalhaftung	
Als Eltern	Mein Kind wirft einen Stein in die Fensterscheibe des Nachbarn.
Als Arbeitgeber	Ein Mechatroniker verursacht auf einer Probefahrt einen Unfall.
Als Hausbesitzer	Schlecht befestigte Ziegel fallen auf ein parkiertes Auto.
Als Tierhalter	Mein Hund beisst beim Spielen das Nachbarskind.

Die Privathaftpflichtversicherung muss zwar nicht obligatorisch abgeschlossen werden, ist aber sehr zu empfehlen.

Teilweise verlangen Vermieter den Abschluss einer Privathaftpflichtversicherung im Zusammenhang mit allfälligen Schäden beim Auszug.

Verstanden?

3.11 Erklären Sie den Begriff «Solidaritätsprinzip».

3.12 Warum hat der Staat die Motorfahrzeughaftpflichtversicherung für obligatorisch erklärt?

3.13 Wann kann eine Versicherungsgesellschaft Regress nehmen? Welche Folgen hat das für den Versicherungsnehmer?

3.14 Wie funktionieren Bonus und Malus?

3.15 Wie kann ich auch ohne direkte Schuld haftpflichtig werden?

Sachversicherungen

Im Gegensatz zu den Haftpflichtversicherungen, welche nur fremde Schäden ersetzen, beziehen sich die Sachversicherungen auf das persönliche Eigentum.

Kaskoversicherungen beim Auto

Die Teilkaskoversicherung deckt genau definierte Schäden am eigenen Fahrzeug z.B. durch Diebstahl, Elementarereignisse (wie Hochwasser, Hagel oder Schneerutsche), Feuer, Glasbruch, Vandalenakte, Marder.

Teilkaskoversicherung

Die Vollkaskoversicherung deckt zusätzlich zur Teilkaskoversicherung alle, auch selbst verschuldete Kollisionsschäden am eigenen Fahrzeug.
Bei einem Totalschaden wird der Zeitwert des Fahrzeuges ersetzt. Für ein Auto mit geringem Wert ist eine Vollkaskoversicherung also nicht sinnvoll, weil die Prämien sehr teuer sind. Bei geleasten Fahrzeugen ist eine Vollkaskoversicherung meistens Pflicht und gehört zu den Zusatzkosten.

Vollkaskoversicherung

Rechtsschutzversicherung

Bei einem Autounfall ist die Höhe des selbst zu tragenden Eigenschadens von der Höhe des Verschuldens abhängig. Wie gross dieses ausfällt, ist nicht immer einfach zu bemessen und erfordert deshalb oft eine richterliche Beurteilung. Da Prozesskosten teuer sind, kann es ratsam sein, sich dagegen mit einer Rechtsschutzversicherung abzusichern.

> **Leistungen der Rechtsschutzversicherung**
> * Übernimmt Abklärungen und Expertisen
> * Bezahlt und stellt einen Anwalt
> * Übernimmt die Prozesskosten

Hausratversicherung

Die Hausratversicherung deckt Schäden, die durch Feuer, Wasser, Glasbruch und Diebstahl entstehen. Im Brandfall werden alle zerstörten Gegenstände zum Neuwert ersetzt.

Bei allen Hausratversicherungen ist es wichtig, dass man der Versicherungsgesellschaft den exakten Neuwert der versicherten Gegenstände mitteilt. Ist die versicherte Summe kleiner als der Wert der Dinge, die man besitzt, entsteht eine sogenannte Unterversicherung. Jegliche Leistungen der Versicherung werden dann im Schadenfall im Verhältnis zur Unterversicherung gekürzt. Ein Beispiel soll dies verdeutlichen:

Unterversicherung

Beispiel zur Unterversicherung	
Wert im Versicherungsvertrag	Fr. 30 000.–
Tatsächlicher Wert	Fr. 50 000.–
Schaden durch Zimmerbrand	Fr. 15 000.–
Versicherung bezahlt $^3/_5$ des Schadens	Fr. 9 000.–
Nicht gedeckter Schaden	**Fr. 6 000.–**

Es lohnt sich also nicht, über den Versicherungswert Prämien zu sparen, zumal diese ohnehin sehr niedrig sind. Zudem kann eine periodische Überprüfung des Versicherungswertes hilfreich sein.

Bei einem Brand zerstörte Gegenstände werden durch die Hausratversicherung zum Neuwert ersetzt.

Verstanden?

3.16 Welche Schäden deckt eine Voll-kaskoversicherung?

3.17 Ihr Auto wurde gestohlen. Welche Versicherung kommt für den Schaden auf?

3.18 Welche Leistungen erbringt die Rechtsschutzversicherung?

3.19 Welche Auswirkung hat eine Unterversicherung bei der Hausratversicherung?

Personenversicherungen

Die nachfolgend beschriebenen Personenversicherungen (ohne die private Vorsorge) werden unter dem Sammelbegriff Sozialversicherungen zusammengefasst.

Sozialversicherungen

Die Sozialversicherungen sollen helfen, finanzielle Notlagen zu verhindern oder zumindest deren Auswirkungen zu vermindern. Deshalb hat der Staat alle diese Versicherungen (ausser der privaten Vorsorge) für obligatorisch erklärt. Man bezeichnet sie zusammen auch als «soziales Netz».

Soziales Netz

Die Krankenversicherung

Die Krankenversicherung teilt sich auf in eine Grundversicherung, welche die «Grundleistungen» enthält und obligatorisch ist, sowie in die Zusatzversicherungen, welche individuelle Bedürfnisse abdecken und freiwillig sind.

Für die Grundversicherung gelten nach dem Krankenversicherungsgesetz (KKG) die folgenden Grundsätze:

Grundversicherung

Grundsätze der Grundversicherung
- Die Grundversicherung ist für alle Einwohnerinnen und Einwohner der Schweiz obligatorisch.
- Die Leistungen sind bei allen Krankenkassen gleich.
- Die Versicherten müssen sich beim Arztbesuch und beim Spitalaufenthalt an den Kosten beteiligen (Franchise, Selbstbehalt).

Im Falle eines Arztbesuchs oder eines Spitalaufenthalts muss die Patientin oder der Patient immer zuerst die Franchise bezahlen, bevor die Versicherung irgendwelche Kosten übernimmt. Das Gesetz schreibt für Erwachsene eine Franchise von Fr. 300.– vor. Wer eine höhere Franchise wählt, kann mit kleineren Versicherungsprämien rechnen.

Franchise

Zusammenhang Franchise und Prämie (Beispiel SWICA)

Jahresfranchise in Franken	Prämienrabatt in Prozent	Maximale Prämienreduktion pro Jahr in Franken
300.–	0 %	0.–
500.–	4 %	160.–
1000.–	18 %	560.–
1500.–	28 %	960.–
2000.–	35 %	1360.–
2500.–	42 %	1760.–

Selbstbehalt | Auf allen Rechnungen, die den Betrag der Franchise übersteigen, muss zusätzlich ein Selbstbehalt von 10 Prozent bezahlt werden (max. Fr. 700.– pro Jahr). Die Krankenkasse bezahlt also nur 90 Prozent des Betrags für Arztbesuche und Spitalaufenthalte, die über dem Franchisenbetrag zu liegen kommen.

Leistungen Grundversicherung | Unter Berücksichtigung der obigen Punkte deckt die Grundversicherung folgende Ereignisse:

Leistungen der Grundversicherung
- Alle Kosten, die bei einem Arztbesuch entstehen, inkl. Laboruntersuchungen
- Vom Arzt verordnete und kassenpflichtige Medikamente
- Alle Kosten eines (auch zeitlich unbegrenzten) Spitalaufenthaltes in der allgemeinen Abteilung

Leistungen Zusatzversicherungen | Zusätzliche Leistungen muss man über die Zusatzversicherungen abdecken:

Leistungen der Zusatzversicherung (Auswahl)
- Alternativmedizin und Nicht-Pflichtmedikamente
- Spitalaufenthalt ganze Schweiz und Aufenthalt Spital halbprivat / privat
- Brillen / Kontaktlinsen und Zahnbehandlungskosten
- Bade- und Erholungskuren
- Massnahmen zur Gesundheitsvorsorge (z. B. Fitnesscenter-Abonnement)

Im Gegensatz zur Grundversicherung unterstehen die Prämien der Zusatzversicherungen nicht einer staatlichen Aufsicht. Es lohnt sich deshalb sehr, Kosten und Nutzen gut zu überdenken.

Steigende Krankenversicherungsprämien | Mittlerweile haben wir uns schon fast daran gewöhnt, dass die Krankenversicherungsprämien jedes Jahr massiv ansteigen. Die Kostenverursachenden schieben sich gegenseitig den Schwarzen Peter zu, eine Hilfe für die Prämienzahler ist nicht in Sicht. Es ist deshalb sinnvoll, selbst nach Möglichkeiten und Wegen zu suchen, die Prämienkosten zu senken. Folgende Möglichkeiten sind besonders zu prüfen:

Sparmöglichkeiten
- Wechsel zur günstigsten Kasse (gleiche Grundleistungen in der Grundversicherung bei allen Kassen)
- Erhöhung der Franchise
- «Secondopinion-Variante» (vor einer Operation bei einem zweiten Arzt eine Meinung einholen)
- HMO-Modell oder Hausarztmodell wählen (die freie Arztwahl wird eingeschränkt)
- Bei den Zusatzversicherungen sparen

www.comparis.ch | Es ist nicht einfach, sich im Dschungel der vielen Krankenversicherungen zurechtzufinden, gerade auch weil sich die Prämien jährlich verändern. Hilfreich ist der Internetvergleichsdienst www.comparis.ch.

Die Unfallversicherung

Alle Arbeitnehmerinnen und Arbeitnehmer sind durch ihren Betrieb obligatorisch gegen Berufsunfälle und Berufskrankheiten versichert. Wer mindestens acht Stunden pro Woche arbeitet, ist überdies auch gegen Nichtberufsunfälle versichert.

Die Leistungen der Unfallversicherung sind weit besser als diejenigen der Krankenversicherung: So wird beispielsweise jeder Arztbesuch ohne Franchise und Selbstbehalt von der Versicherung bezahlt. Die Versicherten müssen für ihre Unfallversicherung also keine Kosten tragen.

Leistungen

Da nicht nur die Wiederherstellung der Gesundheit Geld kostet, sondern die verunfallte Person während ihrer Genesungszeit auch kein Geld verdienen kann, bezahlt die Unfallversicherung einen Lohnersatz. Dieser beginnt ab dem dritten Tag nach dem Unfall. Der Lohnersatz beträgt 80 Prozent des versicherten Lohnes.
Die Unfallversicherung leistet zudem auch Transport-, Rettungs- oder Bestattungskosten sowie Renten an Hinterbliebene, die bis zu 70 Prozent des versicherten Lohnes betragen können.

Die Unfallversicherung durch den Arbeitgeber erlischt 30 Tage nach dem Austritt aus dem Unternehmen. Von diesem Moment an muss jede Person, wenn sie nicht wieder eine feste Anstellung eingeht, für sich selbst sorgen (z. B. Einschluss der Unfalldeckung in der Krankenkasse).
Mit einer Einzelabrede kann ich die bisherigen Versicherungsleistungen auf einfache Weise verlängern. Dazu muss vom ehemaligen Arbeitgeber ein Einzahlungsschein verlangt und die entsprechende Prämie bezahlt werden. Eine Einzelabrede ist längstens für sechs Monate möglich.

Einzelabrede

Verstanden?

3.20 Welches sind die Grundleistungen der Krankenversicherung?

3.21 Erklären Sie den Unterschied zwischen Franchise und Selbstbehalt.

3.22 Zählen Sie drei Sparmöglichkeiten bei der Krankenkasse auf und nennen Sie deren Vor- und Nachteile.

3.23 Die Leistungen der Unfallversicherung sind besser als diejenigen der Krankenversicherung. Welche zusätzlichen Leistungen zur Krankenversicherung deckt die Unfallversicherung?

3.24 Was ist eine Einzelabrede? Wie wird sie abgeschlossen?

Die Invalidenversicherung (IV)

Ziel   Das angestrebte Ziel der IV ist es, den Menschen wieder zur Erwerbstätigkeit zu bringen. Es gilt das Prinzip «Eingliederung in die Arbeitswelt vor Rente». Deshalb hilft die IV zuerst mit Massnahmen (z. B. Umschulungen) und Hilfsmitteln (z. B. Rollstuhl) und bietet erst nachher eine Rente an.

Rentenhöhe   Eine Invalidenrente entspricht, falls es sich um eine hundertprozentige Invalidität handelt, genau der AHV-Rente.

Die Arbeitslosenversicherung (ALV)

Leistungen   Die Arbeitslosenversicherung erbringt Leistungen bei Arbeitslosigkeit, Kurzarbeit, wetterbedingten Arbeitsausfällen und bei Zahlungsunfähigkeit des Arbeitgebers.

Voraussetzungen   Nicht jeder, der seine Arbeit verliert, ist auch berechtigt, Arbeitslosengelder (sogenannte Taggelder) zu beziehen. Mit Ausnahme von Studienabgängern müssen alle nachweisen, dass sie vor dem Beginn der Arbeitslosigkeit erwerbstätig

Taggelder   waren. Für den Bezug von Taggeldern ist entscheidend, wie lange man bereits erwerbstätig war und wie alt man ist. Bei einer Beitragszeit von mindestens 12 Monaten und einem Alter unter 55 Jahren erhält man maximal 400 Taggelder.

Arbeitsamt   Nebst dem Auszahlen von Arbeitslosengeldern kommt die Arbeitslosenversicherung aber auch für aktivierende Massnahmen auf. Beispielsweise helfen die Arbeitsämter und die regionalen Arbeitsvermittlungszentren (RAV) durch Vermittlung mit, neue Stellen zu finden. Die betroffenen Menschen müssen aber auch bereit sein, eine zumutbare Arbeitsstelle anzutreten.

Die Erwerbsersatzordnung (EO)

Militärdienst / Zivildienst   Wer Militärdienst, Zivildienst oder Ähnliches leistet, soll dafür nicht finanziell büssen. Über die EO, die ebenfalls aus Lohnprozenten finanziert wird, erhalten alle Dienstleistenden einen Lohnersatz. In der Armee gilt dies sowohl für die Rekruten, die einen festen Ansatz haben, als auch für diejenigen, die einen Wiederholungskurs leisten und bis zu 80 Prozent ihres versicherten Lohnes erhalten können.

Mutterschaftsversicherung   Die Schweiz verfügt seit 2005 über eine Mutterschaftsversicherung. Der Staat bezahlt erwerbstätigen Frauen durch die Erwerbsersatzordnung (EO) während 14 Wochen 80 Prozent ihres regulären Einkommens. Werdende Mütter, die keiner Erwerbstätigkeit nachgehen, müssen auf die Mutterschaftsversicherung verzichten.

Verstanden?

3.25 Das Ziel der Invalidenversicherung ist die «Wiedereingliederung in die Arbeitswelt vor Rente». Beschreiben Sie zwei mögliche Massnahmen, bevor die Versicherung eine Rente ausbezahlt.

3.26 Die Arbeitslosenversicherung zahlt nicht nur bei Arbeitslosigkeit. Nennen Sie zwei zusätzliche Situationen.

3.27 In welchen Situationen zahlt die Erwerbsersatzordnung?

Die Altersvorsorge

Die schweizerische Altersvorsorge basiert auf drei Versicherungssäulen; entsprechend reden wir vom Drei-Säulen-Konzept. Die erste Säule ist die staatliche Vorsorge (AHV), die zweite Säule die berufliche Vorsorge (Pensionskasse) und die dritte Säule die private, individuelle Vorsorge.

Drei-Säulen-Konzept

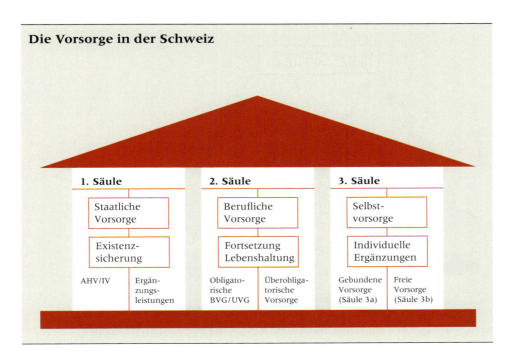

Die Vorsorge in der Schweiz

Die Alters- und Hinterlassenenversicherung (AHV)

Ziel der AHV ist es einerseits, dafür zu sorgen, dass die Versicherten sich im Alter ihre Existenz sichern können. Andererseits stellt die AHV sicher, dass beim Tod eines Elternteils oder Ehegatten die Hinterbliebenen nicht Not leiden müssen. Männer erreichen das AHV-Alter mit 65 Jahren, Frauen im Moment noch mit 64 Jahren.

Ziel

Anspruch auf eine volle AHV-Rente haben nur die Erwerbstätigen, die keine Beitragslücken aufweisen, also Menschen, die vom 18. Altersjahr bis zu ihrer Pensionierung ohne Unterbrechung AHV-Beiträge einbezahlt haben (44 Beitragsjahre). Um Familien nicht zu benachteiligen, wird den Personen, welche aus Gründen der Kindererziehung nicht erwerbstätig waren, für diese Zeit eine Erziehungsgutschrift angerechnet.
Der Mindestbeitrag für Nichterwerbstätige beträgt zurzeit Fr. 445.– pro Jahr.

Beitragsjahre

Die AHV-Renten werden von denjenigen finanziert, die das AHV-Alter noch nicht erreicht haben (also von allen Erwerbstätigen ab dem 18. Altersjahr). Die Finanzierung erfolgt über sogenannte Lohnprozente. Sie werden zur Finanzierung der AHV-Beiträge an die heutigen Rentnerinnen und Rentner ausbezahlt. Dieses Finanzierungssystem nennt man «Umlageverfahren»: Die Abgaben der Erwerbstätigen werden auf die Renten der Pensionierten «umgelegt» und nicht individuell angespart.

Umlageverfahren

Zuschüsse　Das Problem der AHV besteht darin, dass bei der gegenwärtigen Entwicklung der Schweizer Bevölkerung immer weniger Erwerbstätige für immer mehr Rentnerinnen und Rentner aufkommen müssen. Bei der Einführung der AHV 1948 trafen auf eine rentenbeziehende Person etwa acht erwerbstätige Personen. Heute sind es nicht einmal mehr vier (2020 drei; 2040 zwei). Der Bund und die Kantone übernehmen daher einen Teil der Finanzierung der AHV.

Immer weniger Erwerbstätige müssen die Renten der Pensionierten bezahlen.

Leistungen　Neben der normalen Altersrente kennt die AHV die Witwen- bzw. Witwerrente, die Waisenrente, Hiflosenentschädigungen und Ergänzungsleistungen.

Die Pensionskasse

Beitragspflicht　Gemäss dem Drei-Säulen-Konzept ist es die Funktion der ersten und zweiten Säule, pensionierten Personen den bisherigen Lebensstandard zu garantieren. Die Pensionskassenbeiträge werden wie bei der AHV direkt vom Lohn abgezogen.

Kapitaldeckungs-verfahren　Im Gegensatz zur AHV werden die Pensionskassen durch das Kapitaldeckungsverfahren finanziert. Damit ist gemeint, dass die Beiträge, die die Arbeitgeber und Arbeitnehmer paritätisch (zu gleichen Teilen) bei der Pensionskasse einzahlen, jeder Person individuell auf ein Konto gutgeschrieben werden. Dieses wird von einer privaten Pensionskasse zinsbringend verwaltet. Erreicht eine Arbeitnehmerin das Pensionsalter oder wird sie durch einen Unfall invalid, so wird ihr das individuell in die Pensionskasse einbezahlte Geld in Rentenform ausbezahlt. Wer mehr einzahlt, erhält also auch mehr ausbezahlt. Es findet keine Umverteilung statt.

Das Problem der Pensionskasse ist, dass das Geld gewinnbringend angelegt werden muss. In der jüngeren Vergangenheit hat sich mehrmals gezeigt, dass dies zu riskanten Börsengeschäften der Pensionskassen führen kann, die letzten Endes die versicherten Personen schädigen.

Die private Vorsorge – 3. Säule

Renten sind, wie wir bei der ersten und zweiten Säule gesehen haben, nicht beliebig hoch. Man kann auch noch privat fürs Alter vorsorgen. Der Staat unterstützt dieses freiwillige Sparen, indem er die sogenannte dritte Säule (persönliche Vorsorge) mit Steuervorteilen versehen hat.

Der Staat erlaubt allen Lohnbezügerinnen und Lohnbezügern, eine bestimmte Summe als persönliche Altersvorsorge anzusparen und diese bei der Steuererklärung vom Einkommen abzuziehen. Man nennt dies die Säule 3a. Die einmal einbezahlten Summen können erst ab dem 60. Altersjahr wieder von der Bank oder der Versicherungsgesellschaft zurückgefordert werden. Ein vorzeitiger Bezug ist dann gestattet, wenn man das angesparte Geld zum Erwerb von eigenem Wohnraum verwenden will, wenn man sich selbstständig macht oder die Schweiz für immer verlässt.

Säule 3a (gebundene Vorsorge)

Der freien Vorsorge – auch als Säule 3b bezeichnet – kann grundsätzlich jede Form der Vermögensbildung zu Vorsorgezwecken zugeordnet werden. Steuerbegünstigt ist zum Beispiel das Abschliessen von Lebensversicherungen.

Säule 3b (freie Vorsorge)

Beispiele von Lebensversicherungen

- Bei der Todesfallrisikoversicherung erfolgt die Auszahlung der Versicherungssumme, wenn die versicherte Person während der Versicherungsdauer stirbt. Die Todesfallrisikoversicherung ist eine reine Risikoversicherung zum Schutz vor den finanziellen Folgen im Todesfall eines Elternteils oder Ehegatten.
- Bei der gemischten Lebensversicherung erfolgt die Auszahlung der Versicherungssumme im Todesfall oder spätestens bei Ablauf der Versicherung. Die gemischte Lebensversicherung ist eine Spar- und Risikoversicherung; sie ist gleichzeitig Familienschutz und Altervorsorge.

Vor allem der Abschluss einer kapitalbildenden Lebensversicherung will gut überlegt sein, weil es gerade jungen Familien oft schwerfällt, die Sparsumme dafür aufzubringen.

Verstanden?

3.28 Erklären Sie das Drei-Säulen-Konzept in eigenen Worten.

3.29 Wie wird die AHV finanziert?

3.30 Welches Ziel wird mit der zweiten Säule angestrebt?

3.31 Was verstehen Sie unter «Kapitaldeckungsverfahren» bei der Pensionskasse?

3.32 Was ist die Säule 3a?

3.33 Was ist der Unterschied zwischen einer Todesfallrisikoversicherung und einer gemischten Lebensversicherung?

Das haben Sie in diesem Kapitel gelernt

Risiken

- **Risikomanagement**
  Wie man planvoll mit Risiken umgehen kann.

- **Wahrnehmung von Risiken**
  Wie wir Risiken wahrnehmen.

- **Persönliche und gesellschaftliche Risiken**
  Welche Unterschiede zwischen individuellen und globalen Risiken bestehen.
  Welches mögliche individuelle Risiken sind, und wie man sie vermindern kann.
  Was es braucht, um Konflikte gewaltfrei lösen zu können.
  Wie ich in der Sexualität Verantwortung übernehmen kann.

Versicherungen

- **Solidaritätsprinzip**
  Wie das Solidaritätsprinzip mit einer Gefahrengemeinschaft funktioniert.

- **Haftpflichtversicherungen**
  Welche Schäden Haftpflichtversicherungen übernehmen.
  Welche Haftpflichtversicherungen unterschieden werden können.
  Welche Bedeutung das Regressrecht der Versicherungen hat, und welche Auswirkungen für die einzelne Person entstehen können.
  Wie man auch ohne direkte Schuld haftpflichtig werden kann.

- **Sachversicherungen**
  Welche Schäden durch Sachversicherungen gedeckt werden.
  Welches die wichtigsten Sachversicherungen und ihre Leistungen sind.
  Welche Auswirkungen eine Unterversicherung hat.

- **Personenversicherungen**
  Welche Personenversicherungen bei Krankheit und Unfall welche Leistungen erbringen.
  Welche Personenversicherungen bei verschiedenen Arten von Arbeitsverlust welche Leistungen erbringen.
  Nach welchem Konzept die Altersvorsorge aufgebaut ist, und was die einzelnen Teile bedeuten.
  Mit welchen Personenversicherungen man auf welche Art für das Alter vorsorgen kann.

Wissen anwenden

Hinweis: Die Antworten zu den Fragen, die mit einem Ja oder Nein beantwortet werden können, müssen Sie begründen.

W1 Erstellen Sie ein persönliches Risikoprofil.
Welchen persönlichen Risiken sind Sie ausgesetzt?
Welche zusätzlichen Risiken gehen Sie ein?
Wie hoch stufen Sie Ihr Risikopotenzial ein?

W2 Welche menschlichen Charaktereigenschaften helfen gegen das Rasen?
Entwerfen Sie das Charakterprofil eines verantwortungsvollen Autofahrers.

W3 Analysieren Sie Ihren Lebensstil (Bewegung, Ernährung, Stress, Sucht- und Genussmittel, Selbstwertgefühl).
Wie sieht es zurzeit aus? Welche Verbesserungsmöglichkeiten sehen Sie?

W4 Welche menschlichen Stärken verhindern Gewalt, welche menschlichen Schwächen lassen Auseinandersetzungen eskalieren?
Entwerfen Sie zwei unterschiedliche Charakterprofile.

W5 Am meisten Unterstützung suchen Jugendliche im Zusammenhang mit Stress.
Wie entspannen Sie sich? Beschreiben Sie Ihre Art der Entspannung vom Alltagsstress.

W6 Sie wollen nach der bestandenen Autofahrprüfung ein Occasionsauto kaufen.
Stellen Sie anhand eines Beispiels einer von Ihnen angefragten Versicherungsgesellschaft tabellarisch die folgenden Leistungen dar:
Haftpflicht   **Höhe der Schadenssumme**
                       Prämienstufe (Bonus / Malus)
Teilkasko / Vollkasko **Welche Schäden werden übernommen?**
                       Prämienstufe (Bonus / Malus)

W7 Hans fährt am Montagmorgen nach einem anstrengenden Wochenende zur Arbeit. Er ist noch ziemlich müde und entsprechend unkonzentriert. Deshalb merkt er nicht, dass er in eine Kreuzung fährt, ohne Vortritt zu haben. Er kollidiert mit einer Motorradfahrerin. Glücklicherweise bleiben beide unverletzt. Das Motorrad wird aber stark beschädigt.
Wer bezahlt?

W8   Sie wollen nach der Lehre eine eigene Wohnung mieten. Dazu müssen Versicherungen abgeschlossen werden.
Listen Sie die nötigen Versicherungen auf und ermitteln Sie die Monatsprämien.

W9   Sie veranstalten mit Freunden ein gemütliches Fondue-Essen. Nach einem langen Abend gehen Sie müde ins Bett und vergessen, die Kerze auf dem Wohnzimmertisch zu löschen. In der Nacht brennt das Wohnzimmer aus.
Welche Versicherung übernimmt den Schaden?

W10   Anna ist in der Nacht mit dem Auto unterwegs. Plötzlich taucht vor ihr ein Reh auf. Leider kann sie nicht rechtzeitig bremsen. Durch die Kollision wird ihr Auto stark beschädigt.
Wer bezahlt den Schaden?

W11   Suchen Sie SUVA-Vorschriften, die in Ihrem Beruf beachtet werden müssen, um einen Unfall zu verhindern.
Stellen Sie die Vorschriften auf einem Plakat dar und begründen Sie sie.

W12   Ein 50-jähriger Bekannter verdient Fr. 80 000.– im Jahr. Er will von Ihnen wissen, wie hoch denn allenfalls seine Vollinvalidenrente sein könnte.
Erläutern Sie ihm die Sachlage.

W13   Aufgrund der Überalterung unserer Gesellschaft spricht man von einem zukünftigen Finanzierungsproblem bei der AHV.
Zeigen Sie vier mögliche Wege auf, wie man dieses Problem in Zukunft lösen könnte.
Beurteilen Sie die gefundenen Lösungen aus Ihrer Sicht.

W14   In der obligatorischen Motorfahrzeughaftpflichtversicherung ist ein Selbstbehalt für Neulenker und Junglenker unter 25 Jahren festgelegt.
Begründen Sie, warum die Versicherungsgesellschaften diesen Selbstbehalt eingeführt haben.

W15   Liegt die vereinbarte Versicherungssumme bei einer Hausratversicherung unter dem effektiven Wiederbeschaffungswert, spricht man von Unterversicherung.
a) Beschreiben Sie zwei mögliche Gründe, wie eine Unterversicherung entstehen kann.
b) Wert des Mobiliars   Fr. 100 000.–
     Versicherungswert   Fr.   80 000.–
     Schaden   Fr.   60 000.–
     Wie viel bezahlt die Versicherung in diesem Fall?

W16 Herr Müller verunfallt schwer. Auf dem Heimweg von einem Firmenfest – Müller war betrunken und fuhr mit übersetzter Geschwindigkeit – ist er von der Strasse abgekommen und in ein parkiertes Auto gefahren. Nach einjähriger Behandlung steht fest, dass er für immer an den Rollstuhl gefesselt sein wird. Nochmals drei Jahre später stirbt er an den Folgen dieses Unfalls. Er hinterlässt seine Frau und zwei Kinder.

a) Nennen Sie die obligatorischen Versicherungen, welche in diesem Fall Leistungen erbringen.

b) Beschreiben Sie stichwortartig die Leistungen, welche erwartet werden können.

c) Wie beurteilen Sie eine allfällige Leistungskürzung oder einen Regress in diesem Fall? Welche Versicherungen wären betroffen, welche nicht?

Korrespondenz

K1   Sie verursachen mit Ihrem Motorrad einen Unfall. Sie waren eindeutig die schuldige Person.

Weil Sie keine Vollkaskoversicherung abgeschlossen haben, müssen Sie den Schaden an Ihrem Motorrad selbst übernehmen. Wegen des Selbstbehalts von Fr. 600.– und des Bonus-Malus-Systems entschliessen Sie sich, den Schaden am fremden Fahrzeug in der Höhe von Fr. 1500.– selbst zu bezahlen.

Schreiben Sie Ihrer Versicherungsgesellschaft den erforderlichen Brief.

K2   Eine Windböe zerstörte während Ihrer Abwesenheit ein nur halb geschlossenes Fenster Ihrer Wohnung.

Beschreiben Sie kurz zuhanden Ihrer Versicherungsgesellschaft die entstandenen Schäden und geben Sie mögliche Termine zum Empfang eines Schadensexperten an.

Demokratie und Mitgestaltung

	Einleitung	84
4.1	Die Schweiz gestern und heute	85
4.2	Der Bundesstaat Schweiz	89
4.3	Mitwirkungsrechte und Pflichten	92
4.4	Stimmen und Wählen	94
4.5	Referendum und Initiative	98
4.6	Interessengruppen	100
4.7	Gewaltenteilung	108
4.8	Entstehung eines Gesetzes	113
4.9	Die wichtigsten Aufgaben eines Staates	114
	Das haben Sie in diesem Kapitel gelernt	115
	Wissen anwenden	116

Einleitung

Einerseits sind wir Schweizerinnen und Schweizer stolz auf unsere Demokratie und Eigenständigkeit. Andererseits haben Rekrutenbefragungen ergeben: Die Politik steht zumindest bei den jungen Männern nicht hoch im Kurs. Für politische Themen interessieren sich 24 Prozent gar nicht und nur 5 Prozent stark. Das politische Wissen hat gegenüber früheren Befragungen weiter abgenommen.

Aber auch die übrige Bevölkerung nimmt nicht massenweise an Wahlen und Abstimmungen teil. Meistens bewegt sich die Stimmbeteiligung unterhalb der 50-Prozent-Grenze. Eine Demokratie (Volksherrschaft) lebt aber davon, dass eine Mehrheit ihre demokratischen Rechte wahrnimmt und die Geschicke des Landes lenkt. Die von der Politik und der Mehrheit der stimmenden Bevölkerung beschlossenen Rahmenbedingungen betreffen schliesslich das Leben aller Einwohnerinnen und Einwohner. Mitbestimmen kann man dann am besten, wenn man weiss, wie die Politik funktioniert.

« Demokratie heisst, die Wahl zu haben. Diktatur heisst, vor die Wahl gestellt zu werden. »

Jeannine Luczak

« Demokratie lebt vom Streit, von der Diskussion um den richtigen Weg. Deshalb gehört zu ihr der Respekt vor der Meinung des anderen. »

Richard von Weizsäcker

4.1 Die Schweiz gestern und heute

Die Alte Eidgenossenschaft

14. Jh. In der ersten Hälfte des 14. Jahrhunderts schliessen auf dem Gebiet der heutigen Schweiz acht Orte (Vorgänger der heutigen Kantone) unterschiedliche Bündnisse untereinander ab. Diese Bündnisse dienen einerseits der Abwehr fremder Übergriffe, andererseits der Machtsicherung der regionalen Führungsschichten. Etwa ab 1350 wird dieses Bündnisgeflecht «Eidgenossenschaft» genannt.

Entstehung der Eidgenossenschaft

Bis 1513 Im Laufe der folgenden Jahrzehnte und Jahrhunderte treten dieser «Eidgenossenschaft» weitere städtische und ländliche Gebiete bei – oder werden von ihr erobert. Bis 1513 entsteht ein lockerer Staatenbund von 13 Stadt- und Landorten.

1527–1531 Die Reformation führt zur konfessionellen Spaltung der Schweiz in katholische und reformierte Orte, die sich in der Folge während fast 200 Jahren bekämpfen.

Reformation

Um 1790 Die Alte Eidgenossenschaft besteht aus:
- Alten Orten (Zürich, Bern, Luzern, Uri, Schwyz, Unterwalden, Zug, Glarus)
- Neuen Orten (Basel, Freiburg, Solothurn, Schaffhausen, Appenzell)
- Zugewandten Orten (u. a. St. Gallen, Wallis, Graubünden, Genf, Neuenburg, Thurgau)
- Untertanengebieten (u. a. Waadt, Aargau, Unterwallis, Tessin)

Untergang der Alten Eidgenossenschaft

1798 Nach dem Einmarsch französischer Truppen 1798 wird die Schweiz radikal umgestaltet: Die Helvetische Republik wird ein von Frankreich kontrollierter Einheitsstaat; die Untertanenverhältnisse werden abgeschafft.

Helvetische Republik – Einheitsstaat

1803–1813 Die Helvetische Republik hat aufgrund grosser sprachlicher, kultureller und religiöser Unterschiede nicht Bestand. Napoleon greift als Mediator (= Vermittler) ein, setzt die Zentralregierung ab und stärkt wiederum die Kantone. Die ehemaligen Untertanengebiete werden neue gleichberechtigte Kantone.

Mediation

Am Wiener Kongress 1815 legten die europäischen Herrscher nach der Niederlage Napoleons die Grenzen in Europa neu fest.

Restauration –
loser Staatenbund
Nach der Niederlage Frankreichs in Waterloo kommt es zur «Restauration» der Eidgenossenschaft: Sie wird wieder ein loser Staatenbund, und in ihren Kantonen herrscht erneut die aristokratische Oberschicht wie vor dem Umsturz von 1798.
1815

Neutralität
Am Wiener Kongress anerkennen die europäischen Grossmächte die «immerwährende Neutralität» der inzwischen aus 22 Kantonen bestehenden Schweiz.

Liberal – konservativ
Unter dem Druck der wirtschaftlichen Entwicklung schaffen etwa die Hälfte der Kantone liberale Verfassungen, die den Bürgern wirtschaftliche und politische Freiheiten garantieren. In der Folge bekämpfen sich liberale, reformierte Kantone, die die Gründung eines Gesamtstaats anstreben, und konservative, katholische Kantone erbittert, was 1847 zu einem Bürgerkrieg (Sonderbundskrieg) führt.
1830–1847

Die moderne Schweiz

Gründung der heutigen
Schweiz
Nach dem Sieg der liberalen Kräfte wird die Schweiz zu einem Bundesstaat umgestaltet, in dem die Kantone allerdings eine grosse Selbstständigkeit behalten. Damit entsteht ein einheitlicher Wirtschaftsraum mit freiem Personen- und Warenverkehr. Männer erhalten das Stimm- und Wahlrecht.
1848

Referendumsrecht
Die Verfassung wird total revidiert, und die Rechte der Bürger und des Bundes werden auf Kosten der Kantone gestärkt. Das Referendumsrecht wird eingeführt.
1874

Initiativrecht
Das Initiativrecht in der heutigen Form wird in der Verfassung verankert.
1891

Erster Weltkrieg
Vom Ersten Weltkrieg bleibt die Schweiz zwar verschont, doch die durch ihn bedingte schlechte soziale Lage breiter Bevölkerungs-
1914–1918

Während des Generalstreiks 1918 kam es in der Schweiz an verschiedenen Orten zu Zusammenstössen. Im Bild Soldaten der Kavallerie, die am Paradeplatz in Zürich gegen Streikende vorgehen.

schichten führt 1918 zum Generalstreik. Die Streikleitung fordert die Proporzwahl des Nationalrats, das Frauenstimmrecht, die Einführung der 48-Stunden-Woche und eine Alters- und Invalidenversicherung. Der Bundesrat bietet Truppen auf (drei Tote). | **Generalstreik**

1919 Der Nationalrat wird erstmals im Proporzwahlverfahren gewählt. | **Proporzwahl**

1939–1945 Während des Zweiten Weltkrieges kann sich die Schweiz aus dem Kriegsgeschehen heraushalten. Allerdings lud sie sich mit ihrer restriktiven Flüchtlingspolitik («Das Boot ist voll!») und der Entgegennahme von Raubgold moralische Schuld auf. | **Zweiter Weltkrieg**

1945–1975 Nach dem Zweiten Weltkrieg erlebt die Schweiz einen Wirtschaftsaufschwung. Er hält lange an, auch dank dem Friedensabkommen zwischen den Arbeitgeber- und den Arbeitnehmerorganisationen.

1947 Die eidgenössische Alters- und Hinterlassenenversicherung (AHV) wird eingeführt. | **Einführung AHV**

1959 Mit der Wahl eines zweiten Sozialdemokraten in die Regierung setzt sich diese zum ersten Mal einigermassen proportional zum Wähleranteil der Parteien im Nationalrat zusammen. Die sogenannte Zauberformel ist damit gefunden, die wichtigsten politischen Strömungen sind im Bundesrat vertreten. | **Zauberformel**

1971 Nach erfolglosem Anlauf 1959 befürworten Volk und Stände das Frauenstimm- und -wahlrecht auf eidgenössischer Ebene. | **Frauenstimmrecht**

1978 Aus einem Teil des Kantons Bern entsteht der 23. Kanton der Schweiz, der Kanton Jura. | **Kanton Jura**

2002 Das Volk stimmt dem Beitritt zur UNO zu. Die Schweiz wird als 190. Mitglied aufgenommen. | **UNO**

Steckbrief der Schweiz heute

	Schweizerische Eidgenossenschaft **Confœderatio Helvetica (CH)**
Lage	Die Schweiz liegt im Herzen Europas und grenzt im Süden an Italien, im Osten an Österreich und an das Fürstentum Liechtenstein, im Norden an Deutschland und im Westen an Frankreich. Als Binnenstaat hat sie keinen direkten Zugang zum Meer.
Fläche	41 285 Quadratkilometer Alpen und Gletscher machen rund 60 Prozent der Fläche aus.
Einwohnerzahl	Ende 2008 zählte die Schweiz 7 700 200 Einwohnerinnen und Einwohner. Rund 21 Prozent davon sind ausländischer Nationalität.
Landessprachen	Die Schweiz besitzt vier offizielle Landessprachen: Deutsch (63,7 %), Französisch (20,4 %), Italienisch (6,4 %) und Rätoromanisch (0,5 %). Rund 9 Prozent der Bevölkerung hat eine andere Muttersprache.
Religionen	In der Schweiz sind 41,8 Prozent römisch-katholisch, 35,2 Prozent protestantisch (inkl. Freikirchen), 4,3 Prozent muslimisch und 1,8 Prozent christlich-orthodox; 11,1 Prozent sind konfessionslos (Stand 2005).
Staatsstruktur	Die Schweiz als Bundesstaat ist in 23 Kantone (20 ganze und 6 halbe Kantone) und rund 2730 Gemeinden gegliedert (Stand 2007).
Hauptstadt	Bern ist seit der Staatsgründung 1848 Bundesstadt der Schweiz und Sitz der Regierung.
Regierungsform	Die Schweiz ist eine Mischform aus repräsentativer Demokratie (das Volk wählt die Volksvertreter, welche die Gesetze machen) und direkter Demokratie (durch häufige Volksabstimmungen kann das Volk direkten Einfluss auf die Politik nehmen), was als halbdirekte Demokratie bezeichnet wird.
Mitgliedschaft in internationalen Organisationen	UNO, WTO, Europarat, OSZE, IKRK

Verstanden?

4.1 Erklären Sie den Begriff «halbdirekte Demokratie».

4.2 Nennen Sie internationale Organisationen, denen die Schweiz bisher nicht beigetreten ist.

4.2 Der Bundesstaat Schweiz

Staatsformen

In ihrer geschichtlichen Entwicklung hat sich die Schweiz vom lockeren Staatenbund der verschiedenen Kantone über den Einheitsstaat unter Napoleon zum Bundesstaat heutiger Prägung entwickelt.

Staatsformen	
Staatenbund	Beim Staatenbund verbünden sich selbstständige, souveräne Staaten, um ausgewählte Aufgaben gemeinsam zu lösen.
	Beispiele: UNO, NATO, OPEC Eidgenossenschaft bis 1798; von 1803 bis 1848
Einheitsstaat	In einem Einheitsstaat (Zentralstaat) gibt es nur eine Regierung. Er wird von einem Zentrum aus einheitlich regiert. Im ganzen Staat gelten die gleichen Gesetze.
	Beispiele: Frankreich, Grossbritannien, Italien Helvetische Republik von 1798 bis 1803
Bundesstaat	Beim Bundesstaat schliessen sich Teilstaaten zusammen und bilden gegen aussen einen Gesamtstaat.
	Beispiele: Deutschland, Österreich, USA Schweiz seit 1848

Der föderalistische Bundesstaat

Föderalismus

Die Kantone haben bei der Gründung des Bundesstaates einen Teil ihrer Souveränität dem Bund abgetreten. Die Aufgaben des Bundes sind in der Bundesverfassung ausdrücklich geregelt. Alle anderen staatlichen Aufgaben werden eigenständig von den Kantonen oder den Gemeinden wahrgenommen. Dies nennt man Föderalismus.

Aufgabenteilung zwischen Bund, Kantonen und Gemeinden (Beispiele)
- *Bundesaufgaben*
  Aussenpolitik, Strassenverkehr, Militär, Zoll, Berufsbildung
- *Kantonsaufgaben*
  Schule, Gesundheitswesen, Bauwesen, Polizei
- *Gemeindeaufgaben*
  Kehrichtabfuhr, Wasser- und Elektrizitätsversorgung, Bau von Schulhäusern, Feuerwehr

Die Demokratie als Regierungsform

Jede Form von Demokratie (Volksherrschaft) versucht auf ihre Weise, den Willen des Volkes zu ermitteln und die Tätigkeiten des Staates danach auszurichten. Theoretisch kann dies durch direkte Mitsprache jedes Bürgers und jeder Bürgerin geschehen (direkte Demokratie) oder aber durch eine gewählte Vertretung (repräsentative Demokratie). Bei der repräsentativen Demokratie kann das Schwergewicht auf einer starken Präsidentin oder einem starken Präsidenten als Chef der Regierung liegen (präsidiale Demokratie) oder aber auf einem starken Parlament (parlamentarische Demokratie).

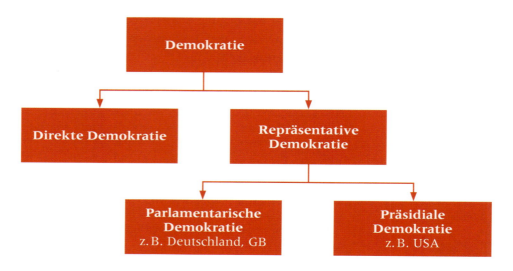

In der Realität sind diese Demokratieformen selten in Reinkultur anzutreffen; üblich sind Mischformen. So stellt die Schweiz eine Mischform zwischen einer direkten und einer repräsentativen Demokratie dar (halbdirekte Demokratie).

Bürgerinnen und Bürger der Schweiz dürfen nicht nur an Wahlen teilnehmen, sondern können auch direkt zu Sachfragen Stellung nehmen.

Die Demokratie in Abgrenzung zur Diktatur

Am einfachsten ist es, Demokratie in Abgrenzung zu einer Diktatur zu definieren.

Regierungsformen

	Demokratie	Diktatur
Gewaltenteilung	Aufteilung der Staatsgewalt in: • Gesetze erlassen • Recht durchsetzen • Über Recht und Unrecht urteilen Die drei Gewalten kontrollieren sich gegenseitig.	Die Staatsgewalt ist in der Hand eines Einzelnen (Diktator) oder weniger Personen (Junta, Partei). Das bedeutet, dass «der Diktator» die Gesetze erlassen kann, die ihm passen, selbst deren Einhaltung kontrolliert und willkürlich Menschen verurteilen und inhaftieren kann.
Menschenrechte	Menschenrechte und Bürgerrechte sind garantiert.	Missachtung der grundlegendsten Menschenrechte. Politisch Andersdenkende werden systematisch verfolgt.
Wahlen und Abstimmungen	Bei freien Wahlen und Abstimmungen entscheidet jeweils die Mehrheit des Volkes.	Durch manipulierte Scheinwahlen halten sich die Herrschenden an der Macht.
Meinungs- und Pressefreiheit	Es findet ein politischer Wettbewerb zwischen Parteien mit unterschiedlichen Werthaltungen statt. Über freie Medien kann sich jeder über verschiedene Meinungen informieren.	Mithilfe der staatlich kontrollierten Medien wird die freie Meinungsbildung der Bevölkerung verunmöglicht. Die Menschen werden systematisch desinformiert. Die Machthaber dulden keine Opposition.
Ausprägungen	• Direkte/halbdirekte Demokratie • Parlamentarische Demokratie • Präsidiale Demokratie	• Militärdiktatur (Myanmar) • Parteidiktatur (Nordkorea) • Theokratie (Iran)

Verstanden?

4.3 Erklären Sie mithilfe der dargestellten Früchte die drei Staatsformen.

4.4 Was bedeutet der Begriff «Föderalismus»?

4.5 Welche zwei Hauptformen von Demokratie unterscheidet man?

4.6 Was grenzt die Demokratie von der Diktatur ab?

4.3 Mitwirkungsrechte und Pflichten

Grundrechte, Freiheitsrechte, Menschenrechte

Diese Rechte sind allgemeine, überstaatliche Rechte. Sie stehen allen Menschen zu, unabhängig von ihrer Hautfarbe, Herkunft, Sprache, Religion, Nationalität oder von ihrem Geschlecht. Sie sind entweder in der Allgemeinen Erklärung der Menschenrechte, in der Europäischen Menschenrechtserklärung (EMRK) und/ oder in der Bundesverfassung festgehalten.

Beispiele von Grund- und Freiheitsrechten
- Recht auf Leben (BV 11; EMRK 2)
- Meinungsäusserungsfreiheit (BV 16; EMRK 10)
- Glaubens- und Religionsfreiheit (BV 15; EMRK 9)

Die Grundrechte gelten nicht vorbehaltlos. Der Staat kann sie einschränken, wenn es das öffentliche Interesse so verlangt.

Die Versammlungsfreiheit ist ein Grundrecht, das in der Bundesverfassung (BV 22) festgehalten ist. Im Bild eine Demonstration der Gewerkschaften zur Senkung des Rentenalters.

Staatsbürgerliche Rechte

Diese Rechte kommen allen Staatsbürgerinnen und Staatsbürgern zugute, unabhängig vom Alter. Sie sind in der Bundesverfassung aufgeführt.

Beispiele staatsbürgerlicher Rechte
- Niederlassungsfreiheit (BV 24)
- Bürgerrecht (BV 37)

Politische Rechte

Diese Rechte stehen nur den handlungsfähigen Schweizerinnen und Schweizern zu. Sie sind ebenfalls in der Bundesverfassung festgehalten.

Beispiele politischer Rechte
- Stimm- und Wahlrecht (BV 34, 39, 136)
- Referendums- und Initiativrecht (BV 141, 138, 139)

Staatsbürgerliche Pflichten

Diese Pflichten betreffen alle Staatsbürgerinnen und -bürger und zum Teil auch niedergelassene Ausländer. Sie sind in der Bundesverfassung und in den Gesetzen geregelt.

Beispiele staatsbürgerlicher Pflichten
- Schulpflicht
- Steuerpflicht
- Versicherungspflicht
- Militärdienstpflicht (nur männliche Schweizer)

4.7 Was versteht man unter dem Begriff «Menschenrecht»?

4.8 Warum betrifft ein Teil der staatsbürgerlichen Pflichten auch niedergelassene Ausländer?

Verstanden?

4.4 Stimmen und Wählen

Stimm- und Wahlrecht sind die wichtigsten politischen Rechte. Die Möglichkeit, an freien und fairen Wahlen und Abstimmungen teilzunehmen, ist in einer funktionierenden Demokratie von zentraler Bedeutung.

Stimmrecht

Das Stimmrecht erlaubt es jeder Stimmbürgerin und jedem Stimmbürger, zu einer Sachvorlage Ja oder Nein zu sagen. Bei Abstimmungen auf Bundesebene werden die folgenden Mehrheiten unterschieden:

Volksmehr   Ein Volksmehr kommt zustande, wenn die Mehrheit der gültig abstimmenden Bevölkerung einer Vorlage zustimmt (der Anteil der Ja-Stimmen beträgt über 50 Prozent).
Zur Annahme eines Gesetzes (Referendumsabstimmung) ist nur das Volksmehr erforderlich.

Ständemehr   Ein Ständemehr kommt zustande, wenn die Mehrheit der Kantone einer Vorlage zustimmt; es werden somit mindestens zwölf Kantonsstimmen benötigt – Halbkantone gelten als halbe Stimme. Ein Unentschieden bei den Kantonsstimmen gilt als Ablehnung.
Ob ein Kanton zustimmt oder ablehnt, hängt vom jeweiligen Volksmehr ab.

Doppeltes Mehr   Ein doppeltes Mehr bedeutet, dass eine Vorlage sowohl ein Volksmehr als auch ein Ständemehr benötigt, um angenommen zu werden.
Für Verfassungsänderungen (z. B. mittels einer Initiative) wird das doppelte Mehr benötigt.

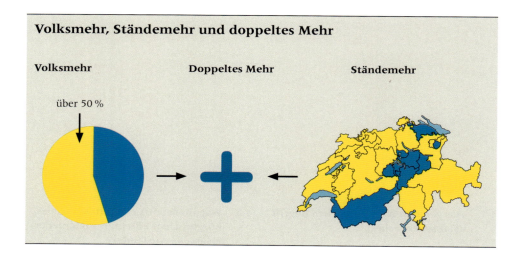

Volksmehr, Ständemehr und doppeltes Mehr

Volksmehr   Doppeltes Mehr   Ständemehr

über 50 %

Wahlrecht

Beim Wahlrecht wird zwischen aktivem und passivem Wahlrecht unterschieden.

Wahlrecht	
Aktiv	Das Recht, Personen in eine Behörde oder ein Amt zu wählen
Passiv	Die Möglichkeit, selbst für ein Amt gewählt zu werden

Bei Wahlen gibt es Regeln, welche Mehrheit eine Kandidatin oder ein Kandidat erreichen muss, damit die Wahl gültig ist.

Das absolute Mehr hat erreicht, wer mindestens die Hälfte aller gültigen Stimmen plus eine erhält.
Beispiel: Bundesratswahlen

Absolutes Mehr

Beim relativen Mehr ist die Mehrheit der Stimmen ausschlaggebend. Wer am meisten gültige Stimmen erhält, ist gewählt.
Beispiel: Ständeratswahlen 2. Wahlgang

Relatives Mehr

Beim qualifizierten Mehr muss eine Person mehr gültige Stimmen als das absolute Mehr erreichen. Es muss also z. B. eine ⅔- oder ¾-Mehrheit erreicht werden.
Beispiel: Beim Ausschluss von Vereinsmitgliedern ist in den Vereinsstatuten meist ein qualifiziertes Mehr vorgesehen.

Qualifiziertes Mehr

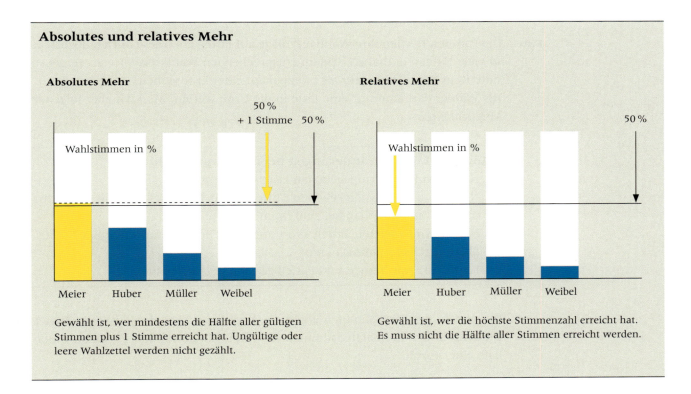

Absolutes und relatives Mehr

Absolutes Mehr

50 %
+ 1 Stimme   50 %

Wahlstimmen in %

Meier   Huber   Müller   Weibel

Gewählt ist, wer mindestens die Hälfte aller gültigen Stimmen plus 1 Stimme erreicht hat. Ungültige oder leere Wahlzettel werden nicht gezählt.

Relatives Mehr

50 %

Wahlstimmen in %

Meier   Huber   Müller   Weibel

Gewählt ist, wer die höchste Stimmenzahl erreicht hat. Es muss nicht die Hälfte aller Stimmen erreicht werden.

Majorzwahl

Mehrheitswahl Majorzwahl heisst Mehrheitswahl. Gewählt ist, wer am meisten Stimmen erhält. Die Majorzwahl wird angewendet, wenn nur ein Sitz oder nur wenige Sitze zu vergeben sind (z. B. Bundesratswahl, Regierungsratswahl, Ständeratswahl). Majorzwahlen sind Persönlichkeitswahlen, das heisst, der Bekanntheitsgrad eines Kandidaten oder einer Kandidatin ist entscheidend für die Wahl.

Der Vorteil dieses Wahlverfahrens liegt in seiner Einfachheit. Aufgrund des fehlenden Wählerpotenzials haben Kandidaten kleinerer Parteien allerdings wenig Chancen, gewählt zu werden.

Wahlmehrheiten Meistens wird im ersten Wahlgang das absolute Mehr verlangt. Wird dieses nicht erreicht, ist im zweiten Wahlgang oft nur noch das relative Mehr erforderlich.

Stille Wahl Wenn gleich viele Kandidatinnen und Kandidaten zur Wahl vorgeschlagen werden, wie Sitze zu vergeben sind, kommt es zu einer stillen Wahl, d. h., es findet kein Wahlgang statt. Gewählt sind dann die vorgeschlagenen Personen.

Proporzwahl

Verhältniswahl Proporzwahl heisst Verhältniswahl. Die zu vergebenden Sitze werden im Verhältnis zum Stimmenanteil der einzelnen Parteien vergeben. Je mehr Stimmen eine Partei erzielt, umso mehr Sitze erhält sie.

Der Vorteil der Proporzwahl ist, dass auch kleinere Parteien eine reelle Chance haben, Sitze zu gewinnen. Sie wird vor allem bei Parlamentswahlen (z. B. Nationalrat, Kantonsrat) angewendet.

Liste Die Parteien reichen ihre Wahlvorschläge auf Listen ein. Diese dürfen höchstens so viele Namen enthalten, wie im entsprechenden Wahlkreis Sitze zu vergeben sind. Kein Name darf mehr als zweimal auf einer Liste stehen.

Als Wähler darf man nur eine Liste in die Urne werfen. Man hat aber folgende Möglichkeiten:

Mögliche Listenveränderungen bei der Proporzwahl
- Namen auf einer vorgegebenen Liste streichen
- Namen auf eine vorgegebenen Liste doppelt hinschreiben, falls sie nicht schon zweimal vorhanden sind (kumulieren)
- Namen von anderen Listen (von anderen Parteien) auf die ausgewählte Liste schreiben (panaschieren)
- Leere Liste mit Namen und Parteibezeichnung vervollständigen

Die Anzahl der Parteistimmen ergibt die Anzahl der Sitze der jeweiligen Partei. Die Anzahl der Kandidatenstimmen bestimmt die gewählten Personen innerhalb einer Partei.

Beispiel für die Bedeutung der Proporzwahl

Gemeinde Schlungg

10 000 Stimmberechtigte	10 Sitze im Gemeinderat zu vergeben
	Listen mit 10 Kandidatinnen und Kandidaten
Politische Verhältnisse	Partei A = 60 % Wähleranteil
	Partei B = 30 % Wähleranteil
	Partei C = 10 % Wähleranteil

Majorzwahl

Partei A	= 6000 Stimmen pro Kandidatin/Kandidaten
Partei B	= 3000 Stimmen pro Kandidatin/Kandidaten
Partei C	= 1000 Stimmen pro Kandidatin/Kandidaten

Absolutes Mehr:
(10 000 Stimmen : 2) + 1 = *5001 Stimmen*

Fazit: Alle Kandidatinnen und Kandidaten der Partei A sind gewählt!

Proporzwahl

Partei A	= 6000 Stimmen pro Kandidatin/Kandidaten
	= 60 000 Parteistimmen
Partei B	= 3000 Stimmen pro Kandidatin/Kandidaten
	= 30 000 Parteistimmen
Partei C	= 1000 Stimmen pro Kandidatin/Kandidaten
	= 10 000 Parteistimmen

Verteilerzahl:
Alle Parteistimmen geteilt durch Anzahl Sitze plus 1.
100 000 : (10 + 1) = *9091,* so viele Parteistimmen werden für einen Sitz benötigt.

Partei A	60 000 : 9091 = 6,6	=	6 Sitze
Partei B	30 000 : 9091 = 3,3	=	3 Sitze
Partei C	10 000 : 9091 = 1,1	=	1 Sitz
			10 Sitze

Fazit: Sitze werden im Verhältnis zur Parteistärke verteilt!

Verstanden?

4.9 Erklären Sie den Unterschied zwischen Stimmen und Wählen.

4.10 Was heisst «aktives» / «passives Wahlrecht»?

4.11 Erklären Sie die Begriffe «absolutes Mehr» / «relatives Mehr».

4.12 Wann spricht man von einem qualifizierten Mehr?

4.13 Erklären sie den Unterschied zwischen Volksmehr und Ständemehr.

4.14 Wann braucht es das doppelte Mehr?

4.15 Wann wird das Majorzwahlverfahren angewendet?

4.16 In welchem Fall findet im Majorzwahlverfahren ein zweiter Wahlgang statt?

4.17 Wann kommt es zu einer stillen Wahl?

4.18 Warum werden die meisten Parlamente im Proporzwahlverfahren gewählt?

4.19 Was bedeutet kumulieren und panaschieren?

4.5 Referendum und Initiative

Das Referendum

Das Referendum ist das Recht der Bürgerinnen und Bürger, über bestimmte Beschlüsse des Parlaments an der Urne endgültig zu entscheiden.

Obligatorisches Referendum

Zu gewissen Parlamentsentscheiden müssen die Stimmbürgerinnen und Stimmbürger automatisch an der Urne befragt werden.

> **Wichtige obligatorische Referenden**
> - Verfassungsänderungen
> - Beitritt zu internationalen Organisationen (z. B. EU, NATO)

Obligatorische Referenden benötigen das doppelte Mehr.

Fakultatives Referendum

Mithilfe des fakultativen Referendums (Gesetzesreferendum) können Stimmbürgerinnen und Stimmbürger (oder die Kantone) eine Volksabstimmung zu einem vom Parlament beschlossenen Gesetz erzwingen. Damit es zu einer Abstimmung kommt, müssen die folgenden Bedingungen erfüllt sein:

> **Fakultatives Referendum**
> - Das Referendum muss von 50 000 Bürgerinnen und Bürgern (oder von acht Kantonen) unterschrieben werden.
> - Die Unterschriften müssen innert 100 Tagen nach der Verabschiedung durch das Parlament gesammelt werden.

Beim fakultativen Referendum genügt das Volksmehr.

Bedeutung des Referendums

Die wenigsten Länder auf dieser Welt kennen diese Art von Mitentscheidungsrechte, wie es sie in der Schweiz gibt. Man nennt die Regierungsform der Schweiz deshalb auch Referendumsdemokratie. Schon eine Referendumsdrohung kann die Ausgestaltung eines Gesetzes beeinflussen; das Parlament geht einem möglichen Volksnein aus dem Wege, indem bei der Ausarbeitung des Gesetzes mehrheitsfähige Kompromisse gesucht werden.

Die Initiative

Die Initiative ist das Recht des Volkes, mittels Unterschriftensammlung eine Abstimmung über eine Verfassungsänderung zu verlangen. Auch der Bundesrat, die Kantone (Standesinitiative) oder einzelne Parlamentarier können solch eine Volksabstimmung initiieren.

Damit eine Volksinitiative zustande kommt, müssen die folgenden Bedingungen erfüllt sein:

Volksinitiative
- Die Initiative muss von 100 000 Bürgerinnen und Bürgern unterschrieben werden.
- Die Unterschriften müssen innert 18 Monaten gesammelt werden.

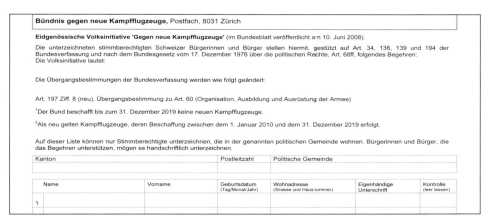

Unterschriftenliste einer aktuellen Volksinitiative.

Die eingereichten Unterschriftenbögen werden zunächst auf ihre Gültigkeit hin überprüft. Danach empfehlen Bundesrat wie Parlament Annahme oder Ablehnung der Vorlage. Sie können auch einen Gegenvorschlag ausarbeiten. Zu guter Letzt kann das Volk an der Urne Stellung nehmen. Für die Annahme benötigt eine Initiative das doppelte Mehr.

Neben der Verfassungsinitiative kennen die Kantone auch Gesetzesinitiativen, mit denen Änderungen auf Gesetzesstufe herbeigeführt werden können.

Initiativen auf Kantonsebene

Verstanden?

4.20 Wann kommt es zu einem obligatorischen Referendum?

4.21 Welches Mehr benötigt das obligatorische Referendum?

4.22 Welche Bedingungen müssen erfüllt sein, damit ein fakultatives Referendum zustande kommt?

4.23 Was bezweckt das fakultative Referendum?

4.24 Welche Mehrheit braucht das fakultative Gesetzesreferendum zur Annahme?

4.25 Was bewirkt eine Volksinitiative auf Bundesebene?

4.26 Welche Bedingungen müssen erfüllt sein, damit eine Initiative zustande kommt?

4.27 Welches Mehr benötigt die Volksinitiative, damit sie angenommen wird?

4.28 Welche zusätzlichen Initiativen kennen die Kantone?

4.6. Interessengruppen

Politik = Machtkampf der Interessen

In der Politik versuchen verschiedenste Gruppen, das öffentliche Leben nach ihren Interessen und Vorstellungen, nach ihren Werten und Idealen zu gestalten. Es findet ein dauernder Kampf um Macht und Einfluss statt.
Welche Interessenträger nehmen am Entscheidungsprozess teil? Wie unterscheiden sie sich?

Parteien

Parteien sind politische Vereine und wichtige Interessenvertreter. Sie sind im Bundesrat und im Parlament vertreten und nehmen dort am Gesetzgebungsprozess teil. Sie versuchen bei Abstimmungen durch Parolen den Meinungsbildungsprozess des Volkes nach ihren Wertvorstellungen zu beeinflussen und bei Wahlen die Bürgerinnen und Bürger von ihren Idealen zu überzeugen.

Politische Grundhaltungen

Die politischen Ziele und Forderungen der einzelnen Parteien stützen sich auf unterschiedliche Weltanschauungen (Ideologien) und die daraus resultierenden politischen Grundhaltungen. Obwohl es in der Schweiz eine grosse Anzahl verschiedener Parteien gibt (pluralistische Demokratie), lassen sich grundsätzlich vier Ausrichtungen unterscheiden:

Politische Grundhaltungen

Liberal: für eine Stärkung der Wirtschaftsfreiheit, Offenheit gegenüber einer intensiven Kooperation mit anderen Staaten und internationalen Organisationen, für eine aktive Integration von Ausländern, positive Haltung gegenüber Reformen alter Staatsstrukturen

Links: für einen ausgebauten Sozialstaat, kritische Haltung gegenüber staatlichen Autoritäten wie z.B. Polizei, Armee und Staatsschutz, pazifistische Positionen

Rechts: für soziale Eigenverantwortung und private Vorsorge, Betonung von Recht und Ordnung, positive Haltung gegenüber militärischer Verteidigung, Polizei und Staatsschutz

Konservativ: für eine staatliche Regulierung der Wirtschaft, Betonung der nationalen Souveränität und Wahrung der Unabhängigkeit, Abgrenzung gegenüber Fremden, Bewahrung herkömmlicher Strukturen

Folgende Darstellung zeigt die Positionierung der acht grössten Parteien in der Schweiz.

Parteienlandschaft

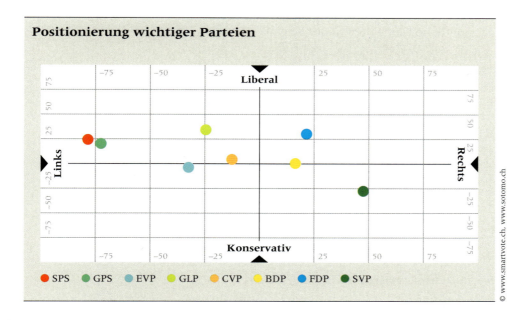

Die vier Grundhaltungen lassen sich auf acht politische Themenbereiche erweitern. Ein Wert von 100 bedeutet eine starke Zustimmung zum formulierten Ziel, 0 bedeutet keine Zustimmung. Auf diese Weise lassen sich die Grundhaltungen der einzelnen Parteien spinnennetzförmig darstellen.

Smartspider

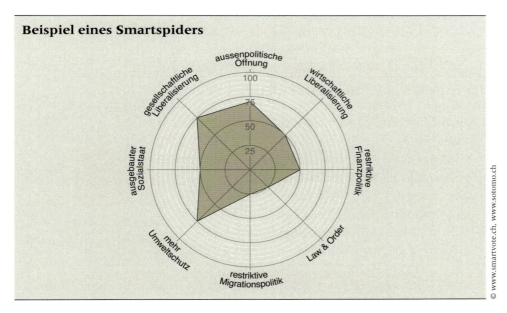

Natürlich lassen sich nicht alle Politikerinnen und Politiker in dieses starre Schema pressen. Als Orientierungshilfe über die unterschiedlichen Grundhaltungen der einzelnen Parteien ist es aber durchaus geeignet.

Auf der Internetseite www.parteienkompass.ch können Sie Fragen zur aktuellen Politik beantworten und dadurch Ihre politische Position mit derjenigen der unterschiedlichen Parteien vergleichen.

www.parteienkompass.ch

Die vier grössten Parteien in der Schweiz

Diese vier Parteien stellen 166 von 200 Nationalrätinnen und Nationalräten und 42 von 46 Ständerätinnen und Ständeräten. Somit bestimmen sie weitgehend das politische Geschehen in der Schweiz.

Schweizerische Volkspartei (SVP)

Gründungsjahr: 1936
Hauptanliegen:

- Erhaltung einer neutralen und unabhängigen Schweiz (kein EU- oder NATO-Beitritt)
- Tiefere Steuern, Schuldenabbau
- Bekämpfung des Asylmissbrauchs, gegen illegale Einwanderung

www.svp.ch

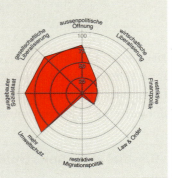

Sozialdemokratische Partei der Schweiz (SPS)

Gründungsjahr: 1888
Hauptanliegen:

- Mehr soziale Gerechtigkeit (gut ausgebaute Sozialversicherungen, Bildungschancen für alle)
- Offene, solidarische Schweiz (Entwicklungshilfe, Frieden, Menschenrechte)
- Gutes öffentliches Verkehrsnetz, Förderung erneuerbarer Energien, gegen Atomkraftwerke

www.sp-ps.ch

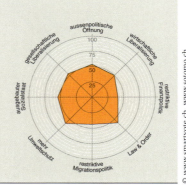

Christlichdemokratische Volkspartei (CVP)

Gründungsjahr: 1912
Hauptanliegen:

- Förderung der Familie, bessere Rahmenbedingungen für die Kinderbetreuung
- Förderung des Wirtschaftsstandorts Schweiz (Innovationsförderung, attraktive Steuern, gute Infrastruktur, hohes Bildungsniveau)
- Sicherung der Sozialwerke

www.cvp.ch

FDP. Die Liberalen

Gründungsjahr: 1894
Hauptanliegen:

- Freiheit und Selbstverantwortung der einzelnen Person, Wettbewerb auf dem Markt
- Gute Rahmenbedingungen für die Wirtschaft
- Tiefe Steuern, massvoller finanzieller Einsatz bei den Sozialwerken

www.fdp.ch

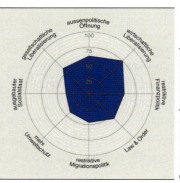

© www.smartvote.ch, www.sotomo.ch

Weitere Parteien

Grüne Partei der Schweiz (GPS)

Gründungsjahr: 1983
Hauptanliegen:

- Wirkungsvoller Schutz der Umwelt und der natürlichen Ressourcen
- Ökologischer Umbau der Wirtschaft
- Stärkung der Sozialwerke, aktive Friedenspolitik

www.gruene.ch

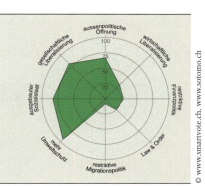

Grünliberale Partei Schweiz (GLP)

Gründungsjahr: 2007
Hauptanliegen:

- Verbindung von Umweltschutz / Nachhaltigkeit und liberaler Wirtschaftspolitik
- Eigenverantwortung der Menschen, Staatstätigkeit auf Kernaufgaben beschränken

www.grunliberale.ch • Sozialer Ausgleich mit Mass

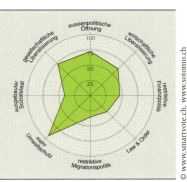

Evangelische Volkspartei (EVP)

Gründungsjahr: 1919
Hauptanliegen:

- Auf der Grundlage des Evangeliums eine sachbezogene und am Menschen orientierte Politik betreiben
- Familien stärken und finanziell entlasten
- Gerechte und ökologische Wirtschaft (Schuldenabbau, faire Löhne, fairer Handel, Förderung erneuerbarer Energien)

www.evppev.ch

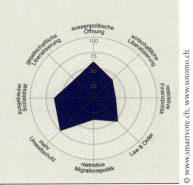

Bürgerlich-Demokratische Partei (BDP)

Gründungsjahr: 2008
Hauptanliegen:

- Freiheit, eigenverantwortliches Handeln und Leistungsbereitschaft als Grundlage für Wohlstand und Wachstum
- Glaubwürdige Sicherheitspolitik (starke Armee und Polizei)
- Schutz der Umwelt durch Verursacherprinzip und andere Anreizsysteme

www.bdp.info

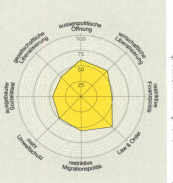

Parteienspektrum der Schweiz

Die Parteien sind, wie schon erwähnt, unterschiedlich stark im National- und Ständerat vertreten und haben so unterschiedlich grossen Einfluss auf die Politik in der Schweiz.

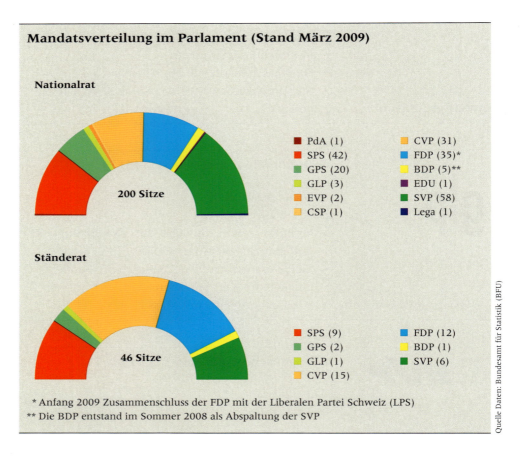

Quelle Daten: Bundesamt für Statistik (BFU)

Veränderung der Wähleranteile

Im Laufe der Jahrzehnte können Parteien Wähleranteile gewinnen, aber auch verlieren. Teilweise verschwinden Parteien ganz von der Bildfläche. Unten abgebildet ist der Verlauf der Parteienstärke der wichtigsten Parteien im Nationalrat seit 1971.

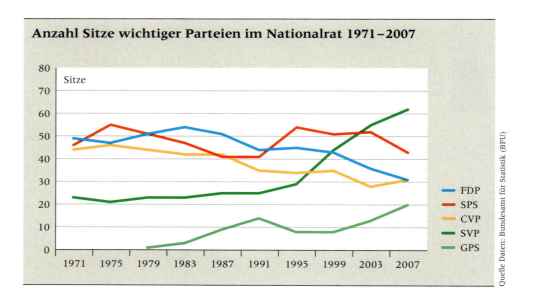

Quelle Daten: Bundesamt für Statistik (BFU)

Verbände

Verbände sind Zweckvereinigungen, welche die Interessen ihrer Mitglieder vertreten. Diese Interessengemeinschaften können bestimmte Wirtschaftszweige betreffen (z. B. Landwirtschaft, Gewerbe, Verkehr) oder bestimmte Wirtschaftsteilnehmer (z. B. Arbeitnehmer, Mieterinnen, Konsumenten).

Arbeitgeberverbände

Arbeitgeberverbände vertreten die Interessen der Arbeitgeber, der Unternehmen und des Gewerbes.

Beispiele von Arbeitgeberverbänden

economiesuisse / Verband der Schweizer Unternehmen

Schweizerischer Gewerbeverband

Schweizerischer Arbeitgeberverband

Schweizerischer Bauernverband

Arbeitnehmerverbände (Gewerkschaften)

Arbeitnehmerverbände (Gewerkschaften) vertreten die Interessen der Arbeitnehmerinnen und Arbeitnehmer und die der Verwaltungsangestellten.

Beispiele von Arbeitnehmerverbänden

Schweizerischer Gewerkschaftsbund

Travail.Suisse

UNIA

Weitere Interessenverbände

Weitere Interessenverbände vertreten die Interessen in Teilbereichen des öffentlichen Lebens.

Beispiele weiterer Interessenverbände	
Verkehr	VCS, TCS, ACS, ASTAG
Wohnen	Schweizerischer Mieterinnen- und Mieterverband Schweizerischer Hauseigentümerverband

Nichtregierungsorganisationen (NGO)

Nichtregierungsorganisationen (NGO) sind vom Staat unabhängige, meistens international tätige Organisationen. Jede dieser NGO vertritt die Interessen eines speziellen Bereichs.

Beispiele von NGO	
Umwelt	WWF, Greenpeace
Menschenrechte	Amnesty International, Schweizerisches Rotes Kreuz

NGO machen oft durch werbewirksame Protestaktionen auf sich aufmerksam. Im Bild Aktivistinnen und Aktivisten von Greenpeace, die gegen den Bau eines neuen Atomkraftwerks protestieren.

Funktion der Verbände in der Politik

Verbände üben grossen Einfluss auf politische Entscheide aus. Gründe dafür sind ihre hohe Mitgliederzahl und die damit verbundene grosse Finanzkraft. Sie lancieren und unterstützen Initiativen und Referenden und geben regelmässig Abstimmungsparolen heraus. **Politischer Einfluss**

Die meisten Verbände haben enge Kontakte mit den Parteien und beeinflussen deren politisches Handeln zum Teil stark. Meist sind ihre Spitzenvertreter auch im National- oder Ständerat vertreten. Sie nehmen in dieser Funktion die Interessen ihrer Verbände wahr. Man nennt diese Interessengruppierungen Lobbys (z. B. Bauern-Lobby, Banken-Lobby, Strom-Lobby). **Lobby**

Bei der Ausarbeitung von Gesetzen können die Verbände in der Vernehmlassung Stellung beziehen. Zudem arbeiten Verbandsvertreter in den Kommissionen als Experten mit. Schliesslich lobbyieren ihre Vertreter bei den Diskussionen in den Räten. **Einfluss auf Gesetzgebung**

Dass einige Politiker in Verwaltungsräten grosser Firmen sitzen, zeigt auf, dass auch die Wirtschaft ihren Interessen im Parlament Nachdruck verleihen will. **Verwaltungsratsmandate**

Verstanden?

4.29 Warum engagieren sich Verbände in der Politik?

4.30 Welche Bedeutung haben die Parteien?

4.31 Welche vier Grundhaltungen lassen sich bei den Parteien unterscheiden?

4.32 Für welche Werte stehen diese vier Grundhaltungen?

4.33 Wie viele Sitze belegen die vier grössten Parteien im Nationalrat, wie viele im Ständerat?

4.34 Worin unterscheiden sich die vier grössten Parteien?

4.35 Wie heisst die fünftstärkste Partei?

4.36 Welche Interessen vertreten die Verbände?

4.37 Was sind Gewerkschaften?

4.38 Was sind NGO?

4.39 Warum ist der politische Einfluss der Verbände in der Politik gross?

4.7 Gewaltenteilung

Man unterscheidet in einem Rechtsstaat drei Gewalten:

Die drei Gewalten
- Legislative (Recht setzen)
- Exekutive (Recht durchsetzen)
- Judikative (über Recht und Unrecht urteilen)

Machtteilung / Gewaltentrennung

Die Trennung dieser drei Gewalten ist ein Wesensmerkmal der Demokratie. Man vermeidet dadurch eine Machtansammlung und einen Missbrauch der Macht, weil sich die drei Gewalten gegenseitig kontrollieren. Dies bedingt aber, dass sie personell wie organisatorisch voneinander unabhängig sind.

In einer Diktatur sind die drei Gewalten nicht getrennt. Einem Missbrauch der Macht sind keine Grenzen gesetzt!

Das Prinzip der Machtteilung am Beispiel Schweiz

	Legislative	**Exekutive**	**Judikative**
	Parlament	Regierung	Gericht
Funktion	Gesetzgebende Behörde	Ausführende Behörde	Richterliche Behörde
Aufgaben	Gesetze erlassen Kontrolle über Ausführung	Gesetze ausführen Regieren, verwalten	Urteilen und richten Strafen und schützen
Beispiel Schweiz	Nationalrat (200) Ständerat (46)	7 Bundesräte mit 7 Departementen	Bundesgericht mit 38 Bundesrichtern
Wahl	Durch das Volk	Durch Vereinigte Bundesversammlung	Durch Vereinigte Bundesversammlung

Massenmedien (vierte Gewalt)

Die Bedeutung der Massenmedien als Vermittler von Informationen wird immer grösser. Einerseits tragen sie wesentlich zur Meinungsbildung bei, andererseits üben sie eine Kontrolle über die politischen Behörden aus, indem sie Missstände aufdecken und darüber berichten. Die Medien sind zunehmend zu einem Machtfaktor geworden, indem Personen der Politik und Wirtschaft dieses Instrument für die Durchsetzung der eigenen Interessen nutzen. Auch die Medienleute können durch die Auswahl und die Darstellung der Informationen grossen Einfluss auf die öffentliche Meinung und die Politik ausüben.

Das Parlament (Legislative)

In der halbdirekten Demokratie übernehmen die gewählten Volksvertreterinnen und -vertreter einen Teil der Volksrechte. Sie machen die Gesetze, wählen den Bundesrat und die Bundesrichter, beschliessen die Staatsausgaben und kontrollieren die Verwaltung.

Das Schweizer Parlament		
	Nationalrat	**Ständerat**
Grösse	200 Mitglieder	46 Mitglieder
Repräsentiert	Das Volk	Die Kantone
Abgeordnete pro Kanton	Abgeordnete im Verhältnis zur Wohnbevölkerung der Kantone (mind. aber ein Sitz). Bevölkerungsreiche Kantone haben grösseres Gewicht als die kleinen Kantone (ZH 34 – UR 1).	Pro Ganzkanton zwei Abgeordnete, pro Halbkanton ein Abgeordneter. Bevölkerungsarme Kantone haben das gleiche Gewicht wie bevölkerungsreiche Kantone (ZH 2 – UR 2).
Wahl	Wahl für vier Jahre Meistens Proporzwahlen	Wahl für vier Jahre Meistens Majorzwahlen

Das Parlament trifft sich viermal im Jahr für drei Wochen, um die oben beschriebenen Parlamentsgeschäfte zu erledigen. Diese Sitzungen (Sessionen) sind öffentlich.

Session

Um eine Fraktion bilden zu können, braucht es mindestens fünf Mitglieder. Meistens schliessen sich die Parlamentarierinnen und Parlamentarier innerhalb der eigenen Parteien zu Fraktionen zusammen. Bei kleineren Parteien kann es auch zu parteiübergreifenden Zusammenschlüssen kommen. In den Fraktionen werden die Ratsgeschäfte vorberaten und Abstimmungs- und Wahlempfehlungen abgegeben. Nur Fraktionen können Einsitz in parlamentarische Kommissionen nehmen.

Fraktion

Die einzelnen Aufgaben der Bundesversammlung sind derart vielfältig und umfangreich, dass sich nicht alle Parlamentarierinnen und Parlamentarier mit jedem Sachbereich im Detail vertraut machen können. Deshalb bereiten die parlamentarischen Kommissionen die Ratsgeschäfte vor. Sie erstatten ihrem Rat jeweils Bericht und stellen Anträge. Die Kommissionen werden gemäss den einzelnen Fraktionsstärken zusammengesetzt.

Parlamentarische Kommissionen

Der Nationalrat und der Ständerat sind zwei gleichberechtigte Kammern. Sie tagen getrennt. Für Beschlüsse ist eine Übereinstimmung beider Räte erforderlich.
Vor allem bei Wahlen des Bundesrates und der Bundesrichter treffen sich die beiden Räte gemeinsam im Nationalratssaal. Dann spricht man von der Vereinigten Bundesversammlung.

Vereinigte Bundesversammlung

Der Bundesrat (Exekutive)

Die Regierung der Schweiz besteht aus den sieben Mitgliedern des Bundesrats, die von der Vereinigten Bundesversammlung für eine vierjährige Amtsdauer gewählt werden.

Konkordanz Der Bundesrat ist eine Konkordanzregierung (von lateinisch *concordare* = übereinstimmen). Dies bedeutet, dass der Bundesrat in der Regel entsprechend der Wählerstärke der wichtigsten Parteien im Parlament zusammengesetzt ist. Dadurch sind die massgebenden politischen Kräfte der Schweiz in die Regierung eingebunden und tragen Regierungsverantwortung. Eine Konkordanzregierung bewirkt Stabilität, da eine eigentliche Opposition im Parlament fehlt.

Von links: Ueli Maurer (SVP), Micheline Calmy-Rey (SPS), Moritz Leuenberger (SPS), Hans-Rudolf Merz (FDP), Doris Leuthard (CVP), Pascal Couchepin (FDP), Eveline Widmer-Schlumpf (BDP), Corina Casanova (Bundeskanzlerin).

Aufgaben Die Aufgabe des Bundesrates ist das Regieren: das Entwickeln von Ideen und Zielen für die Zukunft, das Umsetzen von Parlamentsbeschlüssen (Vollzug der Gesetze), das Leiten der jeweiligen Departemente, das Verwalten der Finanzen oder die Information der Bevölkerung.

Kollegialitätsprinzip Entscheide des Bundesrates werden von jedem Mitglied nach aussen als Beschlüsse des Kollegiums vertreten, auch wenn es eine andere Meinung hat als die Mehrheit des Bundesrates.

**Bundespräsident /
Bundespräsidentin** Die Bundespräsidentin oder der Bundespräsident wird von der Vereinigten Bundesversammlung jeweils für ein Jahr gewählt. Das Amt beinhaltet keine besonderen Machtbefugnisse. Die Bundespräsidentin oder der Bundespräsident leitet die Bundesratssitzungen und repräsentiert die Schweiz nach aussen.

Die Bundeskanzlerin oder der Bundeskanzler leitet die Bundeskanzlei und unterstützt in dieser Tätigkeit den Bundesrat. Die Hauptaufgaben der Bundeskanzlei sind die Vorbereitung und Koordination der Regierungsgeschäfte und die Information der Bevölkerung über die Absichten und Entscheide des Bundesrates.

Bundeskanzlerin / Bundeskanzler

Die Bundesverwaltung setzt sich aus sieben Departementen zusammen, welche die Regierungspolitik umsetzen. Jedem Departement steht ein Bundesrat vor.

Bundesverwaltung

Die sieben Departemente

EDA	**Eidgenössisches Departement für auswärtige Angelegenheiten**
	Vorsteherin: **Micheline Calmy-Rey** (SPS)
	Das EDA wahrt die Interessen der Schweiz im Ausland. Es gestaltet und koordiniert die schweizerische Aussenpolitik.
UVEK	**Eidgenössisches Departement für Umwelt, Verkehr, Energie und Kommunikation**
	Vorsteher: **Moritz Leuenberger** (SPS)
	Das UVEK sorgt für moderne Verkehrswege, Kommunikations- und Stromnetze. Es sorgt aber auch dafür, dass die Belange der Umwelt respektiert werden.
EVD	**Eidgenössisches Volkswirtschaftsdepartement**
	Vorsteherin: **Doris Leuthard** (CVP)
	Das EVD befasst sich unter anderem mit der Berufsbildung, der Landwirtschaft, der Preisüberwachung und kontrolliert den Wettbewerb.
EDI	**Eidgenössisches Departement des Innern**
	Vorsteher: **Pascal Couchepin** (FDP)
	Das EDI befasst sich zum Beispiel mit der Altersvorsorge, den Sozialversicherungen, der Sucht- und Aidsprävention oder der Rassismusbekämpfung.
EFD	**Eidgenössisches Finanzdepartement**
	Vorsteher: **Hans-Rudolf Merz** (FDP)
	Das EFD ist zuständig für die Finanzpolitik. Darunter fallen auch das Personal, das Bauwesen und die Informatik. Sein Ziel ist ein ausgeglichener Bundeshaushalt.
EJPD	**Eidgenössisches Justiz- und Polizeidepartement**
	Vorsteherin: **Eveline Widmer-Schlumpf** (BDP)
	Das EJPD befasst sich zum Beispiel mit Asylfragen, mit der inneren Sicherheit oder mit der Bekämpfung von Kriminalität.
VBS	**Eidgenössisches Departement für Verteidigung, Bevölkerungsschutz und Sport**
	Vorsteher: **Ueli Maurer** (SVP)
	Das VBS ist zuständig für die Armee, die Sicherheitspolitik, den Bevölkerungsschutz und den Sport.

Das Bundesgericht (Judikative)

Richterlicher Instanzenweg

Das Bundesgericht in Lausanne ist die oberste richterliche Instanz in der Schweiz. Seine Entscheide können an den Europäischen Gerichtshof für Menschenrechte in Strassburg weitergezogen werden.

In der Regel werden Prozesse auf folgendem Instanzenweg behandelt:

Richterlicher Instanzenweg
- Die 1. Instanz bei Prozessen ist das *Amts-* oder *Bezirksgericht.*
- Die 2. Instanz ist danach das *Kantons-* oder *Obergericht.*
- Die 3. und letzte Instanz ist das *Bundesgericht.*

Gerichts- und Prozessarten

	Strafgericht	Zivilgericht	Verwaltungsgericht
Prozess	Strafprozess	Zivilprozess	Verwaltungsprozess
Beteiligte	Staat gegen Privatperson	Privatperson gegen Privatperson	Privatperson gegen Staat
Gesetze	z. B. Strafgesetzbuch Strassenverkehrsgesetz	z. B. Zivilgesetzbuch Obligationenrecht	z. B. kantonales Steuergesetz
Urteil	Schuldig – unschuldig? Strafmass	Wer ist im Recht, wer im Unrecht?	Wurden Gesetze durch Behörden missachtet?
Beispiele	Diebstahl Mord	Vertragsstreitigkeiten Ehescheidung	Falscher Steuerentscheid durch die Steuerbehörde

Verstanden?

4.40 Welches sind die drei Staatsgewalten?

4.41 Was soll mit der Trennung der drei Gewalten erreicht werden?

4.42 Warum werden die Massenmedien als vierte Gewalt bezeichnet?

4.43 Aus wie vielen Räten besteht das Schweizer Parlament?

4.44 Wie viele Nationalratssitze stehen einem Kanton im Minimum zu?

4.45 Nach welchem Wahlsystem wird in der Regel der Nationalrat, nach welchem der Ständerat gewählt?

4.46 Welches sind die vier Hauptaufgaben des Parlaments?

4.47 Welche Bedeutung hat eine Fraktion?

4.48 Warum gibt es parlamentarische Kommissionen, welche die Ratsgeschäfte vorbereiten?

4.49 Was versteht man unter «Vereinigte Bundesversammlung»?

4.50 Was ist eine Session?

4.51 Wie lautet die parteipolitische Zusammensetzung des Bundesrats?

4.52 Nennen Sie drei Aufgaben des Bundesrats.

4.53 Erklären Sie das Kollegialitätsprinzip.

4.54 Wie heissen die sieben Departemente der Bundesverwaltung?

4.55 Welche Aufgaben hat die Bundeskanzlei?

4.56 Welche Bedeutung haben die Entscheide des Bundesgerichts?

4.57 Wie unterscheiden sich die drei Prozessarten?

4.8 Entstehung eines Gesetzes

Der Gesetzgebungsprozess zeigt auf, wie die politischen Akteure zusammenwirken. Der Bundesrat, die Kantone, die Parteien, die Verbände, das Parlament und gegebenenfalls das Volk können bei der Ausgestaltung von Gesetzen mitreden. Aus diesem Grund treten nur neue Gesetze in Kraft, welche breit abgestützt sind.

Ablauf des Gesetzgebungsprozesses

1 **Anstoss:** Üblicherweise sieht entweder der Bundesrat von sich aus ein, dass es ein neues Gesetz braucht, oder das Parlament verlangt es von ihm mittels einer Motion (der Bundesrat wird damit verpflichtet, ein neues Gesetz auszuarbeiten).

2 **Vorentwurf:** Eine vom Bundesrat eingesetzte Gruppe von Fachleuten (Expertenkommission) formuliert einen ersten Gesetzesentwurf.

3 **Vernehmlassung:** Der Vorentwurf wird an die Kantone, die Parteien, betroffene Verbände und weitere interessierte Kreise geschickt. Diese können dazu Stellung nehmen und Änderungsvorschläge machen.

4 **Definitiver Entwurf mit Botschaft:** Die Bundesverwaltung überarbeitet aufgrund der Vernehmlassung den Gesetzesentwurf und schickt den definitiven Entwurf mit einer «Botschaft ans Parlament» zur parlamentarischen Behandlung an den Nationalrat und den Ständerat.

5 **Behandlung in National- und Ständerat:** Der definitive Entwurf wird zu unterschiedlichen Zeiten in beiden Räten behandelt (Erstrat, Zweitrat). Zuerst behandelt die vorberatende Kommission des jeweiligen Rates den Text und stellt Anträge an den Rat. Anschliessend wird das Gesetz im jeweiligen Rat im Detail beraten, und es wird darüber abgestimmt (der Rat kann aber auch Nichteintreten beschliessen oder den Entwurf an den Bundesrat zurückweisen). Falls die Beschlüsse der beiden Räte voneinander abweichen, kommt es zum Differenzbereinigungsverfahren, welches sich auf die strittigen Punkte beschränkt. Findet keine Einigung statt, kommt kein neues Gesetz zustande.

6 **Veröffentlichung mit Referendumsfrist:** Nach der Veröffentlichung des Gesetzes beginnt die Referendumsfrist von 100 Tagen zu laufen.

7 **Volksabstimmung, wenn Referendum ergriffen wurde:** Falls innerhalb von 100 Tagen das Referendum ergriffen wird (50 000 Unterschriften oder 8 Kantone), kommt es zu einer Volksabstimmung.

8 **Inkrafttreten:** Wird das Referendum nicht ergriffen oder stimmt das Volk bei der Volksabstimmung dem neuen Gesetz zu, tritt das neue Gesetz in Kraft.

Verstanden?

4.58 Von wem kommt meistens die Anregung für ein neues Bundesgesetz?

4.59 Welches ist die Aufgabe der Expertenkommission?

4.60 Wer berät und beschliesst neue Gesetze beim Bund?

4.61 Wann gibt es ein Differenzbereinigungsverfahren?

4.62 Warum tritt ein Bundesgesetz frühestens nach 100 Tagen in Kraft?

4.9 Die wichtigsten Aufgaben eines Staates

Ein zivilisiertes Zusammenleben von Menschen ist nur möglich ist, wenn klare Regeln (Gesetze) dafür sorgen, dass die einen (die Stärkeren) ihre Freiheit nicht auf Kosten der anderen (der Schwächeren) ausleben. Die Hauptaufgabe des Staates ist es also, dafür zu sorgen, dass alle auf seinem Gebiet lebenden Menschen in Würde und Freiheit leben können.

Die Bundesverfassung definiert die Aufgaben eines modernen Staates folgendermassen:

Aufgaben des Staates (BV 2)
- Der Staat schützt die Freiheit und die Rechte des Volkes und wahrt die Unabhängigkeit und Sicherheit des Landes.
- Der Staat fördert die Wohlfahrt, die nachhaltige Entwicklung, den inneren Zusammenhalt und die kulturelle Vielfalt des Landes.
- Der Staat sorgt für eine möglichst grosse Chancengleichheit unter den Bürgerinnen und Bürgern.
- Der Staat setzt sich ein für die dauerhafte Erhaltung der natürlichen Lebensgrundlagen und für eine friedliche und gerechte internationale Ordnung.

Wie diese vier Aufgaben des Staates umgesetzt werden, darüber entscheidet die Politik:

Wichtige politische Fragen
- Womit kann die Sicherheit des Landes und jedes Einzelnen garantiert werden? Wie gross muss die Armee sein, wie viel Polizei braucht es? Welche Gesetze sind notwendig?
- Wie viel Sozialstaat wollen wir? Wie gehen wir mit Flüchtlingen und ausländischen Arbeitskräften um?
- Wie garantiert der Staat die Gleichstellung von Mann und Frau? Wie kümmert er sich um die Schwächsten in unserer Gesellschaft?
- Wie viel ist uns unsere Umwelt wert? Wie sieht unser Einsatz für eine friedliche und gerechte Welt aus?

Durch aktive Teilnahme am politischen Leben sind wir «der Staat» und bestimmen mit, wie all diese Fragen beantwortet werden, in welche Richtung wir uns also entwickeln.

Verstanden?

4.63 Warum muss der Staat speziell die Schwächeren in unserer Gesellschaft schützen?

4.64 Was bedeutet: «Wir sind der Staat»?

Das haben Sie in diesem Kapitel gelernt

- **Die Schweiz gestern und heute**
  Wie sich die Schweiz zum heutigen Staat entwickelt hat.

- **Der Bundesstaat Schweiz**
  Welche Staatsformen sich wie unterscheiden.
  Was den föderalistischen Bundesstaat ausmacht.
  Wie sich die Demokratie von der Diktatur unterscheidet.

- **Mitwirkungsrechte und Pflichten**
  Welche Mitwirkungsrechte man in der Schweiz unterscheidet.
  Welche Pflichten Sie als Staatsbürgerin und Staatsbürger haben.

- **Stimmen und Wählen**
  Welches der Unterschied zwischen Stimm- und Wahlrecht ist, und welche Mehrheiten dabei gelten.
  Wie sich Majorzwahl und Proporzwahl unterscheiden.

- **Referendum und Initiative**
  Was der Begriff «Referendum» bedeutet.
  Wann ein obligatorisches Referendum stattfinden muss.
  Wie ein fakultatives Gesetzesreferendum zustande kommt.
  Wie eine Volksinitiative entsteht, und was sie bewirkt.

- **Interessengruppen**
  Welche Bedeutung die Parteien und Verbände in der Politik haben.
  Welche grundsätzlichen Wertvorstellungen man unterscheiden kann.
  Wie sich die Parteien unterscheiden.

- **Gewaltenteilung**
  Wie sich die drei Gewalten im Staat unterscheiden.
  Welche Bedeutung der Gewaltenteilung zukommt.
  Wie das Parlament zusammengesetzt ist, und welche Aufgaben es hat.
  Welchem Departement welcher Bundesrat vorsteht, und welche Aufgaben der Bundesrat hat.
  Welche Bedeutung das Bundesgericht hat.
  Welche Prozessarten man unterscheiden kann.

- **Entstehung eines Gesetzes**
  Wie der Ablauf bei der Entstehung eines neuen Gesetzes aussieht.

- **Die wichtigsten Aufgaben eines Staates**
  Welches die wichtigsten Aufgaben eines Staates sind.
  Warum es «den Staat» braucht.

Wissen anwenden

Hinweis: Die Antworten zu den Fragen, die mit einem Ja oder Nein beantwortet werden können, müssen Sie begründen.

W1 Welches sind Ihrer Meinung nach wichtige Jahreszahlen in der Geschichte der Schweiz?
Wählen Sie aus und begründen Sie Ihre Wahl.

W2 1848 wurde die Schweiz zu einem liberalen Bundesstaat umgestaltet.
Wer wehrte sich dagegen?
Welche Auswirkungen hatte diese Umgestaltung für die Schweiz?

W3 1918 wurde ein landesweiter Generalstreik ausgerufen.
Welche Forderungen stellten die Streikenden?

W4 Die Regierungsform der Schweiz wird als halbdirekte Demokratie bezeichnet. Sie ist also eine Mischform von direkter und repräsentativer Demokratie.
Beschreiben Sie diese Mischform mithilfe von Beispielen.

W5 Unsere Grundrechte sind in der schweizerischen Bundesverfassung festgehalten.
Suchen Sie in der BV neben den erwähnten noch weitere Grundrechte.

W6 Beschaffen Sie sich die Allgemeine Erklärung der Menschenrechte.
Welche dieser Menschenrechte sind Ihrer Meinung nach absolut notwendig, auf welche könnten Sie verzichten?

W7 In einer Mechatronikerklasse mit 20 Lernenden wird ein Klassensprecher gewählt. Der 1. Wahlgang ergab folgende Resultate:

Heinrich: 7 Stimmen
Marlene: 6 Stimmen
Max: 3 Stimmen
Leer: 4 Wahlzettel (unzufrieden mit Auswahl)

Beantworten Sie folgende Fragen:
a) Wie gross ist das absolute Mehr?
b) Wer ist gewählt?
c) Was bewirken die Unzufriedenen mit ihren leeren Wahlzetteln?
d) Wie könnte das Wahlprozedere weitergehen?

W8 Ein obligatorisches Referendum benötigt das doppelte Mehr.

Bei welchem der folgenden Beispiele ist das doppelte Mehr erreicht?

a) Volksmehr: 1 200 000 Ja zu 1 100 000 Nein

Ständemehr: 11 Kantone Ja zu 12 Kantone Nein

b) Volksmehr: 1 200 000 Ja zu 1 100 000 Nein

Ständemehr: 11½ Kantone Ja zu 11½ Kantone Nein

c) Volksmehr: 1 200 000 Ja zu 1 100 000 Nein

Ständemehr: 12 Kantone Ja zu 11 Kantone Nein

W9 Bei der Proporzwahl können Listen abgeändert werden.

Liste 1 – Partei A	Liste 2 – Partei B	Liste 3 – Partei C
Adelbert Alias	Franz Farian	Livio Langenegger
Franz Farian	*Damian Dinkel*	
~~Barbara Breton~~	~~Gabi Glitzer~~	Manuela Mischler
	Damian Dinkel	
Claudia Conzerto	~~Heinz Hummer~~	Nena Nauer
		Nena Nauer
Damian Dinkel	Karin Kunstmann	~~Peter Putzmann~~

a) In welcher Liste wurde kumuliert?

b) In welcher Liste wurde panaschiert?

c) In welcher Liste wurde sowohl kumuliert wie auch panaschiert?

W10 Bei der Ausgestaltung der Gesetze im Parlament drohen unzufriedene Kreise vielfach schon vor der Schlussabstimmung mit dem Referendum.

Warum reicht diese Drohung teilweise bereits aus, damit einzelne Gesetzestexte abgeändert werden?

W11 Initiativen auf Bundesebene verlangen eine Änderung der Bundesverfassung. Inhaltlich sind diesen Volksbegehren wenig Grenzen gesetzt.

Welche Problematiken entstehen daraus?

W12 Die Parteien unterscheiden sich in ihren politischen Grundhaltungen. Formulieren Sie zu folgenden Stichworten eine eher rechtskonservative und eine eher linksliberale Meinung:

a) Gesetzlich vorgeschriebene Mindestlöhne gegen Lohndumping

b) Kauf von neuen Kampfflugzeugen

c) Beitritt der Schweiz zur EU

W13 Der Wähleranteil der verschiedenen Parteien im Nationalrat hat sich in den vergangenen 36 Jahren markant verändert.

Kommentieren Sie den Verlauf für die fünf grössten Parteien.

W14 Besorgen Sie sich via E-Mail Werbematerial einer Partei, eines Verbandes oder einer NGO.

Stellen Sie diese Partei, diesen Verband oder diese NGO mit deren Werthaltungen auf einem Plakat dar.

W15   Arbeitnehmerverbände und Arbeitgeberverbände haben unterschiedliche Interessen.
Wie heisst der Arbeitnehmerverband, wie der Arbeitgeberverband in Ihrer Branche?
Wie vertritt der Arbeitnehmerverband (die Gewerkschaft) Ihre Interessen?

W16   Auch die Kantone sind nach dem Prinzip der Gewaltenteilung organisiert.
Beschreiben Sie die einzelnen Gewalten Ihres Wohnkantons möglichst genau.

W17   Die Massenmedien werden als die vierte Gewalt in einem Staat bezeichnet.
Wie können Massenmedien die politische Meinungsbildung beeinflussen?
Welche Gefahr besteht dabei?

W18   **Das Parlament besteht aus zwei Räten.**
Welche Bedeutung hat der Ständerat?

W19   Verschiedene Institutionen und Interessengruppen können Einfluss auf den Gesetzgebungsprozess nehmen.
Beschreiben Sie, wie deren Einfluss jeweils aussieht:
a) Bundesrat
b) Parteien
c) Verbände
d) Kantone
e) Volk

W20   Im ganzen Kapitel wird der Begriff «der Staat» verwendet.
Was ist für Sie «der Staat»? Welche Aufgaben sollte ein Staat Ihrer Meinung nach übernehmen, wo sollte er sich raushalten?

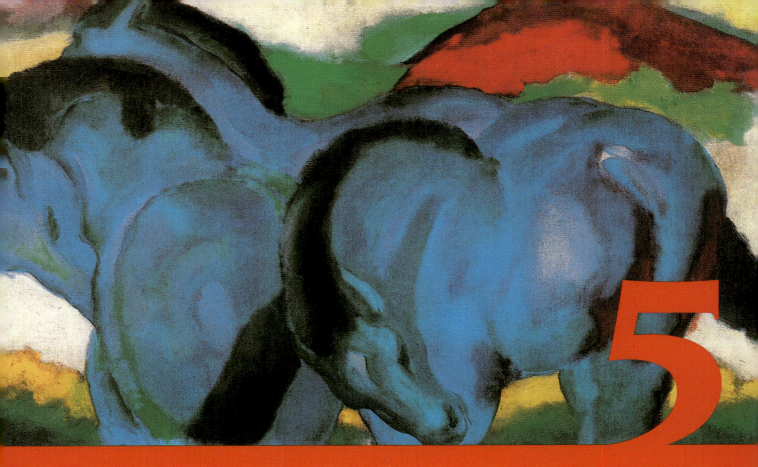

Kultur und Kunst

5

	Einleitung	120
5.1	Kultur	121
5.2	Die Kunst als Kulturform	122
5.3	Bildende Kunst	123
5.4	Darstellende Kunst	132
5.5	Literatur	139
5.6	Musik	143
5.7	Das 20. Jahrhundert im Überblick	148
	Das haben Sie in diesem Kapitel gelernt	150
	Wissen anwenden	151

Einleitung

Das Wort Kultur kommt aus dem Lateinischen (*cultus* = Pflege). Bis ins 19. Jahrhundert wurde der Begriff «Kultur» für die Feldbestellung in der Landwirtschaft verwendet. Will man den Kulturbegriff heute verständlich machen und den Begriff klar eingrenzen, so stellt man die Kultur der Natur gegenüber. Damit gilt als Kultur alles, was der Mensch von sich aus verändert und hervorbringt, während der Begriff «Natur» dasjenige bezeichnet, was von selbst ist, wie es ist. Kultur ist also der geistige Teil menschlichen Schaffens. Kultur umfasst über Kunst und Literatur hinaus auch Lebensformen, Formen des Zusammenlebens, Wertesysteme, Traditionen und Überzeugungen. Wenn wir z.B. sagen, ein Mensch habe Kultur, so ist er meistens gebildet und hat gute Manieren. Der Begriff der Kultur ist insofern eng mit dem Begriff der Zivilisation verwandt.

« Ohne Musik wäre das Leben ein Irrtum. »

Friedrich Nietzsche

« Kunst gibt nicht das Sichtbare wieder, sondern macht sichtbar. »

Paul Klee

5.1 Kultur

Seit es Menschen gibt, werden kulturelle Produkte geschaffen. Man könnte behaupten: Dass der Mensch kulturelle Produkte schafft, mache ihn erst zum Menschen.

Die Kultur umfasst alle vom Menschen mit der Hilfe von Wissen, Können und Techniken hergestellten Produkte. Diese können materieller oder geistiger Art sein.

Kulturelle Unterschiede gibt es innerhalb von Volksgruppen und zwischen Gesellschaften: z. B. Jugendkulturen mit eigenem Slang und eigener Musik oder verschiedene religiöse Kulturen (Christentum, Islam, Judentum usw.), in denen unterschiedliche Bräuche und Rituale gepflegt werden. Menschen sind immer in irgendeiner Form von Kultur umgeben.

Die verschiedenen Elemente der Kultur beeinflussen sich gegenseitig. Die Religion hat Einfluss auf Sitten und Bräuche (z. B. Feste wie Weihnachten), oder technische Entwicklungen verändern die Kunst (z. B. Erfindungen in der Fotografie ermöglichen die Filmkunst).

Verstanden?

5.1 Was ist mit dem Begriff «Kultur» gemeint?

5.2 Wie beeinflussen sich die verschiedenen Elemente der Kultur? Nennen Sie Beispiele.

5.2 Die Kunst als Kulturform

Die Kunst ist ein wichtiger und seit Langem bestehender Teil der Kultur. So gibt es die Malerei seit 30 000 Jahren. Erste Bilder wurden in den Höhlen der Steinzeitmenschen geschaffen.

Kunst bedeutet Fertigkeit und Können. Die Kunst unterscheidet sich von der Natur, weil sie vom Menschen hervorgebracht wird, und von der Technik, weil nicht das Herstellen von praktisch verwertbaren Produkten das Ziel der Kunst ist. Bei Künstlerinnen und Künstlern steht das Wollen im Vordergrund, nicht das Müssen. Sie handeln aus einem inneren Drang heraus, wobei das Geldverdienen eine zweitrangige Rolle spielt.

Die Kunst als Teil der Kultur lässt sich in vier Kunstformen unterteilen:

Kunstformen
- Bildende Kunst
- Darstellende Kunst
- Literatur
- Musik

Höhlenmalerei in Frankreich (Lascaux / Dordogne), entstanden zirka 14 000 vor Christus.

Verstanden?

5.3 Was unterscheidet die Kunst von der Natur und der Technik?	**5.4** Welche vier Kunstformen werden unterschieden?

5.3 Bildende Kunst

In der bildenden Kunst kann unterschieden werden zwischen den zweidimensionalen Künsten Malerei, Grafik und Fotografie sowie den dreidimensionalen Künsten Architektur und Bildhauerkunst.

Bildende Kunst	
Zweidimensionale Kunst	• Malerei • Grafik und Fotografie
Dreidimensionale Kunst	• Architektur • Bildhauerkunst

Eine Museumsbesucherin betrachtet das Werk «unendliche schleife aus einem kreisring 2» von Max Bill im Kunstmuseum Winterthur, 2008.

Malerei

Traditionell wurden bis zum 20. Jahrhundert in der Malerei reale Objekte (z. B.
Menschen, Landschaften oder Stillleben) dargestellt. Um die Bilder der Wirklichkeit so ähnlich wie möglich zu machen, haben die Maler seit Jahrhunderten
zwei Techniken angewendet:

Traditionelle Techniken der Malerei
- Zentralperspektive
- Abbilden und Nachahmen der Wirklichkeit

**Beispiel eines Gemäldes mit Zentralperspektive: Jan van Eyck, Die Madonna des Kanz-
lers Nicholas Rolin, 1437.**

Dreidimensionalität Die Dreidimensionalität eines Bildes wird durch die Zentralperspektive und andere Elemente vorgetäuscht. So ist im Bild von Jan van Eyck die Ausrichtung
der Kacheln auf dem Boden auf einen Punkt in der Mitte des Bildes gerichtet.
Die Gestalten im Vordergrund sind grösser dargestellt, Personen im Hintergrund
kleiner. Objekte überdecken sich, sie werden gestaffelt dargestellt. Entfernte Objekte wirken unscharf, und ihre Farben «verblassen».

Die Malerei des 20. Jahrhunderts

Die Malerei des 18. und 19. Jahrhunderts war bestimmt durch strenge Konventionen und Regeln, die in Kunstschulen erlernt wurden und den Maler in ein Korsett steckten. Traditionell wurden bis zum 20. Jahrhundert in der Malerei reale Objekte dargestellt. Aber schon die Impressionisten (von franz. *impression* = Eindruck) brechen mit der Tradition, indem sie die Wirklichkeit nur als flüchtigen Anblick zeigen.

Konventionen und Regeln

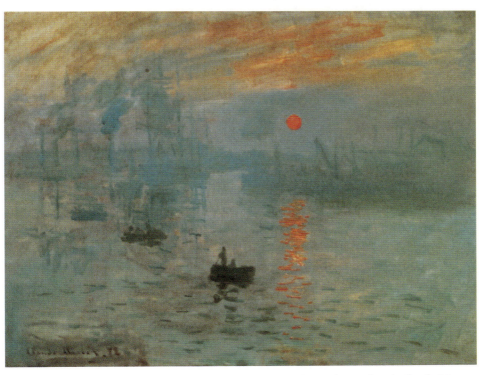

Die Impressionisten brechen als Erste mit der Tradition der realen Malerei: Claude Monet, Impression Sonnenaufgang, 1872.

Mit dem Aufkommen der Fotografie in der zweiten Hälfte des 19. Jahrhunderts konnte die Welt viel genauer und zeitsparender abgebildet werden als mit Pinsel, Farbe und Leinwand. Die Maler suchten neue Herausforderungen, die die Möglichkeiten der Malerei erweiterten. Das Abbilden der Wirklichkeit war keine wichtige Aufgabe mehr für die Maler. Nicht mehr das wahrnehmbare, realistische Äussere, sondern das Innere des Menschen – seine Gefühle, seine Ängste und seine Freuden – sollten dargestellt werden.

Der Blick nach innen

Folgende Richtungen brechen im 20. Jahrhundert mit der Tradition der darstellenden Malerei – zum Teil in revolutionärer Art:

Expressionismus (1905 – 1930)

In der expressionistischen Malerei wird eine neue Ausdrucksform des Gefühls-lebens angestrebt. Es soll die innere Empfindung, die subjektive Wahrnehmung des Malers und nicht eine Illusion der sichtbaren Natur wiedergegeben werden (Ausdruck = *expression*).

Im Expressionismus siegt die Farbe über die realis-tische Darstellung: Franz Marc, Die kleinen blauen Pferde, 1911.

Wichtige Vertreter des Expressionismus
- Ernst Ludwig Kirchner (1880–1938)
- Alexej von Jawlensky (1864–1941)
- Franz Marc (1880–1916)
- Paul Klee (1879–1940)

Kubismus (1907 – 1915)

Der Expressionismus befreite die Farbe, der Kubismus die Form. Das Wort «Ku-bismus» kommt von «Kubus», was Würfel bedeutet. Die Maler suchten nicht nach gegenständlicher Darstellung, sondern wählten abstrakte Formen wie Ku-geln, Kegel, Zylinder oder Pyramiden als Grundmuster.

Im Kubismus wird die Form auf Kuben und Quadrate reduziert: Pablo Picasso, Les Demoiselles d'Avignon, 1907.

Wichtige Vertreter des Kubismus
- Pablo Picasso (1881–1973)
- Georges Braque (1882–1963)
- Juan Gris (1887–1927)
- Fernand Léger (1881–1955)

Abstrakte Malerei (1910–1945)

Eine wichtige Entwicklung in der modernen Kunst löst Wassily Kandinsky aus. Er verbindet Musik und Malerei und versteht seine Gemälde als Kompositionen. Farbe, Form und Rhythmus sollen «die Seele im Betrachter zum Klingen bringen».

Die abstrakte Malerei verzichtet auf naturgetreue oder wiedererkennbare Abbildung von Konkretem: Wassily Kandinsky, Komposition VII, 1913.

Wichtige Vertreterinnen und Vertreter der abstrakten Malerei

- Wassily Kandinsky (1866–1944)
- Piet Mondrian (1872–1944)
- Kasimir Malewitsch (1878–1935)
- Sonia und Robert Delaunay

Dadaismus (1913–1930)

Der Dada war eine internationale Bewegung junger Künstler und Schriftsteller. Sie machten sich mit ihrem Kunstschaffen über die Kunst lustig. Auch die bürgerlichen Werte in Kunst und Gesellschaft wurden von den Dadaisten kritisiert.

Im Dadaismus wird die bisherige Kunst infrage gestellt, indem sie lächerlich gemacht wird: Marcel Duchamp, L.H.O.O.Q., 1919.

Wichtige Vertreter des Dadaismus

- Hans Arp (1887–1966)
- Marcel Duchamp (1887–1968)
- Kurt Schwitters (1887–1948)
- Max Ernst (1891–1976)

Surrealismus (zirka 1920–1930)

Das Wort «Surrealismus» bedeutet «über der Wirklichkeit» oder «jenseits der Wirklichkeit». Der Surrealismus hat zum Ziel, dem Unbewussten Raum zu geben. Es werden – ähnlich wie im Traum oder im Rausch – verschiedene Elemente zusammen kombiniert, die vernünftigerweise nicht miteinander in Verbindung stehen.

© Salvador Dalí, Gala-Salvador Dalí Foundation / 2009, ProLitteris, Zürich

Im Surrealismus wird das Unbewusste in den Schaffensprozess und die Darstellungsart mit einbezogen: Salvador Dalí, Die weichen Uhren, 1931.

Wichtige Vertreter des Surrealismus
- Max Ernst (1891–1976)
- Joan Miró (1893–1983)
- Salvador Dalí (1904–1989)
- René Magritte (1898–1967)

Abstrakter Expressionismus (1940 / 50er-Jahre)

Der abstrakte Expressionismus ist eine emotionale Malerei, die auf Kandinsky gründet und Elemente moderner Malstile weiterverfolgt (z. T. Expressionismus und Surrealismus). Viele Einflüsse gehen von amerikanischen Künstlern aus. Man unterscheidet u. a. Action-Painting und Color-Field-Painting (Farbfeldmalerei).

Im abstrakten Expressionismus sind Farbe, Form und Malweise wichtig: Jackson Pollock bei der Arbeit.

Wichtige Vertreter des abstrakten Expressionismus
- Willem de Kooning (1904–1997)
- Mark Rothko (1903–1970)
- Jackson Pollock (1912–1956)
- Yves Klein (1928–1962)

Pop-Art (1960er-Jahre)

Nach dem Zweiten Weltkrieg entwickelte sich die Weltwirtschaft in grossen Schritten, und die Herstellung von Massenartikeln bestimmte die wirtschaftliche Produktion. Diese Entwicklung nahmen die Künstler der Pop-Art auf und integrierten Motive der Alltagskultur, des Konsums, der Massenmedien und der Werbung in den Kunstzusammenhang.

Die Pop-Art schafft durch Verwendung und Montage bereits vorhandener Objekte neue, an der Konsumwelt orientierte Kunstwerke: Andy Warhol, Marilyn Monroe, 1967.

Wichtige Vertreter der Pop-Art
- Jasper Johns (*1930)
- Andy Warhol (1928–1987)
- Robert Rauschenberg (1923–1997)
- Roy Lichtenstein (1923–1997)

Im 20. Jahrhundert gibt es eine Vielfalt weiterer Malkunstrichtungen, die in diesem Kapitel nicht behandelt wurden. Zusätzlich entstanden Kunstrichtungen, in denen nicht ein Kunstwerk als Endprodukt, sondern Handlungen der Kunstschaffenden im Mittelpunkt stehen. Dazu gehören:

Weitere Kunstrichtungen

Happening	Aktiver Einbezug des Publikums; Denkgewohnheiten und gesellschaftliche Tabus werden hinterfragt.
Land-Art	Landschaft und Natur werden künstlerisch (um)gestaltet (z.B. Verhüllungskünstler Christo).
Performance	Eine Handlung wird aufgeführt (ohne direkte Beteiligung des Publikums).
Installation	Räume werden nach dem Konzept eines Künstlers oder einer Künstlerin mit verschiedensten Materialien gestaltet (z.B. Joseph Beuys).

Grafik

Grafik ist ein Sammelbegriff für alle künstlerischen oder technischen Zeichnungen sowie deren drucktechnische Vervielfältigung. Es wird unterschieden zwischen Handzeichnung und Druckgrafik, die verschiedene Verfahren wie Steinabreibung, Holzschnitt, Kupferstich, Lithografie und Siebdruck umfasst. Zu den grafischen Künsten werden auch Graffiti und die Computerkunst gerechnet.

Beispiel für eine Grafik: Keith Haring, Untitled, 1982.

Fotografie

Die Fotografie hat die Sichtweise der Künstlerinnen und Künstler im späten 19. und im 20. Jahrhundert stark verändert. Erstmals war es technisch für jeden möglich, ein Abbild der Welt und der Menschen zu erstellen. Fotoapparate hielten im Verlauf der 1950er-Jahre Einzug in viele Haushalte und waren Begleiter bei Familienfesten, Ausflügen und Ferien. Fotografie als Kunst hat eine relativ kurze Geschichte.

Balthasar Burkhard, Mexiko, 1999.

Architektur

Die Architektur umfasst die Gesamtheit aller Bauwerke mit künstlerischer Gestaltung. Es kann unterschieden werden zwischen Sakralbauten und Profanbauten. Sakralbauten sind Tempel, Kirchen, Moscheen oder Synagogen. Diese Gebäude dienen religiösen Zwecken. Profanbauten sind Wohn- und Bürohäuser, aber auch öffentliche Gebäude wie Gemeindehäuser, Mehrzweckhallen oder Sportarenen.

Im 20. Jahrhundert hat das Bevölkerungswachstum dazu geführt, dass der bebaubare Boden rar und damit teuer wurde und die Baumeister in die Höhe zu konstruieren begannen. Die Hochhäuser der grossen Städte zeugen von dieser Entwicklung. Neue Materialien wie Stahlbeton, Glas und Kunststoff haben diesen Vorgang ermöglicht und beschleunigt.

Moderne Architektur: Herzog / de Meuron, Olympiastadion Peking, 2008.

Bildhauerkunst

In der Bildhauerkunst wird zwischen Plastik und Skulptur unterschieden.

Die Plastik entsteht durch Antragen oder durch Giessen von weichem Material (z. B. Gips, Ton, Porzellan oder Wachs). Eine Skulptur ist ein dreidimensionales Kunstwerk, das durch Abtragen seine Form bekommt, indem harte Materialien (z. B. Holz, Stein, Elfenbein) geschnitzt oder gemeisselt werden.

Plastiken von Alberto Giacometti (1901–1966).

5.5 Welchen Einfluss hatte die Fotografie auf die Malerei des 20. Jahrhunderts?

5.6 Wie lassen sich die sieben Malkunstrichtungen unterscheiden?

5.7 Welche Unterscheidung macht man in der Architektur?

5.8 Wie unterscheiden sich Plastik und Skulptur?

5.4 Darstellende Kunst

Theaterstücke, Ballett, Opern, Filme und ähnliche Kunstformen können auf der Bühne in einem Theater oder in einem Kino aufgeführt werden. Die Bedeutung des Begriffes «darstellende Kunst» liegt darin, dass diese Künste eine Aufführung verlangen, die vor Publikum stattfindet. Zu den darstellenden Künsten gehören:

Darstellende Kunst	
Schauspielkunst	z.B. Theater, Oper, Operette, Musical
Tanz	z.B. Ballett, Modern Dance
Medienkunst	z.B. Film, Video

Schauspielkunst

Das Theater ist der häufigste Ort, an dem die Schauspielkunst zum Zuge kommt. Die Inszenierung auf der Bühne und der Text einer literarischen Vorlage werden vom Intendanten oder Regisseur aufeinander abgestimmt. Die Kunstformen Literatur und Schauspiel gehen somit eine Verbindung ein.

Opernaufführung in Verona.

«Sprechtheater» ist die Bezeichnung für die mehrheitlich gesprochenen The-   **Sprechtheater**
aterauffführungen (im Unterschied zu Musiktheater und Tanztheater). Dabei
kann es sich um eine Tragödie oder eine Komödie handeln, aber auch um ein
Melodram oder eine Posse.

In Opernaufführungen (ital. *opera* = Werk) werden Elemente des Schauspiels   **Oper**
und der Musik (des Gesangs) verknüpft. Die meisten Teile werden gesungen,
aber es gibt in der Oper auch instrumentale Teile wie die Ouvertüre oder Be-
gleitmusiken.

Auch in der Operette und im Musical werden musikalische und schauspieleri-   **Operette / Musical**
sche Elemente gemischt. Hinzu kommen der Tanz und gesprochene Dialoge.
Leonard Bernstein komponiert 1957 das Musical «West Side Story». Es über-
trägt die Thematik von Romeo und Julia auf das New York der 1950er-Jahre, in
die damalige Jugendszene sich rivalisierender Gangs.
Andrew Lloyd Webber ist einer der erfolgreichsten Komponisten von Musicals.
Er komponierte unter anderem «Jesus Christ Superstar» (1971), «Evita» (1978),
«Cats» (1981) und «Das Phantom der Oper» (1987).
Im Musical «Hair» (1967) werden die Hippie-Bewegung und die Kritik am Viet-
namkrieg thematisiert. Es gilt als eines der erfolgreichsten Musicals und wurde
vom tschechischen Regisseur Miloš Forman im Jahre 1979 verfilmt.

In der Pantomime wird die Handlung ausschliesslich durch Gesten, Bewegun-   **Pantomime**
gen und Gebärden ausgedrückt. Der Stummfilm ist die Blütezeit dieser Kunst,
und Charles Chaplin ist ihr bekanntester Vertreter.

Neben den erwähnten Genres gehören weitere Kleinkunstformen wie z. B. Ka-   **Kleinkunst**
barett, Comedy, Zauberkunst, Varieté und das Marionettentheater in die Kate-
gorie der darstellenden Künste.

Szene aus dem Musical «West Side Story», hier in einer Aufführung von 2008 in Zürich.

Tanz

Ursprünglich hat der Tanz religöse Wurzeln. Moderne Unterkategorien in der Gattung Tanz sind u. a. Ballett, Modern Dance, Jazztanz, Breakdance.

Ballett   Als traditionelles Ballett wird der von Musik begleitete künstlerische Bühnentanz bezeichnet. Aufgrund einer Handlungsgeschichte werden eine Musikkomposition und eine Choreografie erschaffen. Hinzu kommen Bühnenbild, Requisiten und Kostüme. Die Bewegungen sind standardisiert. Die Bewegung steht also im Zentrum dieses Tanzes (nicht der individuelle Körper).

Das Staatsballett Berlin bei einer Aufführung in Berlin.

Modern Dance   Im Modern Dance ist die Beziehung der Bewegungen zur Musik freier.
Eine wichtige Entwicklerin des Modern Dance ist die amerikanische Tänzerin Martha Graham. Sie will nicht mehr dem standardisierten Bewegungsablauf des klassischen Balletts nacheifern, sondern dem Ausdruck von Gefühl den Vorrang geben.
Jazz Dance ist eine aus dem Modern Dance entstandene Form des Tanzes. Er entwickelte sich aus afroamerikanischen Tanzstilen. Der Breakdance, bei dem die Tänzer viel Bodenkontakt haben, verbindet akrobatische mit tänzerischen Elementen.

Breakdance verbindet Akrobatik mit Tanz.

Medienkunst

Als «Medienkunst» wird Kunst bezeichnet, die sich technischer Mittel bedient, mit denen Video-, Film-, Musikaufnahmen und andere Elemente kombiniert werden. Sie umfasst Film, Videos, Internetkunst und auch Hörspiele. Eine zentrale Form ist der Film.

Der Film feiert im 20. Jahrhundert in vielen Formen und aus mehreren Gründen grosse Erfolge. So spricht das Filmerlebnis mehrere Sinne an: Die Zuschauerinnen und Zuschauer sehen bewegte Bilder, die seit jeher eine grosse Faszination ausüben. Töne und Geräusche unterstützen das Gesehene, und mit der Filmmusik werden Bilder und Handlung verstärkt. Wie kaum eine andere Kunstform kann ein Film die Zuschauer fesseln und sie in seinen Bann ziehen. Der Film spricht Gefühle an. **Film**

Zwei Merkmale prägen Spielfilme und machen die Besonderheiten der Filmkunst aus:

Merkmale des Spielfilms
- Montage
- Mise en scène

Mit der Montage ist das Zusammensetzen der einzelnen Filmaufnahmen gemeint. Dieser Vorgang heisst im Englischen «cutting», im Deutschen «Schnitt». Die Montage gibt dem Film den Rhythmus: Kurze, hektische Schnitte sind für eine Actionszene geeignet (z. B. für eine Verfolgungsjagd); lange Filmaufnahmen mit wenig Schnitten für ruhige Übersichten (z. B. über eine Landschaft). **Montage**

Das andere wichtige Gestaltungselement ist die Mise en scène, was den Aufbau des Bildes bezeichnet. Der Regisseur und der Kameramann entscheiden, wie die Grösse der Szene ist, welche Ausstattung und welche Requisiten verwendet werden. Weitere Aspekte der Mise en scène sind die Anordnung und die Bewegung der Schauspieler. **Mise en scène**

Filmregisseur Federico Fellini bei der Arbeit.

Kurzer Überblick über die Filmgeschichte

Anfänge Der Siegeszug der neuen Kunstform beginnt mit den Filmen von **Ende**
Georges Méliès, die aus einem Akt bestehen, zum ersten Mal eine **19. Jh.**
Handlung haben und mit Trickelementen arbeiten (z. B. Überblen-
dungen).

Stummfilm Zu Beginn des 20. Jahrhunderts sind die Filme stumm, d. h., es
gibt keine gesprochenen Dialoge. Es werden Zwischentitel ein-
geblendet. Gelegentlich werden die Filmaufführungen von Live-
Musik (Klavier, kleines Orchester) begleitet. Zwischen 1915 und
1920 entstehen in den USA grosse Filmpaläste. Es entwickelt sich
eine Industrie in Hollywood, was zu Hunderten von Filmproduk-
tionen im Jahr führt.

Charlie Chaplin ist der erste Filmstar und macht jeden Film zum **1900–1926**
Erfolg. Er wird zu Lebzeiten zur Legende. Filme wie «The Kid»
(1921), der die Armut der Waisenkinder zeigt, und «Modern
Times» (1936), in dem der Kampf des Individuums gegen die
Technik und die Fliessbandarbeit ironisch dargestellt werden, sind
heute noch grosse Filmerlebnisse.
Auch in Europa gibt es eine Stummfilmtradition. Fritz Lang dreht
erste Science-Fiction-Filme wie «Metropolis» (1926). In der Sow-
jetunion wird von Sergej Eisenstein in «Panzerkreuzer Potemkin»
(1925) die Revolution von 1905 zum Thema genommen.

Szene aus dem Film «Modern Times» von Charlie Chaplin.

1920er- und 1930er- Jahre

Im Jahr 1926 werden in Amerika die ersten Tonfilme hergestellt. Sehr beliebt sind in den frühen Dreissigerjahren Kriminalfilme und Musicals. Ab Mitte der Dreissigerjahre wird der Stummfilm vom Tonfilm vollständig abgelöst. Viele Stars werden bekannt: Humphrey Bogart, Katharine Hepburn oder Clark Gable.

Tonfilm

Während der Dreissigerjahre ist der märchenhafte und fantastische Film sehr beliebt. (z. B. «King Kong» 1933). Auch Horrorfilme wie «Dracula» (1931) oder «Frankenstein» (1931) sind in dieser Zeit erfolgreich.
In Europa stockt die Filmproduktion im Zweiten Weltkrieg, ausser im nationalsozialistischen Deutschland, wo viele Propagandafilme hergestellt werden.

Fantastischer Film

Der von Walt Disney produzierte Trickfilm «Schneewittchen und die sieben Zwerge» aus dem Jahre 1937 ist einer der ersten Farbfilme. In den Fünfzigerjahren übertrifft die Anzahl der Farbfilme bereits die der Schwarz-Weiss-Produktionen.

Farbfilm

Nach 1945

Nach dem Zweiten Weltkrieg erhält das Kino Konkurrenz vom Fernsehen. Die Produzenten von Filmen setzen auf den Vorteil gegenüber dem kleinen Fernsehbild: grosse Leinwände (Breitwand zirka ab 1953). Historienfilme und Bibelfilme feiern grosse Erfolge, wie «Doktor Schiwago» (1965) oder «Die Bibel» (1966). Der Western, der schon vor dem Ersten Weltkrieg sehr beliebt ist, erlebt in dieser Zeit ein Revival.

Konkurrenz Fernsehen

In den Vierziger- und Fünfzigerjahren entwickelt sich von Italien aus ein Stil, der «Neorealismus» genannt wird. Sehr realistisch, aber auch kritisch wird das Alltagsleben der einfachen Leute gezeigt. Federico Fellinis «La Strada» ist ein Beispiel für diesen Stil. In diesem Film wird das Leben von Zirkusartisten und Aussenseitern dargestellt.
Marlon Brando, James Dean und Marilyn Monroe sind in den Fünfzigerjahren bekannte Stars.

Neorealismus

1960er- und 1970er- Jahre

Vor allem in Frankreich werden sogenannte Autorenfilme erstellt. Der Regisseur ist der Autor eines Films und kann den Film sehr persönlich gestalten. Ein typisches Beispiel ist der Film «Jules und Jim» (1962) von François Truffaut.
In den Siebzigerjahren kritisieren deutsche Regisseure das moderne Deutschland, z. B. Rainer Werner Fassbinder mit «Angst essen Seele auf» (1973). In Amerika drehen die Filmemacher Woody Allen («Manhattan», 1979), Francis Ford Coppola («The Godfather», 1972) und Stanley Kubrick («2001: A Space Odyssey», 1968) künstlerisch hoch stehende Filme, die beeinflusst sind von den Strömungen aus Europa.

Autorenfilme

Szene aus dem Film «Superman III» von 1983.

Spezialeffekte und Katastrophenfilme

In dieser Zeit sind Spezialeffekte und Katastrophenfilme sehr beliebt. Es gibt Comicverfilmungen (z.B. «Superman», 1978; «Batman», 1989) und technisch aufwendige Weltraumfilme (Enterprise-Serie und die Star-Wars-Filme von George Lucas). Der Regisseur Steven Spielberg feiert grosse Erfolge mit so unterschiedlichen Filmen wie «E.T.» (1982), über die Begegnung eines Ausserirdischen mit jungen Menschen und «Schindlers Liste» (1993), der die Verfolgung der Juden im Zweiten Weltkrieg thematisiert.

Sehr erfolgreich war 1997 der Katastrophenfilm «Titanic» mit Leonardo DiCaprio und Kate Winslet, der den Untergang der Titanic mit einer Liebesgeschichte verknüpft.

1980er- und 1990er- Jahre

Verstanden?

5.9 Welches ist das verbindende Element der darstellenden Künste?

5.10 Welche Kunstformen kommen in der Oper und im Musical zusammen?

5.11 Worin unterscheidet sich das Ballett von den neueren Tanzrichtungen?

5.12 Was hat sich in der Filmkunst durch das Fernsehen verändert?

5.5 Literatur

Geschriebene Texte sind ein wichtiger Bestandteil der menschlichen Kultur. Man kann unterscheiden zwischen Sachtexten (z.B. Zusammenfassungen, wissenschaftliche Abhandlungen oder Anleitungen) und literarischen Texten. Literarische Texte werden in ihrer Gesamtheit auch Dichtung oder Belletristik genannt.

Den literarischen Texten ist gemeinsam, dass sie nicht in der Absicht geschrieben sind, dem Leser und der Leserin Informationen zu vermitteln, wie das bei Sachtexten der Fall ist. Literarische Texte sind fiktionale (= erfundene) Texte, die ein Geschehen nicht realitätsgetreu wiedergeben, sondern so, wie es sich zutragen könnte. Realität und Erfundenes können in der Literatur gemischt werden. Die Lesenden wollen durch die Lektüre unterhalten werden, oder es soll ihre Einbildungskraft angeregt werden.

In der Literatur werden drei Gattungen unterschieden:

Gattungen der Literatur	
Epik	Verschiedene Arten von Erzählungen
Dramatik	Theaterstücke mit Inszenierung
Lyrik	Gedichte

Der Schweizer Schriftsteller Max Frisch (1911–1991).

Erzählende Texte (Epik)

Mit Epik sind Texte gemeint, die erzählenden Charakter haben (z. B. Romane, Kurzgeschichten, Märchen). Diese Texte sind in Prosaform verfasst, d. h., die Texte sind fortlaufend, in vollständigen Sätzen geschrieben und geben eine Geschichte wieder.

Es gibt verschiedene Formen erzählender Texte. Diese können aufgrund der Länge unterschieden werden:

Formen erzählender Texte
- Kurze Formen: Witz, Anekdote, Fabel, Sage, Parabel
- Mittlere Formen: Märchen, Kurzgeschichte, Novelle, Legende
- Lange Formen: Roman

Roman Der Roman ist die grosse Form literarischer Erzählungen. Er ist umfangreich, komplex, und es kommen zahlreiche Figuren vor. Verschiedene Romangattungen können unterschieden werden.

Beispiele unterschiedlicher Romangattungen

Ritterroman	«Parzival» von Wolfram von Eschenbach
Fantasyroman	«Die Nebel von Avalon» von Marion Zimmer Bradley
Kriminalroman	«Sakrileg» von Dan Brown
Historischer Roman	«Krieg und Frieden» von Leo Tolstoi
Abenteuerroman	«Robinson Crusoe» von Daniel Defoe
Liebesroman	«Doktor Schiwago» von Boris Pasternak
Bildungsroman	«Der grüne Heinrich» von Gottfried Keller

Beispiel eines erzählenden Textes – *aus «Der kleine Hobbit» von J. R. R. Tolkien, übersetzt von Walter Scherf*

«Als Bilbo seine Augen öffnete, fragte er sich, ob er sie wirklich offen hatte, denn es war genauso dunkel, als hätte er sie noch geschlossen gehalten. Niemand war bei ihm. Stellt euch seine Angst vor! Er konnte nichts hören, nichts sehen, und er konnte nichts fühlen ausser den Steinen auf dem Boden. Er erhob sich langsam und kroch auf allen vieren umher, bis er die Wand des Stollens berührte. Aber dort konnte er nichts finden: gar nichts, keine Spur von Orks, keine Spur von Zwergen. Sein Kopf schwamm vor Benommenheit und er hatte keine Ahnung, in welcher Richtung sie gelaufen waren, als er seinen Sturz tat. Auf gut Glück kroch er ein ordentliches Stück weiter, bis seine Hand plötzlich auf dem Boden des Stollen etwas liegen fand – etwas, das sich wie ein dünner Ring aus einem kalten Metall anfühlte. Und das war ein Wendepunkt in seinem Leben. Aber er wusste es nicht. Er steckte den Ring in seine Tasche, ohne sich Gedanken zu machen. Sicherlich, im Augenblick schien dieses Etwas zu nichts nütze zu sein. Er ging auch nicht viel weiter, setzte sich auf den kalten Boden und gab sich völlig seinem grenzenlosen Elend hin. Wie schön könnte ich jetzt zu Hause Eier und Schinken in meiner Küche backen, dachte Bilbo, denn sein Magen sagte ihm, dass es höchste Zeit für eine Mahlzeit wäre. Aber das machte ihn nur noch elender.»

© der deutschen Übersetzung: 1974, Deutscher Taschenbuch Verlag, München

Dramatische Texte (Dramatik)

Drama ist der Oberbegriff für alle Arten von Theaterstücken. Das Wort «Drama» bedeutet «Handlung». Im Drama wird durch Dialog und Monolog der Figuren ein Konflikt entwickelt. Es besteht aus einer spannungsvollen Entwicklung, die bis zu einem Höhepunkt steigt und dann wieder abfällt. Auf der Bühne wird das Geschehen erlebbar: Das Drama wird zur dargestellten Kunst, wie wir sie weiter oben kennengelernt haben.

Formen des Dramas
- Tragödie: klassische Tragödie, bürgerliches Trauerspiel
- Komödie: Lustspiel, Schwank
- Schauspiel: Volkstheater
- Moderne Dramenformen: episches, absurdes, groteskes und dokumentarisches Drama

Beispiel eines dramatischen Textes – *aus «Der Besuch der alten Dame» von Friedrich Dürrenmatt*

Der Butler: 1910 war ich der Richter und ihr die Zeugen. Was habt ihr geschworen, Ludwig Sparr und Jakob Hühnlein, vor dem Gericht in Güllen?

Die Beiden: Wir hätten mit Klara geschlafen, wir hätten mit Klara geschlafen.

Der Butler: So habt ihr vor mir geschworen. Vor dem Gericht, vor Gott. War dies die Wahrheit?

Die Beiden: Wir haben falsch geschworen, wir haben falsch geschworen.

Der Butler: Warum, Ludwig Sparr und Jakob Hühnlein?

Die Beiden: Ill hat uns bestochen, Ill hat uns bestochen.

Der Butler: Womit?

Die Beiden: Mit einem Liter Schnaps, mit einem Liter Schnaps.

C. Zachanassian: Erzählt nun, was ich mit euch gemacht habe, Koby und Loby.

Die Beiden: Die Dame liess uns suchen, die Dame liess uns suchen.

Der Butler: So ist es. Claire Zachanassian liess euch suchen [...] und sie fand euch. Was hat sie dann mit euch gemacht?

Die Beiden: Kastriert und geblendet, kastriert und geblendet.

Der Butler: Dies ist die Geschichte: Ein Richter, ein Angeklagter, zwei falsche Zeugen, ein Fehlurteil im Jahre 1910.

Ill: (stampft auf den Boden) Verjährt, alles verjährt! Eine alte, verrückte Geschichte.

Der Butler: Was geschah mit dem Kind, Klägerin?

C. Zachanassian: (leise) Es lebte ein Jahr.

Der Butler: Was geschah mit Ihnen?

C. Zachanassian: Ich wurde eine Dirne.

Der Butler: Weshalb?

C. Zachanassian: Das Urteil des Gerichts machte mich dazu.

Der Butler: Und nun wollen Sie Gerechtigkeit, Claire Zachanassian?

C. Zachanassian: Ich kann sie mir leisten. Eine Milliarde für Güllen, wenn jemand Alfred Ill tötet.

Totenstille

Lyrische Texte (Lyrik)

Allgemein ist Lyrik alles in Gedichtform Geschriebene und Überlieferte. Lyrik ist die subjektivste Gattung literarischer Texte und sehr formenreich. Die lyrische Form ist meist kurz, eine Gliederung erfolgt in Verse und Strophen.

Das Vorhandensein eines Versmasses und eines Reims wurde zwar bis ins 20. Jahrhundert bei der Identifizierung eines lyrischen Textes angenommen, moderne Gedichte bestehen jedoch auch aus freien Versen mit freien Rhythmen. Wichtig bleiben Rhythmus, Bildhaftigkeit und Musikalität des Gedichtes. Die Nähe zur Musik ist durch diese Elemente sehr gross.

Beispiele lyrischer Texte

«Herbsttag»
von Rainer Maria Rilke

Herr: es ist Zeit. Der Sommer war sehr gross.
Leg deinen Schatten auf die Sonnenuhren,
und auf den Fluren lass die Winde los.

Befiehl den letzten Früchten voll zu sein;
gib ihnen noch zwei südlichere Tage,
dränge sie zur Vollendung hin und jage
die letzte Süsse in den schweren Wein.

Wer jetzt kein Haus hat, baut sich keines mehr.
Wer jetzt allein ist, wird es lange bleiben,
wird wachen, lesen, lange Briefe schreiben
und wird in den Alleen hin und her
unruhig wandern, wenn die Blätter treiben.

«Das Liebespaar» von Octavio Paz,
übersetzt von Hans Magnus Enzensberger

Sie liegen im Gras
ein Mann und ein Mädchen
Sie essen Orangen, sie tauschen Küsse
wie die Wellen tauschen sie ihren Schaum.

Sie liegen am Strand
ein Mann und ein Mädchen
Sie essen Zitronen, sie tauschen Küsse
wie die Wolken tauschen sie ihren Hauch.

Sie liegen in der Erde
ein Mann und ein Mädchen
Sie sagen nichts, sie küssen sich nicht
sie tauschen Schweigen um Schweigen ein.

© Suhrkamp Verlag, Frankfurt am Main, 1990

Verstanden?

5.13 Welches ist der Unterschied von Sachtexten zu literarischen Texten?

5.14 Welche Formen epischer Texte kann man unterscheiden?

5.15 Worin unterscheidet sich das Drama von der Epik?

5.16 Wie hat sich die Lyrik im 20. Jahrhundert verändert?

5.6 Musik

Musik ist die Bezeichnung für die Tonkunst. Musik ist universell: Alle bekannten Gesellschaften und Kulturen der Welt kennen Formen von Musik.

Gestaltungselemente der Musik	
Rhythmus	Ordnung und Gliederung des zeitlichen Verlaufs von Klängen
Melodie	Folge von Tönen in Bezug zu Tonhöhe und Tondauer
Harmonie	Zusammenklang verschiedener Töne
Klangfarbe	Schallspektrum eines Instruments, bestimmt durch Tonhöhe und -dauer, Obertöne und Lautstärke

Erneuerung der klassischen Musik im 20. Jahrhundert

Die klassische Musik des 17.–19. Jahrhunderts war tonal und sehr melodiös. In dieser Zeit lassen sich folgende Musikepochen unterscheiden:

Epochen der klassischen Musik	
17. Jahrhundert **Barock**	Johann Sebastian Bach (1685–1750) Antonio Vivaldi (1678–1741) Georg Friedrich Händel (1685–1759)
18. Jahrhundert **Klassik**	Joseph Haydn (1732–1809) Wolfgang Amadeus Mozart (1756–1791) Ludwig van Beethoven (1770–1827)
19. Jahrhundert **Romantik**	Franz Schubert (1797–1828) Robert Schumann (1810–1856) Frédéric Chopin (1810–1849)

Die Komponisten und die Maler standen zu Beginn des 20. Jahrhunderts in regem Austausch miteinander und haben sich gegenseitig beeinflusst. Daraus ergaben sich wie in der Malerei und in der Literatur auch in der Musik des 20. Jahrhunderts Erneuerungen. Im Gegensatz zur klassisch-romantischen Musik entwickeln die Komponisten zu Beginn des 20. Jahrhunderts atonale Musik.

Auch trugen die Erfindung der Schallplatte und der Rundfunktechnik zur Popularisierung der Musik bei. War es früher der Oberschicht vorbehalten, sich einen Konzertbesuch zu leisten, kamen nun mehr Menschen günstig in den Genuss von Musik.

Erneuerung der klassischen Musik

Erneuerer der klassischen Musik
- Arnold Schönberg (1874–1951) kreiert die Zwölftonmusik.
- Alban Berg (1885–1935) verzichtet ebenfalls auf die Tonalität und schafft mit «Wozzeck» (1921) eine der berühmtesten Opern der «Neuen Musik».
- Igor Strawinsky (1882–1971) verwendet Elemente aus Jazz und Ragtime. Er verursacht mit «Le Sacre du Printemps» (1910) einen Theaterskandal.
- Karlheinz Stockhausen (1928–2007) gehört zur musikalischen Avantgarde des 20. Jahrhunderts. Er integriert elektronische Geräte in seine Kompositionen.
- John Cage (1912–1992) wendet sich von der seriellen Musik ab und entwickelt einen Stil, bei dem Alltagsgeräusche und nach dem Zufallsprinzip kombinierte Elemente integriert werden.

Musikstile im 20. Jahrhundert

Die populären Musikformen sind im 20. Jahrhundert zu einer allgegenwärtigen Erscheinung des Lebens geworden. Es sind viele Musikformen entstanden, von denen die wichtigsten hier kurz vorgestellt werden.

Jazz   Der Jazz wurde von den Nachkommen der Sklaven in den USA entwickelt. Improvisation und das Zusammenspiel von Kollektiv und Einzelmusikern (Solo) spielen eine zentrale Rolle.

Wichtige Vertreter des Jazz
- Louis Armstrong (1901–1971)
- Miles Davis (1926–1991)

Der Jazz-Sänger und -Trompeter Louis Armstrong (1901–1971).

Das Wort «Blues» ist von der englischen Beschreibung «I've got the blues» oder «I feel blue» (ich bin traurig) abgeleitet. Die Musik wurde ähnlich wie der Jazz von verschleppten Sklaven aus Afrika in den amerikanischen Südstaaten entwickelt.

Blues

Wichtige Vertreter des Blues
- B.B. King (*1925)
- John Lee Hooker (1917–2001)

Der Rock'n'Roll (R'n'R), der ab Mitte der Fünfzigerjahre sehr erfolgreich wird, verbindet Elemente des schwarzen Rhythm and Blues mit der weissen Countrymusic.

Rock'n'Roll

Wichtige Vertreter des Rock'n'Roll
- Chuck Berry (*1926)
- Elvis Presley (1935–1977)

Die Beatmusik revolutioniert, von England ausgehend, in den Sechzigerjahren die Jugendkultur. Die Musik ist melodiöser, die Texte sind poetischer als im Rock'n'Roll. Durchgehend gibt es den gleichen Rhythmus (Beat).

Beat

Wichtige Vertreter des Beat
- The Beatles (1960–1970)
- The Who (1964–1983)
- Rumpelstilz (1971–1989)

Die Beatles 1965 bei einem Auftritt in Paris.

Die Berner Band Züri West 2008 anlässlich eines Konzertes im Stade de Suisse in Bern.

Rock   Aus der Beatmusik und dem R'n'R entwickelte sich die Rockmusik, deren erste Vertreter die Rolling Stones waren. Die E-Gitarre ist zentrales Instrument der Bands (z. B. Jimi Hendrix). Der Rock ist rhythmusbetonter als Beatmusik. Es gibt sehr viele Stile im Rock, die sich stark unterscheiden: Folkrock, Jazzrock, Electronicrock, Classic Rock, Artrock, Hardrock, Metal Rock.

Wichtige Vertreter des Rock

- Jimi Hendrix (1942 – 1970)
- The Rolling Stones (*1962)
- Pink Floyd (*1964)
- Led Zeppelin (*1968)
- Metallica (*1981)
- Züri West (*1984)

Disco   Disco ist die Abkürzung für «Discothèque», was einen Nachtclub bezeichnet. In den Siebzigerjahren entwickelt sich ein Musikstil, der sehr tanzbar und eingängig ist. Im Disco-Sound sind Elemente des Rock, Soul und Funk vermengt.

Wichtige Vertreter des Disco

- Boney M. (*1975)
- ABBA (1972 – 1982)

Punk   Das englische Wort «punk» bedeutet «miserabel, nichts wert». Es ist eine Richtung des Rock, die sich in den Siebzigerjahren von New York und London aus entwickelte. Die Musik ist stark verbunden mit der Kultur der Punks, die bürgerliche Werte und staatliche Bevormundung ablehnen. Aggressive Songs mit einfachen Harmonien und rebellisch-zynischen Texten charakterisieren die Punkmusik.

Wichtige Vertreter des Punk

- Sex Pistols (1975 – 1978)
- The Clash (1976 – 1985)

«Pop» ist ein Sammelbegriff für alle Arten von populärer, von vielen Menschen **Pop**
gehörter Musik verschiedener Stilrichtungen. Es ist sogenannte Unterhaltungs-
und Tanzmusik. In diesem Sinn sind die meisten der hier genannten Musikstile
seit den Sechzigerjahren Popmusik. Die Musikfilme tragen zur Popularität der
Musik bei, und die Musikvideos sind untrennbar mit der modernen Entwicklung der Popmusik verbunden.

Wichtige Vertreter der Popmusik
- Michael Jackson (*1958)
- Madonna (*1958)

Zahlreiche Musikelemente werden im Reggae vermengt: Rhythm and Blues, **Reggae**
Soul, Blues, afrikanische Folklore und Calypso. Entstanden auf der karibischen
Insel Jamaika, ist der Reggae stark beeinflusst vom Ska, einer in den späten
Fünfzigerjahren entstandenen Tanzmusik. Typisch ist der Offbeat, bei dem Gi-
tarre, Keyboard oder Bläser die zweite und vierte Taktzeit betonen.

Wichtige Vertreter des Reggae
- Bob Marley & The Wailers (1945–1981)
- Jimi Cliff (*1948)

Techno ist eine Form der Popmusik, die bei einem $^4/_4$-Takt jedes Taktviertel be- **Techno / House**
tont. Das Tempo ist sehr hoch. Die Musik wird mit elektronischen Musikinstru-
menten wie Synthesizer, Sampler und Drumcomputern erzeugt und ist generell
Instrumentalmusik. «House» hat seinen Namen vom Club «The Warehouse» in
Chicago, in dem diese Form des Techno erstmals aufgelegt wurde.

Wichtige Vertreter des Techno
- Kraftwerk (*1970)
- Daft Punk (*1993)

Rap bezeichnet rhythmischen Sprechgesang, der heute nicht nur im Hip-Hop, **Rap / Hip-Hop**
sondern auch in anderen Musikstilen eingesetzt wird. Rap wird in den Siebziger-
jahre populär. Er wird von afroamerikanischen Jugendlichen entwickelt. Zusammen mit dem durch «Scratching» (Hin- und Herbewegen der Schallplatte auf
dem Plattenteller) erzeugten «Loops» (Wiederholung einiger Takte), entstehen
Musikstücke. Die Texte beinhalten ursprünglich politische und soziale Themen.

Wichtige Vertreter des Hip-Hop
- Grandmaster Flash (*1958)
- Eminem (*1972)

Verstanden?

5.17 Wie unterscheidet sich die klassische Musik des 20. Jahrhunderts
von der klassischen Musik des
17.–19. Jahrhunderts?

5.18 Welche Neuerungen haben die
Komponisten des 20. Jahrhunderts
eingeführt?

5.19 Was bezeichnet der Begriff «Pop»?

5.7 Das 20. Jahrhundert im Überblick

	1900–1910	1910–1920	1920–1930	1930–1940
Politik	• Imperialismus	• Erster Weltkrieg • Oktoberrevolution in Russland • Gründung des Völkerbundes	• Börsencrash, Weltwirtschaftskrise	• Spanischer Bürgerkrieg • Weltwirtschaftskrise, Massenarbeitslosigkeit • Nationalsozialismus • Beginn des Zweiten Weltkrieges
Wissenschaft und Technik	• Traumdeutung und Psychoanalyse von Sigmund Freud • Erster Motorflug	• Albert Einstein: Allgemeine Relativitätstheorie • Amundsen erreicht als erster Mensch den Südpol	• Erste Rundfunkübertragung (Radio) • Erfindung des Fernsehens • Lindbergh überquert den Atlantik nonstop	• Entdeckung der Kernspaltung
Bildende Kunst	• Kubismus: Pablo Picasso	• Abstrakte Malerei: Wassily Kandinsky	• Surrealismus: Salvador Dalí • Dadaismus: Marcel Duchamp	• Pablo Picasso: «Guernica»
Darstellende Kunst / Film	• Erster Kurzfilm: «Der grosse Eisenbahnraub»	• Erfolgreichster Film der Stummfilmzeit: «Die Geburt einer Nation»	• Bertolt Brecht: «Dreigroschenoper»	• Charles Chaplin: «Modern Times»
Literatur	• Thomas Mann: «Die Buddenbrooks» • Rainer Maria Rilke: «Herbsttag»	• Franz Kafka: «Die Verwandlung»	• Hermann Hesse: «Siddhartha» • Erich Maria Remarque: «Im Westen nichts Neues»	• Robert Musil: «Der Mann ohne Eigenschaften» • Ödön von Horváth: «Jugend ohne Gott»
Musik	• Gustav Mahler, Sinfonien	• Igor Strawinsky: «Le Sacre du Printemps»	• Arnold Schönberg: Zwölftontechnik	• Big Band Swing: Louis Armstrong, Benny Goodman, Count Basie
Jugendkulturen	• Wandervogel-Bewegung			• Swingjugend

1940–1950	1950–1960	1960–1970	1970–1980	1980–1990	1990–2000
• Gründung der UNO • Erklärung der Menschenrechte • Beginn Dekolonisation • Beginn des Kalten Krieges	• Gründung der EWG • Revolution in Kuba	• Vietnamkrieg • Prager Frühling • 68er-Unruhen • Ende der Rassentrennung in den USA	• Ölkrise • RAF in Deutschland	• Fall der Berliner Mauer	• Wiedervereinigung Deutschlands • Auflösung der Sowjetunion • Bürgerkrieg in Ex-Jugoslawien • Völkermord in Ruanda
• Entwicklung der Atombombe	• DNA-Struktur wird entdeckt • Erster Erdsatellit: Sputnik 1 • Erster digitaler Computer	• Erster Mensch im Weltall • Antibabypille • Erste Menschen auf dem Mond	• Erste PC	• Reaktorkatastrophe in Tschernobyl	• Mobiltelefonie • das World Wide Web wird zur Nutzung freigegeben
• Abstrakter Expressionismus: Jackson Pollock	• Alberto Giacometti schafft seine Plastiken	• Pop-Art: Andy Warhol	• Jean Tinguely: «Carnaval» (Fasnachtsbrunnen in Basel)	• Grafik: Keath Haring • Fotografie: Balthasar Burkhard	• Videoinstallationen: Pipilotti Rist
• «Casablanca» mit Humphrey Bogart und Ingrid Bergman	• Alfred Hitchcock: «Das Fenster zum Hof»	• «Hair» (Musical) • Stanley Kubrick: «2001: A Space Odyssey»	• George Lucas: «Star Wars» • Miloš Forman: «Einer flog über das Kuckucksnest»	• Steven Spielberg: «E.T.» • Wolfgang Petersen: «Das Boot»	• Steven Spielberg: «Schindlers Liste» • Quentin Tarantino: «Pulp Fiction»
• Stefan Zweig: «Die Schachnovelle» • Anna Seghers: «Das siebte Kreuz»	• Friedrich Dürrenmatt: «Der Richter und sein Henker» • Max Frisch: «Biedermann und die Brandstifter»	• Heinrich Böll «Ansichten eines Clowns» • Ingeborg Bachmann: «Das dreissigste Jahr»	• Elfriede Jelinek: «Die Liebhaberinnen» • Peter Handke: «Die Angst des Tormanns beim Elfmeter»	• Patrik Süskind «Das Parfüm» • Thomas Bernhard: «Der Untergeher»	• Robert Schneider: «Schlafes Bruder» • «Slam Poetry» entsteht
• Bebop (Jazz): Dizzy Gillespie, Charlie Parker, Thelonious Monk • Cool Jazz: Miles Davis	• Rock'n'Roll • Schlagermusik	• Gründung der Beatles • Gründung der Rolling Stones • Woodstock-Festival	• Soul und Funk • Rap und Hip-Hop • Disco-Music • Punk und New Wave	• Techno und House • R&B	• Grunge • Trip-Hop
	• Rocker • Teddy Boys	• Hippies	• Punks	• Popper • Techno-House-Szene	• Hip-Hopper • Rapper

Das haben Sie in diesem Kapitel gelernt

- **Kultur**
  Welche Gebiete die Kultur umfasst.

- **Die Kunst als Kulturform**
  In welche Teilbereiche man die Kunst unterteilen kann.

- **Bildende Kunst**
  Wie sich zweidimensionale und dreidimensionale Kunst unterscheiden.
  Warum die Maler im 20. Jahrhundert neue Herausforderungen suchten, und was ihnen wichtig wurde.
  Wie die verschiedenen Hauptrichtungen der Malerei im 20. Jahrhundert heissen, und welche Hauptmerkmale diese Richtungen charakterisieren.
  Was der Begriff «Grafik» bedeutet, und welche verschiedenen Druckverfahren es gibt.
  Was Profan- und Sakralbauten sind.
  Wie sich die Plastik von der Skulptur unterscheidet.

- **Darstellende Kunst**
  Welche Formen darstellender Kunst es gibt.
  Welche Elemente Theater, Oper und Musical verbinden.
  Welches der Unterschied zwischen dem klassischen Ballett und den modernen Tanzformen ist.
  Welche Bereiche die Medienkunst umfasst.
  Wie die Filmgeschichte im 20. Jahrhundert verlaufen ist.

- **Literatur**
  Welche Arten epischer Texte es gibt.
  Was das Drama mit der darstellenden Kunst verbindet.
  Was mit Lyrik gemeint ist.

- **Musik**
  Welche Entwicklung die klassische Musik im 20. Jahrhundert eingeschlagen hat.
  Welche globalen Musikstile im 20. Jahrhundert wichtig waren, und wie sie sich unterscheiden.

Wissen anwenden

W1 Kunst ist ein Unterbegriff von Kultur.
Beschreiben Sie, wie sich die Kunst von anderen Teilen der Kultur beinflussen lässt.

W2 Es können vier Kunstformen unterschieden werden.
Zeigen Sie an Beispielen auf, wie die verschiedenen Kunstformen ineinander greifen, welche Kunstobjekte sogar von einer Kunstform in die andere übertragen werden.

W3 Sie besuchen ein Kunstmuseum.
a) Untersuchen Sie, welchen Stilen die ausgestellten Bilder zuzuordnen sind.
b) Beschreiben Sie zwei Bilder aus verschiedenen Stilen und vergleichen Sie die Eigenschaften dieser Bilder.
c) Beschreiben Sie die Art und Weise, wie die Realität dargestellt wird.
d) Schildern Sie den Eindruck, den ein abstraktes Bild bei Ihnen auslöst.

W4 Auch die Fotografie ist ein Teil der Kunst.
a) Erstellen Sie mit einem Fotoapparat (oder Handy) ein Foto, das künstlerischen Charakter hat. Erläutern Sie einem Kollegen, welche Eigenschaften der Fotografie künstlerisch sind.
b) Fotografieren Sie zwei architektonisch wertvolle Gebäude in Ihrem Wohnort und charakterisieren Sie den Baustil und die Funktion.

W5 Lesen Sie einen Roman oder einen anderen epischen Text Ihrer Wahl.
a) Untersuchen Sie die Art der Erzählung.
b) Interpretieren Sie den Text auf dem Hintergrund der Zeit, in der er geschrieben wurde.
Informieren Sie sich zu diesem Zweck im Internet über die Autorin oder den Autor.

W6 Besuchen Sie eine Theateraufführung oder schauen Sie sich einen Film an.
a) Charakterisieren Sie die Hauptdarsteller der Theateraufführung, des Filmes.
b) Fassen Sie den Inhalt des Stückes, des Filmes in 8 bis 12 Sätzen zusammen.

W7 Lesen Sie die beiden in diesem Kapitel abgedruckten Gedichte.
Zeigen Sie auf, mit welchen sprachlichen Verdichtungen die Autoren Bilder erzeugen und Gefühle ansprechen.

W8   Musik ist in unserem Leben allgegenwärtig.

a) Protokollieren Sie an zwei Tagen alle Anlässe in Ihrem Alltag, an denen Musik vorkommt. Vergleichen Sie das Protokoll mit einem Kollegen und besprechen Sie die Funktionen, die die Musik in unserem Leben einnimmt.

b) Ordnen Sie fünf ausgewählte Musikstücke den entsprechenden Musikstilen zu.

W9   Die Seiten 148 / 149 versuchen einen Überblick über das 20. Jahrhundert zu geben.
Gestalten Sie mithilfe der gleichen Kategorien einen Überblick über das erste Jahrzehnt des 21. Jahrhunderts.

Die Schweiz in Europa und der Welt

Einleitung   154

6.1   Globalisierung   155
6.2   Die Europäische Union (EU)   159
6.3   Die Schweiz innerhalb Europas   168

      Das haben Sie in diesem Kapitel gelernt   172
      Wissen anwenden   173

Einleitung

Filme aus Hollywood, Kleider aus Indien, Kaffee aus Zentralamerika, Öl aus Saudi-Arabien, Ferien in Kenia. Die Länder der Erde sind wirtschaftlich, politisch und kulturell eng miteinander verflochten. Diese Verflechtung mit gegenseitigen Abhängigkeiten hat in den letzten Jahrzehnten stetig zugenommen.

Die Schweiz als Kleinstaat mit fast keinen eigenen Rohstoffen hat ein grosses Interesse an dieser Zusammenarbeit. Durch ihre geografische Lage mitten in Europa kommt dem Verhältnis zu ihren europäischen Nachbarn und im Besonderen mit der Europäischen Union eine Sonderstellung zu. Mit bilateralen Verträgen versucht unser Land, möglichst gute, partnerschaftliche Lösungen mit der Europäischen Union zu finden.

« *Die Einigung Europas gleicht dem Versuch, ein Omelett zu backen, ohne Eier zu zerschlagen.* »

Paul Lacroix

« *Die Nationen machen Europa aus, ihre Kultur, ihre Sprache, ihre Unterschiede und ihre Gemeinsamkeiten, und diese Nationen sind viel älter als die Nationalstaaten.* »

Joschka Fischer

6.1 Globalisierung

Die verschiedenartigsten Medien lassen uns jeden Tag die ganze Welt sehen, mit unterschiedlichsten Transportmitteln ist praktisch jeder Punkt der Erde innert weniger Stunden oder Tage erreichbar. Die Globalisierung wird hier spürbar. Die Welt wächst zusammen, die weltweite Verflechtung wird immer engmaschiger. Auf verschiedensten Gebieten (z. B. Politik, Kultur, Umwelt) wird global (= weltweit) zusammengearbeitet. Besonders weit fortgeschritten ist die Zusammenarbeit in der Wirtschaft.

Wirtschaftliche Globalisierung

Die Globalisierung der Wirtschaft hat sich in den letzten Jahren beschleunigt. Besonders eindrücklich ist dies an der Zunahme des grenzüberschreitenden Warenhandels zu sehen:

Zunahme des Warenhandels

Diese Entwicklung ist auf den weltweiten Abbau von Handelsschranken zurückzuführen. So wurden in den letzten Jahrzehnten die Zölle gesenkt sowie der freie Güter-, Personen- und Kapitalverkehr gefördert. Zudem wurden die Transportmöglichkeiten schneller und günstiger.

Der globalisierte Gütermarkt hat zu einer weltweiten Spezialisierung geführt. Waren werden dort produziert, wo die Produktionsfaktoren günstig sind, gute Infrastruktur oder viel Know-how vorhanden ist. Jedes Land spezialisiert sich somit auf bestimmte Wirtschaftszweige.

Abbau von Handelsschranken

Globalisierung der Finanzmärkte

Neben dem Gütermarkt hat sich auch ein weltumspannender Finanzmarkt entwickelt. Rund um die Uhr werden weltweit Kredite vergeben oder Devisen und Aktien gehandelt. Diese weltweite Vernetzung wird uns durch die Finanzmarktkrise seit 2007 schmerzlich vor Augen geführt: Eine Hypothekenkrise in den USA brachte die globale Finanzwelt und mit ihr die gesamte Wirtschaft in arge Schwierigkeiten. Renommierten Finanzinstituten und ganzen Industriezweigen muss mit Staatsgeldern unter die Arme gegriffen werden.

Globale Handelsblöcke

Im Zuge der wirtschaftlichen Globalisierung entstanden grosse Handelsblöcke. Ein solcher Block ist die EU, mit welcher die Schweiz wirtschaftlich eng verbunden ist.

Ziel eines jeden Wirtschaftsraumes ist es, die Wirtschaft der teilnehmenden Länder zu stärken. Zudem soll auch die Konkurrenzfähigkeit gegenüber den anderen Blöcken aufrechterhalten werden.

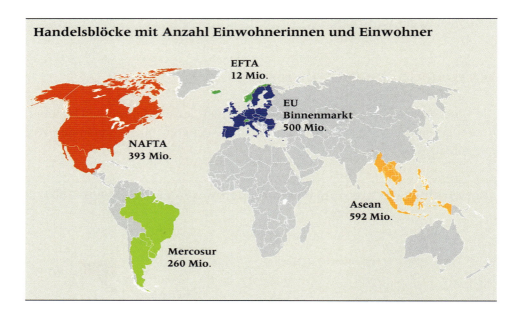

Handelsblöcke mit Anzahl Einwohnerinnen und Einwohner

EFTA 12 Mio.

EU Binnenmarkt 500 Mio.

NAFTA 393 Mio.

Asean 592 Mio.

Mercosur 260 Mio.

Folgen der wirtschaftlichen Globalisierung

Die wirtschaftliche Globalisierung hat in vielen Ländern zu steigendem Wohlstand geführt. Allerdings zeigen sich auch negative Folgen. So geraten beispielsweise die Löhne schlecht ausgebildeter Arbeitskräfte unter Druck, und auch die Umweltbelastung hat aufgrund der steigenden Warentransporte stark zugenommen. Zudem konnten Entwicklungsländer bisher kaum von der Globalisierung profitieren.

In Kapitel 8 (Globale Herausforderungen) werden einzelne Auswirkungen der Globalisierung vertieft behandelt.

Verstanden?

6.1 Was heisst «global»?

6.2 Wie ist die Zunahme des grenzüberschreitenden Warenhandels zu erklären?

6.3 Welche Vorteile hat der Produktionsstandort Schweiz gegenüber anderen Ländern?

6.4 Welches sind weltweit die vier grössten Handelsblöcke?

Die Schweiz in der globalisierten Wirtschaft

Für die Schweiz als kleines Land, das über fast keine Rohstoffe verfügt, ist der internationale Handel von zentraler Bedeutung. Die Schweiz ist eines der am stärksten globalisierten Länder überhaupt. Ohne Importe und Exporte hätte das Land nie das heutige Wohlstandsniveau erreicht. Die Erträge aus dem grenzüberschreitenden Wirtschaftsverkehr machen rund die Hälfte des BIP aus. Die Schweiz verdient also jeden zweiten Franken durch den internationalen Handel. **Bedeutung des internationalen Handels**

Aufgrund ihrer wirtschaftlichen Stärke und der Ausrichtung auf den internationalen Handel ist die Schweiz eine Handelsgrossmacht: **Die Schweiz – eine Handelsgrossmacht**

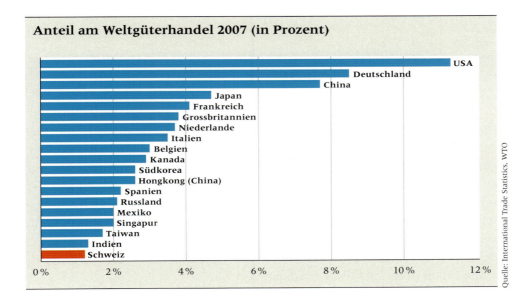

Anteil am Weltgüterhandel 2007 (in Prozent)

Quelle: International Trade Statistics, WTO

Insgesamt führte die Schweiz 2007 Waren im Gesamtwert von 206 Milliarden Franken aus. Exportiert wurden dabei vor allem Chemikalien, Maschinen und Uhren.
Im Gegenzug importierte die Schweiz schwergewichtig Rohstoffe und halbfertige Teile. **Importe und Exporte**

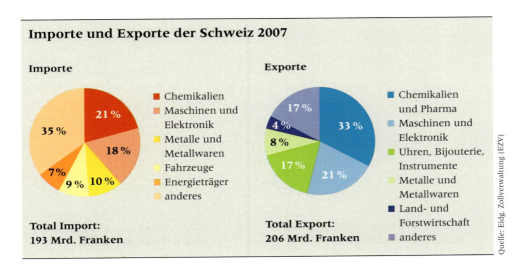

Importe und Exporte der Schweiz 2007

Quelle: Eidg. Zollverwaltung (EZV)

Die wichtigsten Handelspartner Die Schweiz treibt Handel mit fast allen Staaten der Erde. Durch die geografische Lage mitten in Europa ist klar, dass der wichtigste Handelspartner die Europäische Union ist.

Die wichtigsten Handelspartner der Schweiz 2007

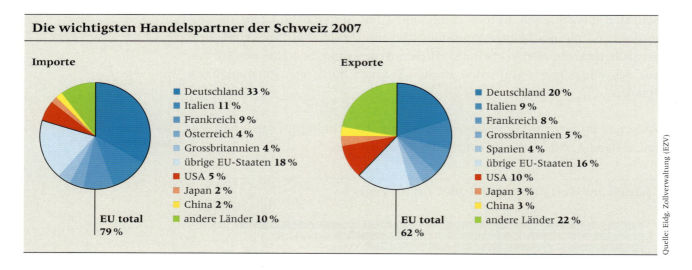

Importe

- Deutschland **33 %**
- Italien **11 %**
- Frankreich **9 %**
- Österreich **4 %**
- Grossbritannien **4 %**
- übrige EU-Staaten **18 %**
- USA **5 %**
- Japan **2 %**
- China **2 %**
- andere Länder **10 %**

EU total 79 %

Exporte

- Deutschland **20 %**
- Italien **9 %**
- Frankreich **8 %**
- Grossbritannien **5 %**
- Spanien **4 %**
- übrige EU-Staaten **16 %**
- USA **10 %**
- Japan **3 %**
- China **3 %**
- andere Länder **22 %**

EU total 62 %

Quelle: Eidg. Zollverwaltung (EZV)

EU Die Bedeutsamkeit der EU drückt sich auch dadurch aus, dass knapp zwei Drittel der in der Schweiz lebenden Ausländerinnen und Ausländer Bürger der EU sind, nämlich 960 000. Im Gegenzug leben 400 000 Schweizerinnen und Schweizer in der EU. 62 Prozent der Exporte gehen in die EU, und sogar 79 Prozent der Importe stammen aus dem europäischen Binnenmarkt. Das Handelsvolumen inklusive Dienstleistungen zwischen der Schweiz und der EU beträgt eine Milliarde Franken pro Tag!

Deswegen ist es wichtig, dass die Schweiz ihre guten Beziehungen zur Europäischen Union pflegt und weiter ausbaut.

Verstanden?

6.5 Wie wichtig ist der internationale Handel für die Schweiz?

6.6 Welches sind die wichtigsten Import- und Exportgüter der Schweiz?

6.7 Wie bedeutend ist die EU für die schweizerische Wirtschaft?

6.2 Die Europäische Union (EU)

Geschichte

Die Zeit der Weltkriege

Bis 1914   Die Idee eines geeinten Europas gibt es schon lange. Während in frühen Jahrhunderten mit Waffengewalt und Heiratspolitik versucht wurde, die Vorherrschaft zu erlangen (beispielsweise Napoleon), kommen im 19. Jahrhundert erstmals Ideen von Philosophen und Dichtern auf, welche einen freiwilligen Zusammenschluss gleichberechtigter Länder fordern.

Heiratspolitik und Waffengewalt

Diese Ideen haben in einer Zeit der König- und Kaiserreiche natürlich keine Chance. Auch der zunehmende Nationalismus in der zweiten Hälfte des 19. Jahrhunderts, der im Ersten Weltkrieg von 1914–1918 gipfelt, verhindert ein auch nur ansatzweise friedlich geeintes Europa.

Nach 1918   Nach dem Ersten Weltkrieg, der fast 10 Millionen Tote und 20 Millionen Verwundete forderte, Hungersnöte, Zerstörung und Elend über Europa brachte und den Untergang der meisten Monarchien bedeutete, flammt die Idee eines wirtschaftlich vereinten Europas, mit dem Ziel, dauerhaften Frieden und damit Wohlstand in Europa zu sichern, wieder auf. Allerdings verhindern faschistische Regimes (Mussolini, Hitler, Franco) mit der Betonung des Nationalismus solche Bestrebungen.

Franco, Mussolini, Hitler

Soldaten mit Gasmasken in Verteidigungsstellung in einem deutschen Schützengraben in Flandern, Ende 1915.

Im Zweiten Weltkrieg werden in Europa unzählige Städte und weite Landstriche total verwüstet. Im Bild das fast vollständig zerstörte Dresden, Ende 1945.

Der Eiserne Vorhang Im Anschluss an den Zweiten Weltkrieg, der noch verheerender war als der Erste und unzählige Städte und weite Landstriche Europas total verwüstete, erlangt die Idee eines gemeinsamen Europas erneut Auftrieb. Die Leute sind kriegsmüde. Vor allem die USA unterstützen die europäische Bewegung. Dies auch daher, weil Europa seit dem Krieg in zwei Machtbereiche geteilt ist, in ein kommunistisches Osteuropa unter der Vorherrschaft der UdSSR und in ein von den USA unterstütztes demokratisches Westeuropa. **Nach 1945**

Die Europäische Gemeinschaft für Kohle und Stahl (EGKS)

Schuman-Plan Der 9. Mai 1950 gilt als Geburtsstunde der heutigen Europäischen Union. Robert Schuman, der französische Aussenminister, verkündet einen Plan zur zukünftigen Zusammenarbeit mit der Bundesrepublik Deutschland. Auch fünf Jahre nach dem Ende des Zweiten Weltkrieges leidet Europa weiterhin unter den Kriegsfolgen, vieles ist noch zerstört und Europa von dauerhaftem Frieden und Wohlstand weit entfernt. **9. Mai 1950**

Ziel des Schuman-Planes ist eine dauerhafte Aussöhnung zwischen den «ewigen Gegnern» Frankreich und Deutschland. Die Produktion von Kohle (damals wichtigster Energieträger) und Stahl soll einer gemeinsamen Behörde unterstellt werden; die Länder verzichten dadurch in diesen kriegswichtigen Bereichen auf ihre nationale Selbstbestimmung. Damit will man eine Kriegsgefahr zwischen den beiden Ländern verhindern und den wirtschaftlichen Aufschwung fördern.

Die Gemeinschaft soll allen demokratischen Staaten Europas offen stehen und Frieden, Wohlstand und wirtschaftlichen Erfolg sichern. Als Vision schwebt Schuman eine «Europäische Föderation» gleichberechtigter Staaten vor. Die gemeinsame Verwaltung von Kohle und Stahlproduktion soll ein erster kleiner Schritt in diese Richtung sein.

1952	Im Jahre 1951 unterzeichnen in Paris die sechs Länder Frankreich, Deutschland, Italien, Belgien, die Niederlande und Luxemburg die Gründungsakte der Europäischen Gemeinschaft für Kohle und Stahl – auch Montanunion genannt –, die 1952 in Kraft tritt.	**Europäische Gemeinschaft für Kohle und Stahl**

Die Römer Verträge

1957	Nachdem sich die Montanunion erfolgversprechend entwickelt hat, beschliessen die sechs Länder, ihre gemeinsamen Beziehungen auszubauen. 1957 unterzeichnen sie in Rom zwei weitere Verträge, die der Europäischen Wirtschaftsgemeinschaft (EWG) und der Europäischen Atomgemeinschaft (EAG, Euratom).	**Römer Verträge**
	Ziel der EWG ist die schrittweise Verwirklichung eines gemeinsamen Marktes. Die Landesgrenzen zwischen den Mitgliedsländern sollen keine Schranken mehr bilden: Zölle werden abgebaut und schliesslich aufgehoben, der Handel von Waren und Dienstleistungen zwischen den Mitgliedern soll gezielt gefördert werden, und eine gemeinsame Landwirtschaftspolitik sichert die Versorgung der Bevölkerung. Durch die vier Grundfreiheiten des freien Waren-, Dienstleistungs-, Kapital- und Personenverkehrs erhofft man sich, die gemeinsame Wirtschaft zu stärken und den Wohlstand der Bevölkerung anzuheben.	**Europäische Wirtschafts-gemeinschaft (EWG)**
	Mit dem Euratom-Vertrag beschliessen die sechs Ländern, durch gemeinsame Forschung möglichst schnell die Voraussetzungen zur zivilen Nutzung von Kernenergie (Atomkraftwerke) zu schaffen. Man erhofft sich unbegrenzte Versorgung mit günstigem Atomstrom für die Wirtschaft. Zudem ist diese «Vergemeinschaftung» auch friedenssichernd, da eine gemeinsame Kontrolle im Nuklearbereich erreicht wird.	**Europäische Atom-gemeinschaft (EAG, Euratom)**

Von der 6er-Gemeinschaft zur EU der 27 Staaten

1967	Bis anhin gab es für jeden der drei Verträge eine eigene Kommission und einen eigenen Rat. Der Fusionsvertrag ändert dies durch die Einsetzung eines gemeinsamen Rates und einer gemeinsamen Kommission der (drei) Europäischen Gemeinschaften (EG).	**Fusionsvertrag**
1973	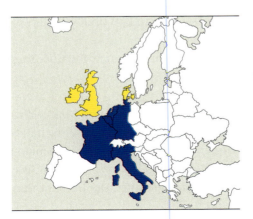 Den Europäischen Gemeinschaften treten Grossbritannien, Irland und Dänemark bei.	**9er-Gemeinschaft**

Krise der EG	Ende der Sechzigerjahre und in den Siebzigerjahren gerät der europäische Einigungsprozess ins Stocken, die Mitgliedsstaaten der Gemeinschaft regeln vermehrt wirtschaftliche Probleme im Alleingang.	**1970er-Jahre**

10er-Gemeinschaft

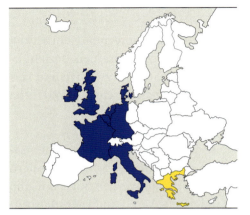

Griechenland wird das zehnte Mitgliedsland.

1981

12er-Gemeinschaft

Spanien und Portugal werden EG-Mitglieder.

1986

Ziel EU und Binnenmarkt	Erst mit der Einheitlichen Europäischen Akte, die 1987 in Kraft tritt, kommt wieder Schwung in die europäische Bewegung. Die drei Gründungsverträge werden angepasst und erweitert, als Ziel wird erstmals eine Europäische Union formuliert. Bis 1992 sollen die vier Grundfreiheiten (freier Waren-, Dienstleistungs-, Kapital- und Personenverkehr) umgesetzt und ein voll funktionierender EU-Binnenmarkt somit verwirklicht sein.	**1987**
Ende des Kalten Krieges	Mit dem Fall der Berliner Mauer 1989 und der Auflösung der Sowjetunion entstehen in Osteuropa neue Staaten. 1990 schliesst sich die DDR der Bundesrepublik Deutschland an und erweitert so die EG nach Osten hin. Andere osteuropäische Staaten können nun erstmals frei über ihre Zukunft entscheiden. Ihr Ziel ist ein EG-Beitritt.	**1989–1991**
Der Vertrag von Maastricht (Gründung der EU)	Die zwölf Mitgliedsstaaten beschliessen im Vertrag von Maastricht, die Gemeinschaft schrittweise in eine vollständige Wirtschafts- und Währungsunion (EU-Binnenmarkt mit dem Euro als Gemeinschaftswährung) und in eine politische Union umzuwandeln. Die Unionsbürgerschaft mit EU-Pass wird eingeführt. Die EU baut nun auf drei Säulen auf (siehe dazu S. 167).	**1992 / 1993**

1995

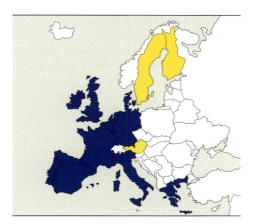

Schweden, Finnland und Österreich treten der Europäischen Union bei.

15er-Gemeinschaft

1999/2002 1999 wird der Euro in 12 der 15 Länder zur Einheitswährung (Grossbritannien, Dänemark und Schweden sind nicht dabei). Ab 2002 ersetzen Euronoten und -münzen die alten Landeswährungen.

Euro

2004/07

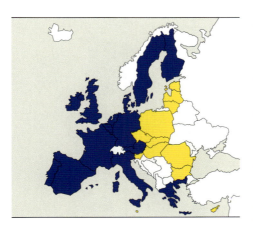

2004 erfährt die EU die grösste Erweiterung. Insgesamt zehn Staaten mit rund 74 Millionen Bürgerinnen und Bürgern treten der Union bei, acht aus dem ehemaligen Ostblocks (Estland, Lettland, Litauen, Polen, Tschechien, Slowakei, Ungarn und Slowenien) sowie Zypern und Malta. 2007 kommen Rumänien und Bulgarien dazu.

Osterweiterung/ 27er-Gemeinschaft

Verstanden?

6.8 Warum tauchte die Idee des gemeinsamen Europas jeweils nach den Weltkriegen auf?

6.9 Warum unterstützten die USA nach dem Zweiten Weltkrieg die europäische Bewegung?

6.10 Was war das Ziel des Schuman-Planes?

6.11 Warum betraf die erste Form der europäischen Zusammenarbeit die Bereiche Kohle und Stahl?

6.12 Welches sind die Gründungsländer der EWG?

6.13 Nennen Sie die vier Grundfreiheiten des EU-Binnenmarktes.

6.14 Welche Neuerungen sind mit dem Vertrag von Maastricht hinzugekommen?

6.15 Wie nennen sich die Europäischen Gemeinschaften ab 1992?

6.16 Wie viele Länder gehören seit 2007 der EU an?

Die Europäische Union im Überblick

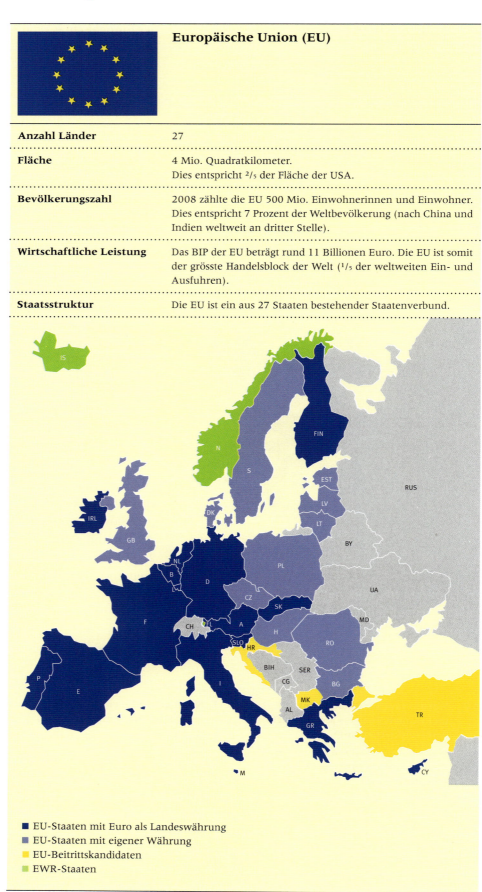	**Europäische Union (EU)**
Anzahl Länder	27
Fläche	4 Mio. Quadratkilometer. Dies entspricht $^2/_5$ der Fläche der USA.
Bevölkerungszahl	2008 zählte die EU 500 Mio. Einwohnerinnen und Einwohner. Dies entspricht 7 Prozent der Weltbevölkerung (nach China und Indien weltweit an dritter Stelle).
Wirtschaftliche Leistung	Das BIP der EU beträgt rund 11 Billionen Euro. Die EU ist somit der grösste Handelsblock der Welt ($^1/_5$ der weltweiten Ein- und Ausfuhren).
Staatsstruktur	Die EU ist ein aus 27 Staaten bestehender Staatenverbund.

■ EU-Staaten mit Euro als Landeswährung
■ EU-Staaten mit eigener Währung
■ EU-Beitrittskandidaten
■ EWR-Staaten

Aufbau und Funktionsweise der Europäischen Union

Die EU-Staaten treten ihre Befugnisse in Bereichen, die besser gesamteuropäisch geregelt werden sollten, den zuständigen EU-Organen ab. Diese beschliessen dann für alle Mitgliedsstaaten verbindliche EU-Gesetze. Man spricht hier von supranational (überstaatlich). Die einzelnen Nationalstaaten bleiben weiterhin bestehen.

Eine supranationale Organisation

Typische supranationale Beschlüsse sind die gemeinsame Währung, das Schengener Abkommen, welches die Grenzkontrollen zwischen den EU-Staaten aufhebt, sowie der Binnenmarkt mit seinen unzähligen EU-Gesetzen.

Im Laufe der Jahrzehnte hat sich die EU wie folgt organisiert:

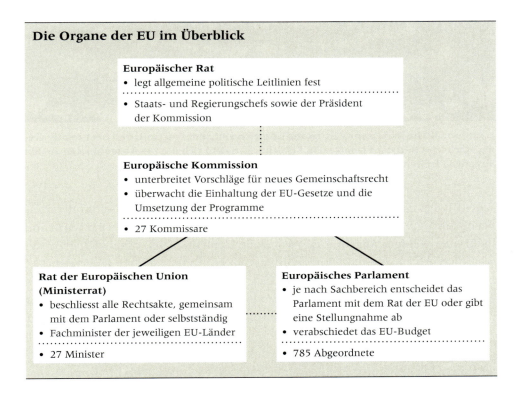

Die Organe der EU im Überblick

Europäischer Rat
- legt allgemeine politische Leitlinien fest
- Staats- und Regierungschefs sowie der Präsident der Kommission

Europäische Kommission
- unterbreitet Vorschläge für neues Gemeinschaftsrecht
- überwacht die Einhaltung der EU-Gesetze und die Umsetzung der Programme
- 27 Kommissare

Rat der Europäischen Union (Ministerrat)
- beschliesst alle Rechtsakte, gemeinsam mit dem Parlament oder selbstständig
- Fachminister der jeweiligen EU-Länder
- 27 Minister

Europäisches Parlament
- je nach Sachbereich entscheidet das Parlament mit dem Rat der EU oder gibt eine Stellungnahme ab
- verabschiedet das EU-Budget
- 785 Abgeordnete

Mindestens zweimal jährlich treffen sich alle Staats- und Regierungschefs der EU-Länder zu einem Gipfeltreffen, dem sogenannten Europäischen Rat. Er legt die Leitlinien der politischen Entwicklung fest und gilt als wichtigstes politisches Organ.

Der Europäische Rat

Der Rat der EU tagt in Brüssel und wird auch Ministerrat genannt, da er sich aus den entsprechenden Fachministern der EU-Staaten zusammensetzt. Geht es um Finanzangelegenheiten, treffen sich die 27 Finanzminister, sind Verkehrsprobleme zu besprechen, finden sich die Verkehrsminister zu Gesprächen ein. Jeder Minister hat entsprechend der Bevölkerungsgrösse seines Landes mehr oder weniger Stimmrecht. Deutschland beispielsweise hat 29 Stimmen, Österreich nur 10.
Der Rat der EU gilt als wichtigstes gesetzgebendes Organ. Er erlässt alleine oder in Zusammenarbeit mit dem Europäischen Parlament Verordnungen und Richtlinien («EU-Gesetze»), die für alle Mitgliedsstaaten verbindlich sind.

Der Rat der EU (Ministerrat)

Das Europäische Parlament verfügt im Vergleich zu Landesparlamenten über relativ wenig Macht. Im Bild der Plenarsaal in Strassburg, in dem sich die 785 Abgeordneten zu den Sitzungen treffen.

Das Europäische Parlament

Jedes EU-Land entsendet für fünf Jahre seine EU-Parlamentarier, die vom jeweiligen Volk gewählt werden. Entsprechend der Bevölkerungszahl hat ein Land mehr oder weniger Abgeordnete, wobei die kleinen Staaten oft etwas bevorzugt werden: Deutschland hat 99 Abgeordnete, das zehnmal kleinere Österreich 17. Das Europäische Parlament tagt abwechselnd in Brüssel und Strassburg. Im Gegensatz zu Landesparlamenten hat das EU-Parlament relativ wenig Macht, da die Gesetzgebung Sache des Ministerrats ist.

Die Europäische Kommission

In der Europäischen Kommission ist jedes EU-Land durch einen EU-Kommissar vertreten. Sie ist damit mit einer Landesregierung vergleichbar. Die Kommission ist zuständig für die Umsetzung der Beschlüsse von Ministerrat und Parlament. Sie erarbeitet auch Vorschläge für den Ministerrat und das Parlament. Die Europäische Kommission ist zudem zuständig für die EU-Beamten.

Die europäische Verfassung

Fast 60 Jahre sind seit den Verträgen zur Kohle- und Stahlunion (EGKS) vergangen. Die Union ist von sechs auf 27 Staaten angewachsen. Neue Bereiche kamen hinzu, die Strukturen sind aber zum Teil noch die gleichen wie früher. Die EU beruht auf unzähligen Verträgen, selbst EU-Kenner haben bisweilen Mühe, sich zurechtzufinden. Zudem ist die EU mit den jetzigen Strukturen und 27 Mitgliedsstaaten nur noch schwer regierbar.

Im Jahr 2001 setzte der Rat der Europäischen Union eine Versammlung ein, die das Ziel hatte, eine europäische Verfassung auszuarbeiten. Da die Verfassung jedoch in zwei EU-Staaten vom Volk abgelehnt wurde, ist der Versuch, die EU effizienter und regierbarer zu gestalten, vorerst gescheitert.

Die drei Säulen der Europäischen Union

Die EU hat drei unterschiedliche Standbeine: den wirtschaftlichen Bereich mit dem Binnenmarkt und dem Euro, den aussenpolitischen Bereich mit der gemeinsamen Sicherheitspolitik sowie den innenpolitischen Bereich mit der Bekämpfung der Kriminalität:

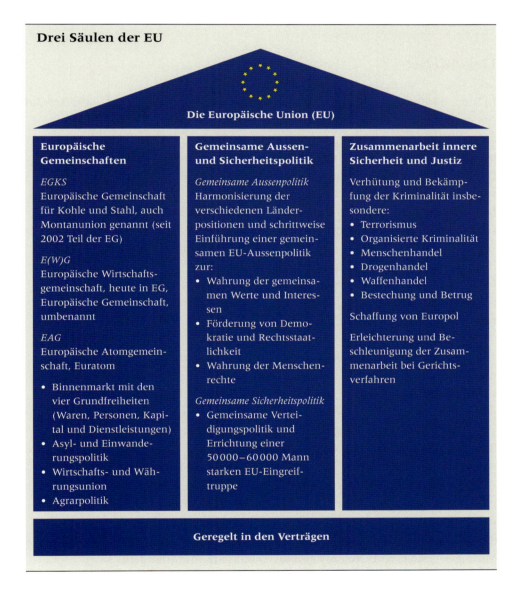

Drei Säulen der EU

Die Europäische Union (EU)

Europäische Gemeinschaften	Gemeinsame Aussen- und Sicherheitspolitik	Zusammenarbeit innere Sicherheit und Justiz
EGKS Europäische Gemeinschaft für Kohle und Stahl, auch Montanunion genannt (seit 2002 Teil der EG)	*Gemeinsame Aussenpolitik* Harmonisierung der verschiedenen Länderpositionen und schrittweise Einführung einer gemeinsamen EU-Aussenpolitik zur:	Verhütung und Bekämpfung der Kriminalität insbesondere: • Terrorismus • Organisierte Kriminalität • Menschenhandel • Drogenhandel • Waffenhandel • Bestechung und Betrug
E(W)G Europäische Wirtschaftsgemeinschaft, heute in EG, Europäische Gemeinschaft, umbenannt	• Wahrung der gemeinsamen Werte und Interessen • Förderung von Demokratie und Rechtsstaatlichkeit • Wahrung der Menschenrechte	Schaffung von Europol Erleichterung und Beschleunigung der Zusammenarbeit bei Gerichtsverfahren
EAG Europäische Atomgemeinschaft, Euratom • Binnenmarkt mit den vier Grundfreiheiten (Waren, Personen, Kapital und Dienstleistungen) • Asyl- und Einwanderungspolitik • Wirtschafts- und Währungsunion • Agrarpolitik	*Gemeinsame Sicherheitspolitik* • Gemeinsame Verteidigungspolitik und Errichtung einer 50000–60000 Mann starken EU-Eingreiftruppe	

Geregelt in den Verträgen

6.17 a) Welches sind die Mitglieder des Europäischen Rates?
b) Was wird dort beschlossen?

6.18 Vergleichen Sie die Kompetenzen des EU-Parlaments mit denjenigen des schweizerischen Parlaments.

6.19 a) Welches Gremium wäre die Europäische Kommission in der Schweiz?
b) Wie setzt sie sich personell zusammen?

6.20 a) Was ist die Hauptaufgabe des Ministerrates?
b) Warum treffen sich in diesem Gremium nicht immer die gleichen Personen?
c) Was gilt bei den Abstimmungen unter den Mitgliedern?

6.21 a) Welches Ziel wollte man mit einer europäischen Verfassung erreichen?
b) Warum gibt es sie bis jetzt nicht?

6.3 Die Schweiz innerhalb Europas

Geschichte

Unterschiedliche Haltung der Schweiz

In den 1950er-Jahren steht die Schweizer Bevölkerung einer (west-)europäischen Integration relativ positiv gegenüber. Nicht zuletzt die Niederschlagung von Volksaufständen in den sowjetisch beherrschten osteuropäischen Staaten wie beispielsweise 1956 in Ungarn führt in Westeuropa und der Schweiz zu einer Solidarisierung und einem Gemeinschaftsgefühl.

Der Bundesrat steht einem Beitritt zu den Europäischen Gemeinschaften aber ablehnend gegenüber. Hauptgründe sind die schweizerische Neutralität, die er gefährdet sieht, und die für ihn zu weit reichenden politischen Verpflichtungen.

In den kommenden Jahren ändert sich auch die Stimmung in der Schweizer Bevölkerung, die einer Integration jetzt skeptisch und oft mit ablehnender Haltung begegnet.

1950er-Jahre

Europäische Freihandelsassoziation (EFTA)

1960 gründen die Schweiz, Grossbritannien, Österreich, Dänemark, Norwegen, Portugal und Schweden die EFTA (Europäische Freihandelsassoziation).

Ziel der EFTA ist es, unter den Mitgliedsländern den Handel und Wohlstand zu fördern. Dies, indem sie Handelsschranken – vor allem die Zölle für Güter – schrittweise abbaut.

Anders als in der EG sind die Landwirtschaft und Fischerei vom Abkommen ausgeschlossen, zudem greift die EFTA nicht in die politische Handlungsfreiheit der Mitgliedsstaaten ein. Die EFTA soll damit ein Gegengewicht zur EG und zu deren politischen Zielen bilden.

Mit dem Austritt von Grossbritannien, Dänemark und Irland 1973 und deren Beitritt zur EG verliert die EFTA an Bedeutung.

Heute gehören der EFTA noch die Schweiz, Island, Liechtenstein und Norwegen an. Sie ist damit praktisch bedeutungslos.

1960

EG-Freihandelsabkommen

1972 schliessen die Schweiz und die EG ein Freihandelsabkommen ab. Dies vertieft die wirtschaftlichen Beziehungen, lässt die politischen aber unangetastet. Das Freihandelsabkommen gilt ausschliesslich für Industrieprodukte, die in der Schweiz oder in EG-Staaten produziert werden.

1972

Strategisches Ziel EG-Beitritt

Anfang der 1990er-Jahre ändert der Bundesrat seine Meinung und legt nun sogar den Beitritt der Schweiz zur EG als strategisches Ziel fest. Er stellt in Brüssel ein Gesuch um Beitrittsverhandlungen.

1990er-Jahre

Wechselvolle Geschichte: die Beziehungen der Schweiz zur EU.

1992	Als erster Schritt der Integration wird ein Beitritt der Schweiz zum Europäischen Wirtschaftsraum (EWR = EU-Binnenmarkt) propagiert.	**EWR-Abstimmung**

Am 6. Dezember 1992 lehnt das Schweizer Stimmvolk den Beitritt jedoch ab. Die Vorlage scheitert beim Ständemehr klar (18 Kantone sagen Nein) und beim Volksmehr knapp (50,3 % Nein).

In der Folge «friert» der Bundesrat das EU-Beitrittsgesuch ein.

Verstanden?

6.22 Welche zwei Gründe waren für den Bundesrat in den 1950er-Jahren ausschlaggebend, einen Beitritt zu den Europäischen Gemeinschaften abzulehnen?

6.23 Was ist der Unterschied zwischen der EFTA und der EG? Warum verlor die EFTA an Bedeutung?

6.24 Weshalb hat der Bundesrat das EU-Beitrittsgesuch «eingefroren»?

Die bilateralen Verträge

Bilateraler Weg Nach der Ablehnung des EWR-Beitritts 1992 beschliesst der Bundesrat, die Beziehungen zur EU durch bilaterale Abkommen zu regeln (bilateral = zweiseitig; auf der einen Seite die EU, auf der anderen Seite die Schweiz).

Bilaterale I

1999 ist eine erste, langwierige Verhandlungsrunde abgeschlossen. Das Ergebnis sind sieben thematisch abgegrenzte Verträge, welche in einer Abstimmung im Jahr 2000 vom Schweizer Volk mit einer klaren Zweidrittelmehrheit angenommen werden.

Diese sieben Vertragswerke werden häufig Bilaterale I genannt. Die wichtigsten Dossiers sind die folgenden:

Personenfreizügigkeit Zwischen der Schweiz und der EU wird der freie Personenverkehr eingeführt. Dies bedeutet, dass Schweizer Bürgerinnen und Bürger sich in jedem EU-Land niederlassen und dort arbeiten können. Dies gilt umgekehrt auch für Personen aus der EU, die in die Schweiz kommen möchten.

Um den Zugang zum Arbeitsmarkt zu erleichtern, werden Berufsdiplome gegenseitig anerkannt. Dumpinglöhne (extrem tiefe Löhne) durch Arbeitnehmende aus der EU sollen durch flankierende Massnahmen verhindert werden. So gelten beispielsweise die Mindestlöhne einer Branche für alle Arbeitnehmenden.

Technische Handelshemmnisse Güter, die in der Schweiz eine Zulassungsprüfung bestanden haben (z. B. Pharmaprodukte oder Elektroapparate), benötigen keine zusätzliche, zweite Prüfung in der EU mehr – und umgekehrt. Dies erleichtert den Marktzugang für Schweizer Produkte im EU-Binnenmarkt erheblich.

Öffentliches Beschaffungswesen Investiert die öffentliche Hand (Bund, Kantone, Gemeinden oder staatliche Firmen wie Post, SBB), so müssen diese Aufträge ab einem bestimmten Betrag EU-weit ausgeschrieben werden.

Bundesrätin Eveline Widmer-Schlumpf unterzeichnet im Mai 2008 das Zusatzprotokoll über die Erweiterung der Personenfreizügigkeit auf Rumänien und Bulgarien. Diese Ausdehnung des freien Personenverkehrs wurde Anfang 2009 durch die Stimmbürgerinnen und Stimmbürger bestätigt.

Die öffentliche Hand kann durch die ausländischen Konkurrenzfirmen teilweise Geld sparen, Schweizer Firmen haben im Gegenzug die Chance, öffentliche Aufträge im EU-Binnenmarkt zu erhalten.

Die Schweiz ist für Europa als Gütertransitland sehr wichtig. Mit dem Landverkehrsabkommen gesteht die EU der Schweiz zu, den alpenquerenden Verkehr so weit wie möglich auf die Schiene zu verlagern. Zudem ist sie mit der Einführung einer Transitabgabe (LSVA) einverstanden.
Im Gegenzug baut die Schweiz die NEAT (Neue Eisenbahn-Alpentransversale) und erhöht die Gewichtslimite für Lastwagen von 28 auf 40 Tonnen.

Landverkehr

Bilaterale II

Bei den Bilateralen I wurden vor allem wirtschaftliche Aspekte geregelt. In einer zweiten Verhandlungsrunde liegt das Schwergewicht nun auf politischen Fragen. Im Jahr 2004 werden die Verhandlungen abgeschlossen, 2005 heisst das Schweizer Stimmvolk die Vorlage gut.
Die beiden wichtigsten Dossiers sind die folgenden:

Das Schengener Abkommen schafft die Grenzkontrolle zwischen den beteiligten Staaten ab. Dafür gibt es vermehrt mobile Kontrollen im Landesinnern, die EU-Aussengrenze wird verstärkt überwacht, und mit dem Schengener Informationssystem (SIS) kommt ein europaweites Fahndungssystem zum Einsatz, welches allen teilnehmenden Ländern zur Verfügung steht. Die polizeiliche und gerichtliche Zusammenarbeit wird zudem vereinfacht und intensiviert. Ende 2008 hat die Schweiz das Schengener Abkommen umgesetzt und ist damit Teil des Schengenraums.
Das Dubliner Abkommen regelt die Behandlung von Asylgesuchen. Wird ein Asylgesuch in einem EU-Land abgelehnt, gilt der Entscheid auch für die Schweiz und umgekehrt. Dank der zentralen Fingerabdruckdatenbank EURODAC ist ein erneutes Asylgesuch in einem anderen «Dublin-Staat» nicht möglich.

Schengen/Dublin

Schweizer Banken werden verpflichtet, einen Teil der Zinserträge, die EU-Bürgerinnen und -Bürger auf Schweizer Bankkonten erwirtschaften, den entsprechenden EU-Ländern abzuliefern. Damit bekämpft die EU die Steuerhinterziehung ihrer eigenen Bürger.
Als Gegenleistung bleibt das Bankgeheimnis gewahrt.

Zinsbesteuerung

Weiterer bilateraler Weg

Mit den bilateralen Abkommen I und II klärt die Schweiz die Beziehungen mit der EU auf vielen Gebieten. Allerdings sind damit nicht alle Fragen ein für alle Mal geregelt. Zukünftige Verhandlungen werden den weiteren Weg aufzeigen.

Verstanden?

6.25 Welchen Inhalt hat das Dossier «Personenfreizügigkeit»?

6.26 Welche Vor- und Nachteile ergeben sich für Schweizer Firmen aus dem Dossier «Öffentliches Beschaffungswesen»?

6.27 Welchen Vorteil bringt das Dubliner Abkommen der Schweiz?

Das haben Sie in diesem Kapitel gelernt

- **Globalisierung**
  Was Globalisierung bedeutet.
  Welches die wichtigsten Handelsblöcke sind.
  Wie sich die Schweiz in der globalisierten Wirtschaft behauptet.
  Wer die wichtigsten Handelspartner der Schweiz sind.

- **Die Europäische Union (EU)**
  Wie sich die EU zur heutigen Organisation entwickelt hat.
  Wie die verschiedenen Institutionen der EU heissen, und welche Kompetenzen sie haben.
  Auf welchen drei Säulen die EU aufgebaut ist.

- **Die Schweiz innerhalb Europas**
  Welchen Weg die Schweiz innerhalb Europas gewählt hat.
  Welches die bedeutendsten Inhalte der bilateralen Verträge I und II sind.

Wissen anwenden

W1 Der Welthandel nimmt ständig zu: 2004 betrug der Wert der global gehandelten Güter und Dienstleistungen 9000 Milliarden Dollar, 180-mal mehr als 1950. Rechnet man die Preise von heute auf das Preisniveau von 1950 um, so ist der Welthandel real um den Faktor 27,5 gewachsen.
Beantworten Sie die folgenden Fragen mithilfe der Grafik auf Seite 155.
a) **In welchem Jahrzehnt nahm der Welthandel am stärksten zu und um wie viel Prozent?**
b) **Wie gross ist die Zunahme der weltweiten Warenproduktion zwischen 1950 und 2004 gemessen am Preisniveau von 1950?**
c) **Was bedeutet das, wenn die Kurve der Warenexporte stärker ansteigt als die der Warenproduktion?**

W2 Der Abbau von Handelsschranken – insbesondere die Senkung der Zölle – ist eine wichtige Voraussetzung für einen florierenden Welthandel.
Erklären Sie, warum das so ist.

W3 Dank globalem Welthandel ist der Wohlstand vielerorts gestiegen. Die Globalisierung birgt aber auch grosse Risiken, wie uns die Immobilienkrise in den USA und die daraus entstandene weltweite Wirtschaftskrise deutlich vor Augen geführt haben.
Beschreiben Sie zwei mögliche Gefahren der Globalisierung für die Schweiz.

W4 Die Globalisierung kennt nicht nur Gewinner, es gibt auch Verlierer und etliche Schattenseiten dieses weltweiten Handels.
Wer gehört zu den Gewinnern, wer zu den Verlierern?
Welche Schattenseiten gibt es?
Beantworten Sie die Fragen anhand von konkreten Beispielen.

W5 Obwohl die Schweiz klein ist und kaum über eigene Rohstoffe verfügt, belegt sie mit ihren 7,7 Millionen Einwohnerinnen und Einwohnern bezüglich Welthandel Rang 19, knapp hinter Indien, das 1,1 Milliarden Menschen zählt.
Nennen Sie wichtige Handelsprodukte, welche die Schweiz exportiert.

W6 Der wichtigste Handelspartner der Schweiz ist die Europäische Union.
Begründen Sie, warum das so ist.

W7 Die Gründung der Europäischen Union geht auf den französischen Aussenminister Schumann zurück, dem besonders wichtig war, dass Frankreich mit Deutschland zusammenarbeitet.
Erklären Sie, warum Deutschland unbedingt in diese neue Organisation eingebunden werden sollte.

W8 Die Europäische Wirtschaftsgemeinschaft EWG, welche 1957 in Rom gegründet wurde, sollte den Wohlstand aller beteiligten Länder fördern.
a) Welche Massnahmen sah der Vertrag vor?
b) Beschreiben Sie die wirtschaftlichen Vorteile für die Beteiligten.

W9 Zurzeit steht eine Mehrheit der Schweizer Bevölkerung, der Bundesrat und auch das Parlament einem EU-Beitritt der Schweiz ablehnend gegenüber.
a) Erstellen Sie eine Tabelle. Schreiben Sie links mögliche negative Auswirkungen und rechts mögliche positive Auswirkungen eines Beitritts der Schweiz zur EU auf.
b) Was ist Ihre persönliche Meinung bezüglich eines EU-Beitritts der Schweiz?

W10 Die Schweiz hat den bilateralen Weg gewählt, um ihre Beziehungen mit der EU zu regeln.
a) Welche Vorteile haben diese bilateralen Verträge im Gegensatz zu einem Unionsbeitritt?
b) Welche Nachteile hat das bilaterale System gegenüber einem Beitritt?

W11 Der bilaterale Vertrag zur Personenfreizügigkeit regelt, dass Schweizer Bürgerinnen und Bürger in allen EU-Staaten wohnen und arbeiten können. Umgekehrt gilt dies auch für Menschen aus der EU.
Beschreiben Sie, welche beruflichen Möglichkeiten sich aufgrund der Personenfreizügigkeit zukünftig für Sie ergeben könnten.

Markt und Konsum

	Einleitung	176
7.1	Nachfrage – Angebot – Markt	177
7.2	Der Wirtschaftskreislauf und seine Teilnehmer	182
7.3	Die Messung der Wirtschaftaktivität	187
7.4	Die Rolle des Staates	190
7.5	Die Finanzierung der Staatstätigkeit	195
	Das haben Sie in diesem Kapitel gelernt	201
	Wissen anwenden	202
	Korrespondenz	204

Einleitung

Unsere Wirtschaft funktioniert nach bestimmten Regeln und Gesetzen. Grundlage des Wirtschaftens sind die verschiedenartigsten Bedürfnisse. Die Menschen versuchen, ihre Bedürfnisse auf den Märkten zu befriedigen. Verschiedene Akteure nehmen an diesem Austausch auf den Märkten teil. Jeder von uns ist als Arbeitskraft, als Konsument, als Steuerzahlerin und Sparer ein Puzzleteil des gesamten Wirtschaftsgeschehens. Dem Staat kommt eine besondere Rolle zu. Einerseits ist er Wirtschaftsteilnehmer, andererseits greift er regelnd und ausgleichend ins Wirtschaftsgeschehen ein.

« Wahrer Reichtum ist die Armut an Bedürfnissen. »

Chinesisches Sprichwort

« Preise gut. Alles gut. »

Werbespruch

7.1 Nachfrage – Angebot – Markt

Die Nachfrage

Das Verlangen der Menschen, einen Mangel zu beheben, wird als Bedürfnis be-zeichnet. Die Bedürfnisse des Menschen sind praktisch unbeschränkt. Dies macht sich die Werbung zunutze, indem sie neue Bedürfnisse weckt. Der Wunsch nach Bedürfnisbefriedigung ist der Antrieb für die gesamte Wirtschaft.

Der amerikanische Psychologe Abraham Maslow ordnet die Bedürfnisse der Menschen einer fünfstufigen Pyramide zu. Je höher das Bedürfnis, desto weni-ger wichtig ist es für das reine Überleben.

Bedürfnis

Bedürfnispyramide nach Maslow

Selbstverwirklichung

Anerkennung

Dazugehörigkeit

Sicherheit

Lebenswichtiges

Bedürfnis	Beschreibung	Beispiele
Lebenswichtiges	Zuerst setzt der Mensch seine Prioritäten bei den körperlichen Grundbedürfnissen. Wenn diese nicht erfüllt sind, ist das Überleben gefährdet.	Nahrung, Kleidung, Schlaf
Sicherheit	Danach wird das Bedürfnis nach Sicherheit wach: Der Wunsch nach Schutz vor den Gefah-ren des Lebens steht im Vordergrund.	Sicherer Arbeitsplatz, Ordnung durch Ge-setze, Versicherungen
Dazugehörigkeit	Weiter will der Mensch mit andern zusammen sein, von andern Menschen akzeptiert und geliebt werden. Er sucht die Zuneigung, die Sympathie von andern.	Liebe, Fürsorge, Kommunikation
Anerkennung	Bei dieser Stufe geht es um die eigene Wert-schätzung und die Wertschätzung von anderen Personen: Der Mensch möchte sein Selbstbe-wusstsein stärken und sucht dazu bei anderen Personen Beachtung und Anerkennung.	Status, Wohlstand, Karriere, Macht, Ruhm
Selbstverwirk-lichung	Als oberste Zielsetzung gilt das Bedürfnis nach Selbstverwirklichung. Damit ist das Streben nach Unabhängigkeit und nach Entfaltung der eigenen Persönlichkeit gemeint.	Innere Ruhe, Glück, Harmonie

Bedürfnisarten   Die Bedürfnisse können auch folgendermassen unterschieden werden:

Bedürfnisarten	
Existenzbedürfnisse Diese sind lebensnotwendig. *Beispiele:* Nahrung, Wohnung, Kleidung, medizinische Versorgung	**Wahlbedürfnisse** Ist die Existenz gesichert, wählt der Mensch aus nicht lebensnotwendigen Bedürfnissen aus. *Beispiele:* Bücher, Heimelektronik, Schmuck, Auto, Ferien usw.
Individualbedürfnisse Das sind die Bedürfnisse jedes einzelnen Menschen, welche individuell befriedigt werden. *Beispiele:* Auto, Handy, Bücher	**Kollektivbedürfnisse** Menschen mit gleichen Bedürfnissen schaffen kollektive Bedürfnisse. Diese können nur durch die Gemeinschaft befriedigt werden. *Beispiele:* Strassen, Schulhäuser, Schwimmbäder, Krankenhäuser
Materielle Bedürfnisse Diese kann man durch Geld (Kaufen) befriedigen. *Beispiele:* Brot, Fernseher, Handy	**Immaterielle Bedürfnisse** Die Befriedigung dieser Bedürfnisse lässt sich nicht kaufen. *Beispiele:* Liebe, Anerkennung, Geborgenheit, Gesundheit

Nutzen   Die Bedürfnisse der Menschen sind zwar fast unbeschränkt, allerdings hat jede Person nur ein bestimmtes Einkommen zur Verfügung, um damit Güter und Dienstleistungen zu kaufen. Wie entscheiden wir also, welche Güter wir nachfragen und auf welche wir verzichten? Dazu müssen wir beurteilen, welchen Nutzen uns der Konsum eines Gutes bringt.

Die Nachfragekurve   Preisänderungen beeinflussen den Nutzen. Je tiefer der Preis für ein Produkt ist, umso eher sind wir bereit, dieses Produkt zu kaufen: Mit dem sinkenden Preis steigt die nachgefragte Menge – und umgekehrt. Dieses «Gesetz der Nachfrage» kann grafisch wie folgt dargestellt werden:

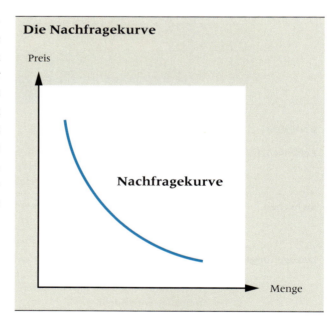

Verstanden?

7.1 Warum wählt Maslow bei der Zuordnung der Bedürfnisse die Pyramidenform?

7.2 Wann kann ich Wahlbedürfnisse befriedigen?

7.3 Welcher Zusammenhang besteht zwischen Individual- und Kollektivbedürfnissen?

7.4 Wie kann man immaterielle Bedürfnisse umschreiben?

7.5 Beschreiben Sie den Verlauf der Nachfragekurve.

Das Angebot

Die Menschen befriedigen ihre Bedürfnisse mit Gütern. Diese kann man folgen- **Güterarten**
dermassen unterscheiden:

Unterscheidung der Güter	
Wirtschaftliche Güter Beschränkt vorhanden, haben ihren Preis *Beispiele:* Rohstoffe, Arbeitsleistung	**Freie Güter** Ausreichend vorhanden, frei, ohne Preis *Beispiele:* Luft, Sonnenlicht, Wind
Sachgüter Materiell, greifbar *Beispiele:* Auto, Maschine	**Dienstleistungen** Von Menschen geleistete Dienste, nicht greifbar *Beispiele:* Dienste von Lehrpersonen, Medizinern, Anwälten, Taxifahrern
Konsumgüter Diese Güter dienen der direkten Bedürfnisbefriedigung *Beispiele:* Nahrungsmittel, Fernseher	**Investitionsgüter** Mit diesen Gütern sind die Menschen produktiv *Beispiele:* Werkzeugmaschinen, Lastwagen, Baukräne
Gebrauchsgüter Mehrmalige Nutzung möglich *Beispiele:* Kleider, Bücher, Möbel	**Verbrauchsgüter** Einmalige Nutzung *Beispiele:* Lebensmittel, Treibstoffe, elektrischer Strom

Wie die Nachfrager reagieren auch die Anbieter stark auf Preisänderungen. **Die Angebotskurve**
Steigt der Preis für ein Produkt, lohnt es sich für die Produzenten, mehr von
diesem Gut anzubieten, da ihr Ertrag pro verkauftes Stück ansteigt. Mit dem
steigenden Preis steigt also auch die Angebotsmenge:

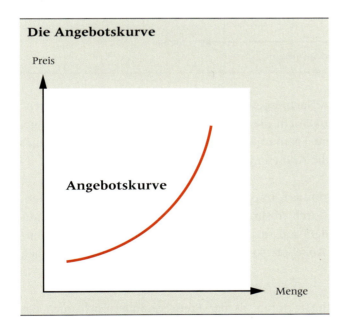

Die Angebotskurve

Preis

Angebotskurve

Menge

Verstanden?

7.6 Was sind freie Güter?

7.7 Wie unterscheiden sich Konsumgüter von Investitionsgütern?

7.8 Beschreiben Sie den Verlauf der Angebotskurve.

Der Markt

In der freien Marktwirtschaft wird die Produktion von Gütern und Dienstleistungen auf dem sogenannten Markt gesteuert. Ein Markt ist ein Ort, an dem Angebot und Nachfrage zusammentreffen.

Preisbildung Aufgrund von Angebot und Nachfrage bilden sich die Preise. Je knapper ein Gut ist, desto höher ist sein Preis (z. B. Diamanten).

Umgekehrt hat der Preis auch eine Signalfunktion und beeinflusst Angebot und Nachfrage. Verlangt ein Anbieter einen höheren Preis, so sinkt die nachgefragte Menge. Wollen mehr Konsumentinnen und Konsumenten ein beschränkt vorhandenes Produkt kaufen, so steigt der Preis. Wer Waren und Dienstleistungen anbietet, welche zu teuer sind oder nicht geschätzt werden, wird sich auf dem Markt nicht behaupten können.

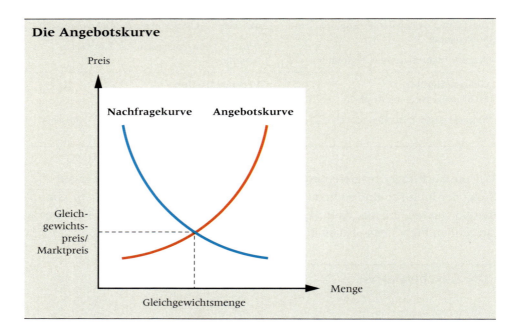

Die Angebotskurve

Preis

Nachfragekurve   Angebotskurve

Gleich-
gewichts-
preis/
Marktpreis

Menge

Gleichgewichtsmenge

Marktgleichgewicht Dort, wo sich Angebots- und Nachfrageverhalten treffen, herrscht Marktgleichgewicht: In diesem Punkt entspricht die angebotene der nachgefragten Menge. Man spricht dann von einem «geräumten Markt». Der Bedarf der Nachfrager kann gedeckt werden, und die Anbieter bleiben nicht auf ihrer Ware sitzen.

Wettbewerb Damit der freie Markt funktioniert, muss vollständiger Wettbewerb herrschen. Die Konkurrenz darf nicht durch Absprachen (Kartelle) oder Monopolstellungen unterhöhlt werden. Zudem müssen die Konsumentinnen und Konsumenten über die verschiedenen Angebote so im Bilde sein, dass sie auch tatsächlich auswählen können.

Veränderung des Marktgleichgewichts Verändern sich andere Einflussfaktoren als der Preis, verändert sich auch das Marktgleichgewicht. Steht den Nachfragern beispielsweise mehr Geld zur Verfügung, dehnt sich die Nachfrage aus. Dies führt zu einer Verschiebung der Nachfragekurve. Ähnliches ist aufseiten der Anbieter möglich: So führt beispielsweise eine Verteuerung von Rohstoffen oder die Erhebung einer neuen Steuer zu einer Verschiebung der Angebotskurve – und damit zu einem neuen Marktgleichgewicht.

Veränderung des Marktgleichgewichts

Verschiebung der Nachfragekurve

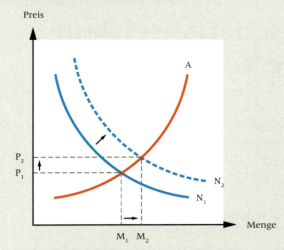

Ein Trendprodukt kommt auf den Markt. Bei gleichem Angebot dehnt sich die Nachfrage aus (von N_1 zu N_2). Dadurch erhöht sich einerseits der Preis (von P_1 auf P_2), andererseits kann auch mehr von diesem Produkt verkauft werden: Die Menge dehnt sich von M_1 zu M_2 aus.

Verschiebung der Angebotskurve

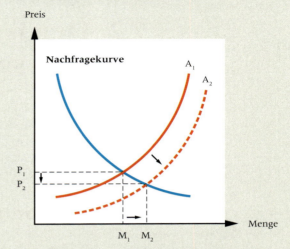

Aufgrund einer aussergewöhnlich guten Tomatenernte wird der Markt mit Tomaten überschwemmt. Das Angebot dehnt sich bei gleichbleibender Nachfrage aus (von A_1 zu A_2). Um die Tomaten verkaufen zu können, wird der Preis von P_1 auf P_2 gesenkt. Durch den billigeren Preis werden mehr Tomaten als vorher gekauft.

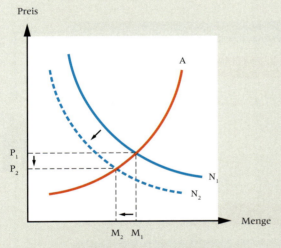

Aufgrund einer Wirtschaftskrise steht den Nachfragern weniger Einkommen zur Verfügung. Die Nachfragekurve verschiebt sich bei gleichem Angebot von N_1 zu N_2. Im neuen Gleichgewicht müssen die Produzenten die Preise senken, um überhaupt noch etwas verkaufen zu können. Es verringert sich aber auch die verkaufte Menge.

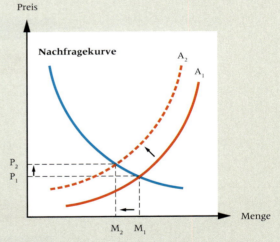

Die Erdöl exportierenden Länder verringern ihre Fördermengen. Es gibt weniger Erdöl auf dem Markt als üblich. Bei gleichbleibender Nachfrage verkleinert sich das Angebot von A_1 zu A_2. Dadurch steigt der Preis des knapper werdenden Erdöls, die verkaufte Menge sinkt.

Verstanden?

7.9 **Wann spricht man von einem Marktgleichgewicht?**

7.10 **Welche Voraussetzungen sind notwendig, damit der freie Markt funktioniert?**

7.11 **Wie verändern sich Preis und abgesetzte Menge,**
a) **wenn bei gleichem Angebot die Nachfrage zunimmt / abnimmt?**
b) **wenn bei gleichbleibender Nachfrage das Angebot zunimmt / abnimmt?**

7.2 Der Wirtschaftskreislauf und seine Teilnehmer

Bisher haben wir nur den Austausch von Gütern, Dienstleistungen und Geld auf Märkten betrachtet, mit dem die Menschen ihre Bedürfnisse befriedigen. Nun betrachten wir die Volkswirtschaft als Ganzes anhand eines Modells.

Der einfache Wirtschaftskreislauf

Der einfache Wirtschaftskreislauf beschreibt das Zusammenwirken der wichtigsten Wirtschaftsteilnehmer: der Produzenten (Unternehmen) und der Konsumenten (Haushalte). Er macht den grundlegendsten Austausch in unserer Volkswirtschaft sichtbar.

Einfacher Wirtschaftskreislauf

Geld (Löhne, Zinsen, Gewinne)

Produktionsfaktoren (Boden, Arbeit, Kapital)

Unternehmen

Haushalte

■ Güterstrom   ■ Geldstrom

Waren und Dienstleistungen

Geld (Zahlungen für Waren und Dienstleistungen)

Unternehmen   Die Unternehmen produzieren die von den Haushalten nachgefragten Güter und Dienstleistungen. Dazu brauchen sie ausgebildete Arbeitskräfte, Geld für Investitionen und Boden als Standort für Büros und Fabriken.

Haushalte   Die Haushalte konsumieren Güter und nehmen Dienstleistungen in Anspruch. Darüber hinaus stellen sie den Unternehmen ihre Arbeitskraft zur Verfügung, leihen ihnen über die Banken erspartes Geld aus und vermieten ihren Boden.

Güterstrom   Der Güterstrom umfasst die von den Haushalten zur Verfügung gestellten Produktionsfaktoren (Arbeit, Boden, Kapital). Mit den Produktionsfaktoren produzieren die Unternehmungen Güter und Dienstleistungen. Diese werden auf dem Markt angeboten und an die Haushalte verkauft.

Der Geldstrom läuft dem Güterstrom entgegen. Für das Zurverfügungstellen der Produktionsfaktoren zahlen die Unternehmen den Haushalten Lohn, Miete und Kapitalzinsen. Mit diesem Geld kaufen Haushalte Waren und Dienstleistungen.

Geldstrom

Der erweiterte Wirtschaftskreislauf

In Wirklichkeit sind die wirtschaftlichen Abläufe komplexer, als im einfachen Wirtschaftskreislauf dargestellt. Um ein besseres Bild zu erhalten, muss der Wirtschaftskreislauf um die Teilnehmer Staat, Banken und Ausland erweitert werden. In der folgenden Darstellung ist der Geldfluss zwischen diesen Teilnehmmern abgebildet:

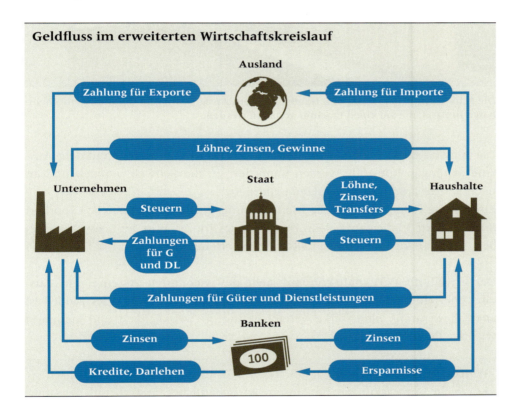

Der Staat ist einerseits Wirtschaftsteilnehmer. Über Steuern und Zolleinnahmen erhält er Geld von den Haushalten und Unternehmen, das er als Löhne für die Staatsangestellten, als Zahlungen für öffentliche Aufträge und als Subventionen und Direktzahlungen wieder ausgibt.
Auf der anderen Seite beeinflusst er mit verschiedensten politischen Instrumenten das Wirtschaftsgeschehen (z. B. gesetzliche Vorschriften, progressive Steuern, siehe hierzu Kapitel 7.4).

Staat

Die Banken vermitteln Kapital. Sie nehmen die Spargelder der Haushalte entgegen und verleihen diese als Darlehen und Kredite an Unternehmen, Staat und Private. Als Gegenleistung vergüten die Banken Zinsen an die Haushalte und verlangen Zinsen von ihren Schuldnern.
Sie sind aber auch normale Unternehmen, die Dienstleistungen zur Verfügung stellen, Löhne und Steuern zahlen.

Banken

Die Schweiz profitiert stark vom Handel mit dem Ausland. Im Bild Container am Rhein-hafen in Basel, die auf einen Frachter verladen werden.

Ausland

Die Schweiz als kleines und rohstoffarmes Land ist vom Handel mit dem Ausland abhängig. Rohstoffe werden importiert, in der Schweiz veredelt und als hochwertige Produkte ins Ausland exportiert.

Eine zweite Geldquelle sind die Dienstleistungen. Die Finanzbranche exportiert ihre Produkte in die ganze Welt. Das Geld, das Touristen in der Schweiz ausgeben, stellt für die Schweiz ebenfalls eine Exporteinnahme dar.

Die ganzheitliche Sicht

Der erweiterte Wirtschaftskreislauf stellt die wichtigsten Akteure und Austauschbeziehungen der Volkswirtschaft schematisch dar. Wie jedes Modell ist auch diese Grafik eine starke Vereinfachung der Wirklichkeit und klammert wichtige Fragen aus:

Weiterführende Fragen
- Welche Auswirkungen hat unsere wirtschaftliche Tätigkeit auf die Umwelt? Wer übernimmt die externen Kosten? Wie nachhaltig produzieren wir, was hinterlassen wir unseren Nachkommen?
- Wer sind die Verlierer in unserer Volkswirtschaft? Wie sieht es mit der Lohngerechtigkeit aus? Wie zufrieden sind wir mit unserem Arbeitsplatz? Wie grossem Stress sind wir ausgesetzt?

Erst wenn man solche Fragen mit einbezieht, erhält man eine ganzheitliche Sicht unseres Wirtschaftsgeschehens.

Verstanden?

7.12 Was stellen die Haushalte den Unternehmen zur Verfügung, und was bekommen sie dafür?

7.13 Welche drei Akteure kommen beim erweiterten Wirtschaftskreislauf dazu?

7.14 Welche Rolle spielen die Banken in unserer Wirtschaft?

7.15 Warum sind wir vom Handel mit dem Ausland abhängig?

7.16 Welche Fragen sind beim erweiterten Wirtschaftskreislauf immer noch ausgeklammert?

Produktionsfaktoren

Wie im einfachen Wirtschaftskreislauf gezeigt, braucht es den Einsatz der Produktionsfaktoren Boden, Arbeit und Kapital, um Güter und Dienstleistungen anbieten zu können.

Übersicht der Produktionsfaktoren

Boden / Umwelt	Arbeit / Wissen	Kapital
• Rohstoffträger • Nährstoffträger • Betriebsstandort • Infrastrukturträger • Tourismuslandschaft • Anlageobjekt	• Körperliche Arbeit • Geistige Arbeit • Maschinelle Arbeit • Ausbildung / Qualifikation • Fähigkeiten / Erfahrung	• Geldkapital (Bargeld, Buchgeld) • Sachkapital (Gebäude, Maschinen, Werkzeuge, Fahrzeuge)

Boden / Umwelt

Der Begriff «Boden» bezeichnete ursprünglich Ackerboden, der landwirtschaftlich genutzt wurde. Im Zuge der Ausbeutung von Bodenschätzen (z.B. Kohle, Erdöl, Uran, Salz) wurde der Begriff erweitert. Heute kann der Boden auf vielfältige Art der Wirtschaft dienen. Mittlerweile wird auch vom Produktionsfaktor «Natur» oder «Umwelt» gesprochen.

Arbeit / Wissen

Volkswirtschaftlich bedeutet «Arbeit» jede körperliche und geistige Tätigkeit, mit der ein Einkommen erzielt wird. Die Tätigkeiten im Haushalt zum Beispiel werden dabei nicht erfasst. Für die meisten Menschen ist die Arbeit der einzige Produktionsfaktor, den sie der Wirtschaft anbieten können. Die Qualität der Arbeit wird durch das Wissen und Können der Mitarbeitenden beeinflusst. Wenn angestellte Personen geschult und weitergebildet werden, steigt ihr Wert auch für die Unternehmung.

Kapital

Unter «Kapital» versteht man alle Mittel, die eingesetzt werden, um Güter herzustellen und Dienstleistungen zu erbringen. Dabei unterscheidet man zwischen Geld- und Sachkapital.

Mit dem Geldkapital erwerben die Unternehmen u. a. Sachkapital, durch das die Produktion ermöglicht wird. Sie investieren das Geld. Die Geldmittel für Investitionen sind Spargelder (via Banken) oder Gewinne der Unternehmungen. Wenn viel gespart wird, steht einerseits der Wirtschaft viel Geld für Investitionen zur Verfügung, andererseits wird weniger für den Konsum ausgegeben.

Verstanden?

7.17 **Warum spricht man heute eher vom Produktionsfaktor Umwelt statt von Boden?**

7.18 **Warum sind Hausfrauen im wirtschaftlichen Sinne nicht erwerbstätig?**

7.19 **Wie können Sie Ihren Produktionsfaktor Arbeit beeinflussen?**

7.20 **Welche positiven und negativen Folgen hat das Sparen für die Wirtschaft?**

Wirtschaftssektoren

Die Arbeitnehmenden einer Volkswirtschaft lassen sich von der beruflichen Tätigkeit her in drei Produktionsbereiche (Wirtschaftssektoren) einteilen.

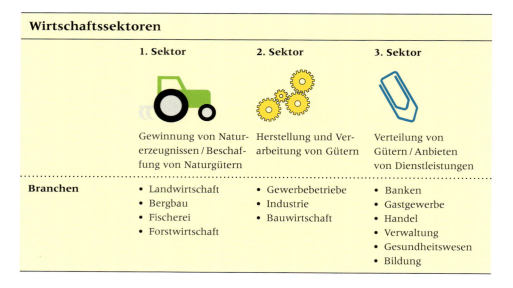

Wirtschaftssektoren			
	1. Sektor	**2. Sektor**	**3. Sektor**
	Gewinnung von Naturerzeugnissen / Beschaffung von Naturgütern	Herstellung und Verarbeitung von Gütern	Verteilung von Gütern / Anbieten von Dienstleistungen
Branchen	• Landwirtschaft • Bergbau • Fischerei • Forstwirtschaft	• Gewerbebetriebe • Industrie • Bauwirtschaft	• Banken • Gastgewerbe • Handel • Verwaltung • Gesundheitswesen • Bildung

Die Grenze zwischen den einzelnen Sektoren verläuft nicht scharf. So erbringen beispielsweise viele Industrieunternehmen auch Dienstleistungen (Beratung, Service), oder Bauern verkaufen ihre geernteten Kartoffeln gleich selbst.

Strukturwandel Das Erwerbsleben hat sich in den letzten 150 Jahren grundlegend verändert: Die Schweiz entwickelte sich von der Agrargesellschaft zum Industriestaat und schliesslich zur Dienstleistungsgesellschaft von heute.

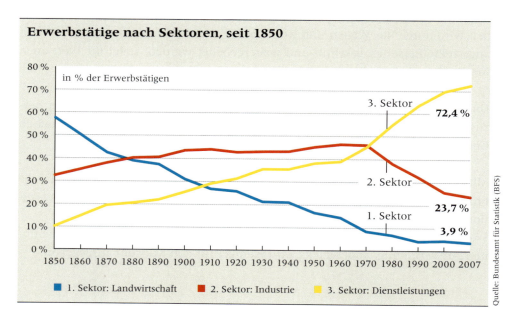

Erwerbstätige nach Sektoren, seit 1850

Quelle: Bundesamt für Statistik (BFS)

7.21 In welchem Wirtschaftssektor sind Sie tätig?

7.22 Welcher Sektor hat in den letzten 150 Jahren viele Arbeitskräfte verloren, in welchem Sektor wurden viele Arbeitsstellen geschaffen?

7.3 Die Messung der Wirtschaftsaktivität

Wohlstand und Wohlfahrt

Es ist das Ziel des Wirtschaftens, die Wohlfahrt der Menschen zu fördern. Auch der Staat verfolgt dieses Ziel (BV 2). Unter Wohlfahrt verstehen wir die Lebensqualität jeder einzelnen Person. Es gehören dazu der materielle Lebensstandard, aber auch Gesundheit, Gerechtigkeit, Freiheit oder eine intakte Natur.

Wohlfahrt

Einen wichtigen Teil der Wohlfahrt macht der Wohlstand aus. Darunter versteht man den materiellen Lebensstandard oder Reichtum. Wohlstand beinhaltet die Möglichkeit, über Güter und Dienstleistungen zu verfügen.

Wohlstand

Die Wohlfahrt zu messen, ist schwierig. Man versucht dies über verschiedene Indikatoren, z. B. über Schadstoffe in der Atemluft, die Versorgung mit Ärzten oder die Kindersterblichkeitsrate. Einfacher ist es, den Wohlstand einer Bevölkerung zu messen. Dazu eignet sich das Bruttoinlandprodukt pro Kopf.

Messung von Wohlfahrt und Wohlstand

Bruttoinlandprodukt (BIP)

Das Bruttoinlandprodukt (BIP) misst den Marktwert aller in einem Land hergestellten Güter und geleisteten Dienste während eines Jahres. Nicht im BIP erfasst werden z. B. Arbeiten im Haushalt, ehrenamtliche Tätigkeiten, Vereinsarbeit, Schwarzarbeit und illegale Tätigkeiten. Das BIP kann auf drei Arten ermittelt werden. Es resultiert jeweils derselbe Betrag.

Messgrösse BIP

Berechnungsarten des BIP der Schweiz 2007 (in Prozent)

Entstehung des BIP
Dieser Ansatz misst die Wertschöpfung, die im Verlaufe eine Jahres geschaffen wird (hier nach Branchen).

1,2
25,4   22,5
5,5
23,6   21,8

- Landwirtschaft
- Industrie, Energie
- Baugewerbe
- Handel, Gastgewerbe, Verkehr, Kommunikation
- Banken, Versicherungen, Unternehmensberatung, Immobilien
- Öffentliche Verwaltung, Bildung, Gesundheit

Verwendung des BIP
Dieser Ansatz zeigt, wie das verfügbare Einkommen verwendet wird (Konsum und Investitionen).

9,2
22,2   57,8
10,8

- Private Konsumausgaben
- Staatskonsum
- Investitionsausgaben
- Nettoexporte

Verteilung des BIP
Dieser Ansatz betrachtet die Bezahlung der Produktionsfaktoren (Boden, Arbeit und Kapital).

3,3
17,7
16,8   62,2

- Löhne
- Unternehmensgewinne
- Abschreibungen
- Produktions- und Importabgaben abzüglich Subventionen

BIP 2007 zu laufenden Preisen: 512 Mrd. Franken

Quelle: Bundesamt für Statistik (BFS)

Reales und nominales BIP   Mit dem BIP kann das Wirtschaftswachstum im Vergleich zum Vorjahr gemessen werden. Dazu muss aber die Inflation (Teuerung) berücksichtigt werden. Wegen der Teuerung kann man heute mit einem Franken weniger Güter kaufen als noch vor zehn Jahren. Die um die Inflation korrigierte Grösse bezeichnet man als «reales BIP». Das BIP zu laufenden Preisen nennt man «nominales BIP».

BIP pro Kopf   Die Länder dieser Erde sind unterschiedlich gross. Bei Ländervergleichen wird daher das reale BIP durch die Bevölkerungszahl dividiert (BIP pro Kopf).

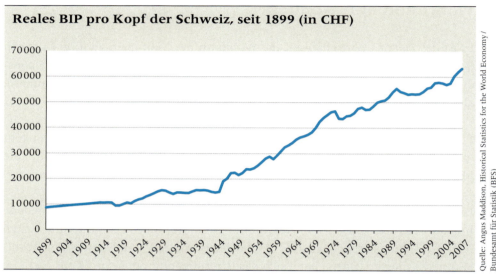

Reales BIP pro Kopf der Schweiz, seit 1899 (in CHF)

Quelle: Angus Maddison, Historical Statistics for the World Economy / Bundesamt für Statistik (BFS)

Wachstum / Konjunktur   Wie aus der Grafik ersichtlich wird, hat der Wohlstand der Schweiz seit 1899 stark zugenommen. Diesen langfristigen Anstieg nennt man Wirtschaftswachstum. Die Entwicklung verlief jedoch nicht gleichmässig, sondern wies bedeutende Schwankungen auf. Die kurzfristigen Bewegungen werden als «Konjunkturschwankungen» bezeichnet (siehe dazu S. 192).

Internationaler Vergleich   Verglichen mit anderen Staaten, ist die Schweiz ein reiches Land:

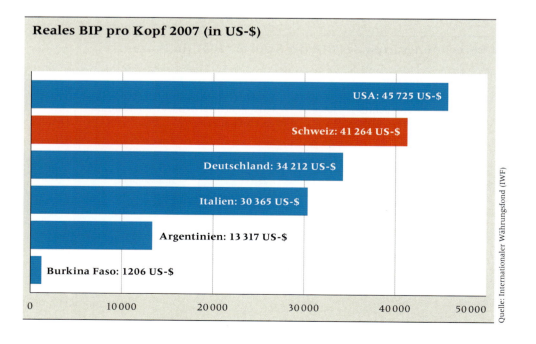

Reales BIP pro Kopf 2007 (in US-$)

USA: 45 725 US-$
Schweiz: 41 264 US-$
Deutschland: 34 212 US-$
Italien: 30 365 US-$
Argentinien: 13 317 US-$
Burkina Faso: 1206 US-$

Quelle: Internationaler Währungsfond (IWF)

Die Einkommensverteilung

Das BIP pro Kopf zeigt auf, wie hoch das durchschnittliche Einkommen in einem Land ist. Daraus lässt sich jedoch nicht ablesen, wie gleichmässig die Einkommen auf die Haushalte verteilt sind. Diese Information liefert uns jedoch die Lorenzkurve. Die Lorenzkurve ist eine grafische Darstellung der Verteilung von Einkommen und Vermögen. Je «bauchiger» die Kurve verläuft, desto ungleicher sind die Einkommen in einem Land verteilt.

Dass nicht alle gleich viel verdienen, hat z. B. mit dem Alter, dem Geschlecht, dem Ausbildungsstand oder der beruflichen Stellung zu tun.

Lorenzkurve

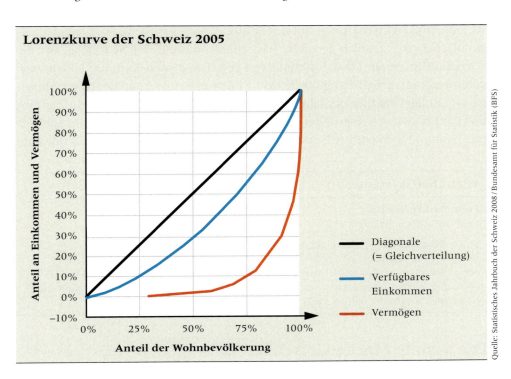

Lorenzkurve der Schweiz 2005

Anteil an Einkommen und Vermögen

Anteil der Wohnbevölkerung

Diagonale (= Gleichverteilung)

Verfügbares Einkommen

Vermögen

Quelle: Statistisches Jahrbuch der Schweiz 2008 / Bundesamt für Statistik (BFS)

In der Schweiz verfügt das reichste Viertel der Bevölkerung über rund 45 Prozent des Gesamteinkommens und besitzt rund 90 Prozent des Gesamtvermögens. Das ärmste Viertel kommt auf nur rund 10 Prozent des Einkommens und besitzt überhaupt kein Vermögen.

Verstanden?

7.23 Wie lassen sich Wohlstand und Wohlfahrt einfach umschreiben?

7.24 Was wird mit dem BIP gemessen?

7.25 Wie komme ich vom nominalen zum realen BIP?

7.26 Welche Bedeutung hat das BIP pro Kopf?

7.27 Was kann ich aus der Lorenzkurve herauslesen?

7.28 Wie sieht die Einkommens- und Vermögensverteilung in der Schweiz aus?

7.4 Die Rolle des Staates

Wirtschaftsformen

Gegensätzliche Denkmodelle

Weil die Volkswirtschaft eng mit der Politik verbunden ist, verfügt jede Gesellschaft über eine staatlich geregelte Wirtschaftsordnung, welche festlegt, wie die Wirtschaft in einem Land funktionieren soll. Die beiden Extreme bilden zwei völlig gegensätzliche Denkmodelle bzw. Systeme. Dem System der freien Marktwirtschaft liegt die Idee des Liberalismus (nach Adam Smith) zugrunde, das System der Planwirtschaft gründet auf der Lehre von Karl Marx (Lehre des Sozialismus/Kommunismus). Die beiden Systeme unterscheiden sich folgendermassen:

Wirtschaftssysteme

Freie Marktwirtschaft	**Zentrale Planwirtschaft**
Keine staatlichen Eingriffe	Totale staatliche Kontrolle
Im Zentrum stehen die Freiheit und das Interesse jeder einzelnen Person. Das Gewinnstreben ist der Motor der Wirtschaft. Man geht davon aus, dass das Streben nach persönlichem Nutzen den Nutzen der Gemeinschaft fördert.	Die Steuerung der Volkswirtschaft erfolgt über eine staatliche Bürokratie. Was produziert werden soll, entscheidet eine staatliche Planstelle. Anreiz bilden nicht Gewinn und Nutzen, sondern Auszeichnung und Strafen.

Die soziale Marktwirtschaft

Aufgaben des Staates

Die beiden Wirtschaftssysteme in der reinen Form sind nirgends anzutreffen. In den westlichen Demokratien hat sich eine sozial gesteuerte Marktwirtschaft durchgesetzt. Dabei nimmt sich der Staat das Recht, ergänzend ins Marktgeschehen einzugreifen. In der sozialen Marktwirtschaft übernimmt der Staat drei Aufgaben:

Aufgaben des Staates

- *Durchsetzung des Rechtssystems* – Bürgerinnen und Bürger in einem Staat müssen ihre Rechte an Gerichten einfordern können. In Staaten wie der Schweiz ist ein derartiges Rechtssystem selbstverständlich. Menschen in anderen Ländern leiden jedoch darunter, dass z.B. Verträge nicht durchgesetzt werden können oder Mafiagruppen Schutzgelder erpressen.
- *«Gerechte» Verteilung* – Der Staat sorgt auch für eine politisch gewünschte Umverteilung. Viele Staatseingriffe beruhen darauf, dass Einkommen an gewisse Bevölkerungsgruppen, Regionen oder Generationen umverteilt wird. Wie viel und zu wem, ist das Resultat des politischen Prozesses.
- *Korrektur von Marktversagen* – In der Marktwirtschaft übernehmen die Märkte die Verteilung von Gütern und Ressourcen. Dies funktioniert in der Regel auch. Es gibt allerdings Situationen, in denen der Markt nicht funktioniert. Man spricht dabei von «Marktversagen».

Es lassen sich drei Arten von Marktversagen unterscheiden:

Marktversagen

Marktversagen

Kein Wettbewerb	Externe Kosten	Öffentliche Güter
Ist ein Unternehmen auf einem bestimmten Markt der einzige Anbieter, spricht man von einem Monopol. Wegen der fehlenden Konkurrenz kann dieser Anbieter die Preise und Mengen weitgehend selbst festsetzen. Möglicher Staatseingriff: • *Wettbewerbskommission* Diese geht gegen Absprachen zwischen Unternehmen (Kartelle) vor und bekämpft den Missbrauch der Marktmacht einzelner Unternehmen. • *Preisüberwacher* (vgl. S. 50)	Externe Kosten trägt nicht der Verursacher, sondern die Allgemeinheit. Das wichtigste Beispiel in diesem Bereich ist die Umweltverschmutzung. Möglicher Staatseingriff: • *Nachsorge* z.B. Kläranlage, Kehrichtverbrennung • *Verbote* z.B. Verbot von FCKW • *Verursacherprinzip* Dieses kann über Lenkungsabgaben (z.B. CO_2-Abgabe) oder über Entsorgungsgebühren durchgesetzt werden.	Das sind Güter, welche alle benützen können, deren Kosten aber niemand alleine tragen will. Wenn im Winter durch den Schnee die Strassen unbenutzbar werden, möchte keines der Transportunternehmen für alle anderen die Strassen freiräumen. Möglicher Staatseingriff: • Der Staat stellt die öffentlichen Güter zur Verfügung und bezahlt diese durch Steuereinnahmen.

Der Staat muss die ihm zur Verfügung stehenden Mittel des Eingreifens sorgfältig auswählen. Denn es besteht stets die Möglichkeit, dass Massnahmen des Staates aufgrund von unvorhergesehenen Problemen zu schlechteren Resultaten führen, als wenn man nichts getan hätte. Ist dies der Fall, spricht man von Staatsversagen. So wird im Zusammenhang mit der Finanzmarktkrise 2008 kritisiert, dass der Staat bzw. die Regierungen oft Teil des Problems seien, allein schon durch die gegebene enge personelle Verflechtung von Beamten und Politikern mit der Finanzindustrie.

Staatsversagen

Wirtschaftspolitik

Die Wirtschaftspolitik umfasst die Gesamtheit aller staatlichen Massnahmen, die darauf abzielen, die Lebensqualität möglichst vieler Menschen in einer Gesellschaft zu verbessern. Dem Handeln des Staates liegen dabei die folgenden, von fast allen akzeptierten Ziele zugrunde:

Ziele der Wirtschaftspolitik

Ziele der Wirtschaftspolitik
• Hoher Wohlstand
• Tiefe Arbeitslosigkeit
• Stabile Preise
• Nachhaltige Staatsfinanzierung

Mit welchen Massnahmen die gewünschten wirtschaftspolitischen Ziele erreicht werden sollen, ist jeweils sehr umstritten und eines der Hauptthemen der politischen Auseinandersetzung.

Hoher Wohlstand

Wachstum und Konjunktur Entscheidend für die Höhe des Wohlstands ist das langfristige Wachstum, welches der Staat positiv zu beeinflussen versucht (z.B. durch Investitionen in die Bildung oder die Infrastruktur). Allerdings wächst die Wirtschaft nicht linear, sondern folgt sogenannten Konjunkturzyklen.

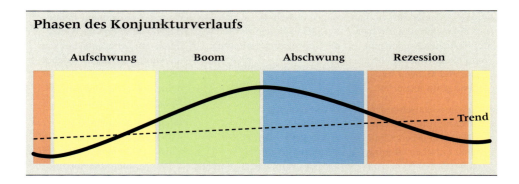

Konjunkturpolitik Grosse Konjunkturschwankungen haben unerwünschte volkswirtschaftliche Folgen (z.B. Arbeitslosigkeit). Der Staat versucht daher, grosse Schwankungen abzudämpfen. Bei einem Wirtschaftsabschwung (Rezession / Depression) kann der Staat beispielsweise versuchen, Staatsaufträge auszuweiten, um Arbeitsplätze zu sichern. Oder er gewährt Steuererleichterungen, damit mehr Geld für Konsum und Investitionen zur Verfügung steht.

In wirtschaftlich guten Zeiten (Aufschwung / Boom) verpflichtet der Staat beispielsweise die Unternehmen, Arbeitsbeschaffungsreserven für Investitionen in Notlagen zu bilden.

Tiefe Arbeitslosigkeit

Die Arbeitslosenzahlen der Schweiz sind im Vergleich mit anderen europäischen Ländern gering.

Massnahmen gegen Arbeitslosigkeit Um bei Rezessionen Kündigungen zu vermeiden, kann der Staat Kurzarbeit erlauben, um Auftragsengpässe zu überbrücken. Falls jemand arbeitslos wird, unterstützt der Staat diese Personen dabei, sich um- oder weiterzubilden und eine neue Stelle zu finden.

Stabile Preise

Wenn die Preise laufend steigen, sprechen wir von Teuerung oder Inflation. Die
Teuerung wird mit Durchschnittspreisen eines definierten Warenkorbes ermittelt (Landesindex der Konsumentenpreise).

Inflation

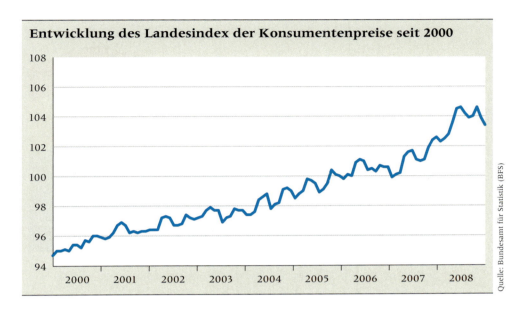

Entwicklung des Landesindex der Konsumentenpreise seit 2000

Quelle: Bundesamt für Statistik (BFS)

Inflation entsteht, wenn zu viel Geld im Umlauf ist (Geldstrom > Güterstrom).
Dies ist schädlich für die Volkswirtschaft. So verringert sich beispielsweise der
Wert von Ersparnissen, oder die Arbeitnehmenden verlieren an Kaufkraft.

Kaufkraftverlust

Beispiel zum Kaufkraftverlust

Herrscht Inflation, verliert ein bestimmter Lohn an Wert. Um die Kaufkraft von Löhnen über die
Zeit vergleichen zu können, muss die Teuerung herausgerechnet werden:

Nominallohn (auf Lohnausweis) – Teuerung = Reallohn

Damit Arbeitnehmende real nicht weniger verdienen, muss der Nominallohn jährlich in Höhe
der Teuerung ansteigen (Teuerungsausgleich).

Die Aufgabe der SNB ist es, die Geldpolitik im Gesamtinteresse der Schweiz zu
führen. Die erste Zielgrösse ist die Inflation. Für die SNB gilt es, grosse Schwankungen des Geldwertes zu vermeiden (Inflationsrate < 2 %).
Das zweite Ziel ist eine ausgewogene konjunkturelle Entwicklung der Schweiz,
d. h., es soll weder eine wirtschaftliche Überhitzung noch eine Rezession herrschen.
Wenn die SNB der Wirtschaft mehr Geld zur Verfügung stellen will, macht sie
ihre Tauschgeschäfte mit den Banken günstiger und senkt die Zinsen, die ihr
Banken für einen Kredit zahlen müssen. Damit verfügen Banken über mehr Re-
serven, mit denen sie wiederum ihren Kunden Kredite geben und so den Geld-
schöpfungsmechanismus in Gang setzen. Wenn die SNB das Geld verknappen
will, erhöht sie den Zinssatz, und Kredite werden teurer.

Rolle der SNB

Nachhaltige Staatsfinanzierung

Staatsverschuldung Die folgende Grafik zeigt, dass die Staatsverschuldung der Schweiz in den letzten 40 Jahren stark zugenommen hat:

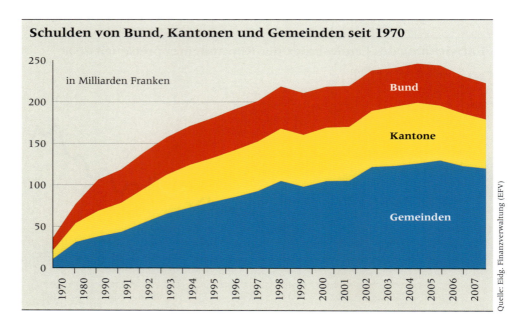

**Nachhaltige Staatsfinan-
zierung / Schuldenbremse** Steigende Schulden sind nicht wünschenswert. Einerseits verliert der Staat dadurch Handlungsspielraum, andererseits werden die Schulden auf zukünftige
Generationen abgewälzt. Allerdings ist es natürlich einfacher, zusätzliche Ausgaben zu beschliessen, als Steuererhöhungen durchzusetzen. Um die steigende
Verschuldung unter Kontrolle zu bringen, führte der Bund 2002 die Schuldenbremse ein. Diese besagt, dass in einer Hochkonjunktur ein Überschuss erwirt-
schaftet werden muss, in einer Rezession dagegen ein Defizit ausgewiesen werden darf. Die Bundesfinanzen sollen dadurch nachhaltig gestaltet werden.
Im folgenden Kapitel werden Sie sich eingehender mit der Staatsfinanzierung
auseinandersetzen.

Verstanden?

**7.29 Was sind die Unterschiede zwischen
der freien Marktwirtschaft und der
zentralen Planwirtschaft?**

**7.30 Was ist das Wesen der sozialen
Marktwirtschaft?**

**7.31 Welches sind die wichtigsten drei
Aufgaben des Staates in der sozialen
Marktwirtschaft?**

**7.32 In welchen Bereichen kann der
Markt versagen?**

**7.33 Welches sind die wesentlichen Ziele
der Wirtschaftspolitik?**

**7.34 Mit welchen Massnahmen kann der
Staat diese Ziele umsetzen?**

7.5 Die Finanzierung der Staatstätigkeit

Wie im letzten Kapitel aufgezeigt, setzt der Staat einerseits mithilfe von Gesetzen die Rahmenbedingungen für unsere Marktwirtschaft, andererseits ist er einer der Wirtschaftsteilnehmer und übernimmt zum Wohl der Gemeinschaft verschiedenste Aufgaben.

Einnahmen und Ausgaben

Wie jede Privatperson oder Unternehmung benötigt der Staat Einnahmen, um seine Aufgaben erfüllen zu können. Die direkten Bundessteuern und die indirekten Steuern sind die wichtigsten Einnahmenquellen des Bundes. Der grösste Ausgabenposten ist die soziale Wohlfahrt.

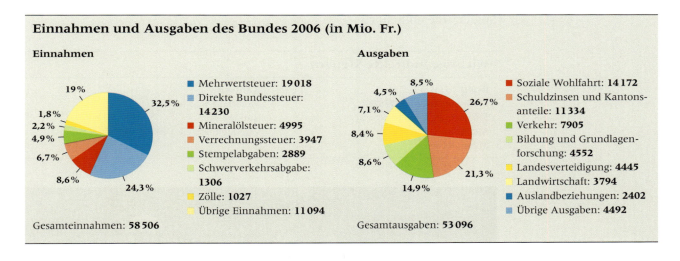

Einnahmen und Ausgaben des Bundes 2006 (in Mio. Fr.)

Einnahmen

19 %
1,8 %
2,2 %
4,9 %
6,7 %
8,6 %
24,3 %
32,5 %

- Mehrwertsteuer: **19 018**
- Direkte Bundessteuer: **14 230**
- Mineralölsteuer: **4995**
- Verrechnungssteuer: **3947**
- Stempelabgaben: **2889**
- Schwerverkehrsabgabe: **1306**
- Zölle: **1027**
- Übrige Einnahmen: **11 094**

Gesamteinnahmen: **58 506**

Ausgaben

8,5 %
4,5 %
7,1 %
8,4 %
8,6 %
14,9 %
21,3 %
26,7 %

- Soziale Wohlfahrt: **14 172**
- Schuldzinsen und Kantonsanteile: **11 334**
- Verkehr: **7905**
- Bildung und Grundlagenforschung: **4552**
- Landesverteidigung: **4445**
- Landwirtschaft: **3794**
- Auslandbeziehungen: **2402**
- Übrige Ausgaben: **4492**

Gesamtausgaben: **53 096**

Wir haben uns daran gewöhnt, dass der Staat (Bund, Kantone und Gemeinden) für uns Aufgaben in verschiedensten Bereichen übernimmt. Dafür braucht er Geld. Wenn wir weniger Steuern bezahlen wollen, ohne dass sich der Staat zusätzlich verschuldet, so müssen wir ihn von verschiedenen Aufgaben entlasten. Welche das sein werden und wer allenfalls diese Aufgaben übernimmt, wird Teil eines politischen Entscheidungsprozesses sein.

Leistungsstaat

7.35 Welches sind die wichtigsten Einnahmequellen des Bundes?

7.36 Wofür gibt der Bund das meiste Geld aus?

Verstanden?

Besteuerungsformen und Besteuerungsarten

Wenn wir wollen, dass der Staat gewisse Aufgaben übernimmt, müssen wir ihm die notwendigen finanziellen Mittel zur Verfügung stellen. Einen Grossteil seiner finanziellen Aufwendungen deckt der Staat über verschiedene Steuern.

Direkte und indirekte Steuern

Direkte Steuern Direkte Steuern werden auf Einkommen und Vermögen erhoben. Die wichtigsten direkten Steuern werden aufgrund der Steuererklärung erhoben. In der Regel sind die Steuertarife abgestuft (siehe Steuerprogression).

Wichtige direkte Steuern	
Bund	**Kantone**
Einkommenssteuer	Einkommenssteuer
	Vermögenssteuer
	Erbschaftssteuer
	Liegenschaftssteuer

Indirekte Steuern Indirekte Steuern werden beim Kauf von Waren (Verbrauchssteuern), beim Besuch von kulturellen Anlässen (Aufwandsteuern) und auf den Besitz von bestimmten «Gegenständen» (Besitzsteuern) erhoben. In der Regel sind die Steuertarife einheitlich.

Wichtige indirekte Steuern	
Bund	**Kantone**
Mehrwertsteuer (MWST)	Motorfahrzeugsteuer
Tabaksteuer	Hundesteuer
Alkoholsteuer	Vergnügungssteuer (Billettsteuer)
Mineralölsteuer	

Die Motorfahrzeugsteuer ist eine indirekte Steuer.

Steuerprogression

Wären die zu bezahlenden Steuern linear resp. proportional, so müsste jede steuerpflichtige Person den gleichen prozentualen Anteil des Einkommens und Vermögens als Steuer bezahlen (z. B. 10 %). Die Kaufkraft eines Kleinverdieners würde dadurch aber stärker eingeschränkt als diejenige einer Millionärin. Deshalb hat man die Steuersätze nach Höhe des Einkommens und Vermögens abgestuft. Wer mehr verdient, zahlt also prozentual mehr Steuern. Diese abgestufte Besteuerung nennt man Steuerprogression.

Steuerprogression

Dadurch, dass gut Situierte eine höhere prozentuale Steuerlast tragen als Menschen, welche in ärmlichen Verhältnissen leben, will man mehr soziale Gerechtigkeit erreichen. Der Staat sorgt auf diese Weise für eine Umverteilung, weil schliesslich alle etwa gleich von der Verwendung der Steuern profitieren. Folgendes Beispiel soll die Funktion der Steuerprogression verdeutlichen:

Umverteilung

Beispiel zur Steuerprogression

Steuerbelastung (Kantons-, Gemeinde- und Kirchensteuer) einer unselbstständig erwerbenden Person ohne Kinder in Zürich 2007

Arbeitseinkommen	Steuerbelastung
Fr. 30 000.–	4,4 %
Fr. 50 000.–	7,1 %
Fr. 100 000.–	11,8 %
Fr. 200 000.–	16,6 %

Verstanden?

7.37 Was ist der Unterschied zwischen direkten und indirekten Steuern?

7.38 Was soll mit der Steuerprogression erreicht werden?

Spezielle Steuerarten

Verrechnungssteuer

Die Verrechnungssteuer ist ein Mittel zur Verhinderung der Steuerhinterziehung. Die Banken müssen gemäss Gesetz 35 Prozent der Lohn-, Spar- und Postkontozinsen an die Bundeskasse abliefern (bei Sparkonten erst ab Fr. 50.–). Geben die Kontobesitzer ihr Sparvermögen in der Steuererklärung an, so wird ihnen der gesamte Abzug zurückerstattet. Der abgezogene Verrechnungssteuerbetrag ist höher als der Betrag, den man als Vermögens- und Einkommenssteuer bezahlen muss. Es lohnt sich steuermässig also nicht, Bankguthaben der Steuerbehörde zu verheimlichen. Das nachfolgende Beispiel erklärt den Ablauf.

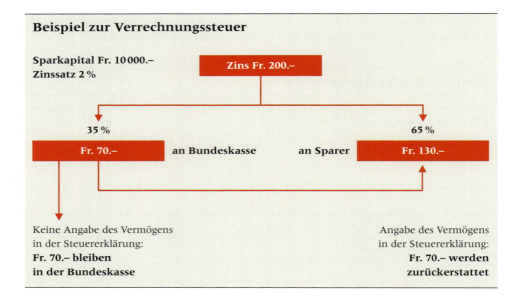

Beispiel zur Verrechnungssteuer

Sparkapital Fr. 10 000.–
Zinssatz 2 %

Zins Fr. 200.–

35 %

Fr. 70.–   an Bundeskasse   an Sparer

65 %

Fr. 130.–

Keine Angabe des Vermögens
in der Steuererklärung:
Fr. 70.– bleiben
in der Bundeskasse

Angabe des Vermögens
in der Steuererklärung:
Fr. 70.– werden
zurückerstattet

Wer sein Vermögen in der Steuererklärung angibt, erhält den Verrechnungssteuerabzug zurückerstattet.

Mehrwertsteuer (MWST)

Beim Verkauf von Waren und Dienstleistungen erhebt der Bund eine Verbrauchssteuer, die sogenannte Mehrwertsteuer. Der normale Steuersatz beträgt zurzeit 7,6 Prozent.

Wie der Name schon sagt, wird die MWST nur auf den Mehrwert erhoben. Das folgende Beispiel erklärt, was das bedeutet:

Beispiel zur Mehrwertsteuer (MWST)

Ein Fabrikant stellt Stoffe her und verkauft diese für Fr. 1000.– (inkl. MWST). Darauf zahlt er Fr. 76.– MWST.

Warenwert	Fr. 1000.–
MWST (7,6 %)	Fr. 76.–
Vorsteuer	Fr. 0.–
MWST Fabrikant	**Fr. 76.–** (an Eidg. Steuerverwaltung abzuliefern)

Eine Schneiderin fertigt aus diesen Stoffen Kleider an. Insgesamt erzielt sie beim Verkauf der Kleider einen Erlös von Fr. 2000.– (inkl. MWST).
Die MWST beträgt also Fr. 152.–.
Von diesem Geld können die Fr. 76.– des Fabrikanten abgezogen werden, weil diese schon an die Steuerverwaltung abgeliefert wurden.

Warenwert	Fr. 2000.–
MWST (7,6 %)	Fr. 152.–
Vorsteuer	– Fr. 76.–
MWST Schneiderin	**Fr. 76.–** (an Eidg. Steuerverwaltung abzuliefern)

Die Kleider der Schneiderin gelangen in ein Modegeschäft. Dieses verkauft die Kleider für insgesamt Fr. 4000.– (inkl. MWST).
Die MWST beträgt nun insgesamt Fr. 304.–. Davon können wiederum die schon verrechneten MWST-Beträge abgezogen werden (also: minus Fr. 152.–; diesen Betrag haben der Fabrikant und die Schneiderin zusammen schon bezahlt).

Warenwert	Fr. 4000.–
MWST (7,6 %)	Fr. 304.–
Vorsteuer	– Fr. 152.–
MWST Modegeschäft	**Fr. 152.–** (an Eidg. Steuerverwaltung abzuliefern)

Dieses Beispiel zeigt die gestaffelte Erhebung der MWST bei den Produzenten. Für den Konsumenten ist die Sache nicht so kompliziert: Er bezahlt am Schluss den gesamten MWST-Betrag.

Verstanden?

7.39 Wie funktioniert die Mehrwertsteuer?

7.40 Was soll mit der Verrechnungssteuer verhindert werden?

7.41 Wie funktioniert die Verrechnungssteuer?

Selbstdeklaration

Steuererklärung ausfüllen

Damit der Staat (Bund, Kantone, Gemeinden) die Höhe der Einkommen ermitteln kann, müssen die Steuerpflichtigen jedes Jahr ihr Einkommen und Vermögen wahrheitsgetreu und vollständig angeben. Zu diesem Zweck erhalten sie von der Steuerbehörde verschiedene Formulare mit der Aufforderung, diese bis zu einem bestimmten Zeitpunkt auszufüllen und einzureichen.

Wegleitung

In der mitgelieferten Wegleitung werden die Bestimmungen zu einzelnen Positionen in der Steuererklärung beschrieben. Diese Vorschriften und Erklärungen sind bindend.

Online-Steuererklärung

Die meisten Steuerbehörden bieten das elektronische Ausfüllen der Steuererklärung an (CD-ROM / Online). Vorteilhaft ist dabei vor allem, dass die Steuerpflichtigen direkt ausgerechnet bekommen, wie viel Steuern sie aufgrund ihres steuerbaren Einkommens und Vermögens bezahlen müssen.

Fristerstreckungsgesuch

Kann die Steuererklärung bis zum vorgegebenen Zeitpunkt nicht eingereicht werden, kann mit einem Fristerstreckungsgesuch die Einreichefrist verlängert werden.

Wer überhaupt keine Steuererklärung einreicht, muss mit einer Ordnungsbusse rechnen. Zudem schätzt die Steuerbehörde die zu bezahlenden Steuern und schickt die entsprechende Rechnung.

Aufbau der Steuererklärung

Die Steuererklärungen der verschiedenen Kantone sind grundsätzlich gleich aufgebaut:

Aufbau der Steuererklärung

Einkommen	Vermögen
+ Lohn (evtl. Ersatzeinkommen)	+ Sparkapital
+ Nebeneinkommen	+ Wertschriften
+ Erträge aus Vermögen	+ Fahrzeuge
(z. B. Sparheftzinsen)	+ Liegenschaften
− Berufsauslagen	− Private Schulden
− Versicherungsprämien	− Hypothekarschulden
(Personenversicherungen)	− Steuerfreier Betrag
− Sozialabzüge	
− Schuldzinsen	
= Steuerbares Einkommen	= Steuerbares Vermögen

Verstanden?

7.42 Welche Unterlage hilft mir, wenn beim Ausfüllen der Steuererklärung Unklarheiten auftauchen?

7.43 Wie berechne ich das steuerbare Einkommen bzw. Vermögen?

Das haben Sie in diesem Kapitel gelernt

- **Nachfrage – Angebot – Markt**
  Wie sich die Bedürfnisse unterscheiden lassen, und welche Rolle sie für das wirtschaftliche Geschehen spielen.
  Von welchen Faktoren die Nachfrage abhängt.
  Wie sich das Nachfrageverhalten in einer Grafik ausdrücken lässt.
  Welche Güter man unterscheidet.
  Wie sich das Angebotsverhalten in einer Grafik ausdrücken lässt.
  Wann ein Marktgleichgewicht herrscht, und wie die Marktmechanismen funktionieren.

- **Der Wirtschaftskreislauf und seine Teilnehmer**
  Welche Rolle die Unternehmen und Haushalte im einfachen Wirtschaftskreislauf spielen, und wie der Güter- und Geldstrom zusammengesetzt ist.
  Welche Akteure beim erweiterten Wirtschaftskreislauf dazukommen, und welche Rolle diese spielen.
  Welche Fragen man sich zusätzlich stellen sollte, um eine ganzheitliche Sicht des Wirtschaftsgeschehens zu bekommen.
  Welche Produktionsfaktoren man unterscheidet, und wie sie der Produktion dienen.
  Wie sich die Wirtschaftssektoren unterscheiden, und wie sie sich in der Schweiz entwickelt haben.

- **Die Messung der Wirtschaftsaktivität**
  Wie sich Wohlstand von Wohlfahrt unterscheidet, und wie man diese messen kann.
  Wie die Wirtschaftskraft eines Landes gemessen wird, und wie man die Einkommens- und Vermögensverteilung darstellen kann.

- **Die Rolle des Staates**
  Welche Wirtschaftsordnung in der Schweiz gilt, und wie der Staat ins Wirtschaftsgeschehen eingreift.

- **Die Finanzierung der Staatstätigkeit**
  Wie sich der Staat finanziert, und wohin die Gelder fliessen.
  Welche Besteuerungsformen und welche Besteuerungsarten man in der Schweiz kennt, und wie sie sich unterscheiden.
  Wie die Steuererklärungen in der Schweiz aufgebaut sind.

Wissen anwenden

Hinweis: Die Antworten zu den Fragen, die mit einem Ja oder Nein beantwortet werden können, müssen Sie begründen.

W1   Maslow ordnet die menschlichen Bedürfnisse pyramidenartig von den Grundbedürfnissen bis zur Selbstverwirklichung.
Ordnen Sie das Bedürfnis nach Geld und nach Sexualität einzelnen Ebenen der Pyramide zu. Begründen Sie die jeweils gewählte Ebene.

W2   Man kann die Bedürfnisse auch nach Bedürfnisarten unterscheiden.
Suchen Sie zu jeder Bedürfnisart zwei weitere Beispiele aus Ihrem Lebensumfeld.

W3   Die Bedürfnisse des Menschen sind praktisch unbeschränkt.
Stellen Sie die Vielfalt Ihrer ganz persönlichen Bedürfnisse in einer Collage dar.

W4   Die Güter werden auf vier verschiedenen Ebenen unterschieden.
Zeigen Sie auf, auf welcher Seite der unterschiedlichen Ebenen Ihr Beruf jeweils zugeordnet werden kann.

W5   Angebot und Nachfrage beeinflussen den Preis und die abgesetzte Menge.
Suchen Sie zu jedem der unten stehenden Beispiele ein real mögliches Ereignis.
Beschreiben Sie zusätzlich die Auswirkungen auf den Preis und die abgesetzte Menge.
a) Bei gleichbleibendem Nachfrageverhalten verringert sich das Angebot.
b) Bei gleichbleibendem Nachfrageverhalten wird das Angebot ausgedehnt.
c) Bei gleichbleibendem Angebot nimmt die Nachfrage zu.
d) Bei gleichbleibendem Angebot geht die Nachfrage zurück.

W6   Ihre Rolle im erweiterten Wirtschaftskreislauf ist vielfältig.
Beschreiben Sie die Vielfältigkeit Ihrer Rolle mit den entsprechenden Fachbegriffen.

W7   Der Staat nimmt eine besondere Stellung im erweiterten Wirtschaftskreislauf ein.
Beschreiben Sie die Bedeutung des Staates für das wirtschaftliche Geschehen in der Schweiz.

W8 Um eine ganzheitliche Sicht unseres Wirtschaftsgeschehens zu erhalten, muss man die Auswirkungen auf die Umwelt und auf das soziale Leben mit einbeziehen.
Beurteilen Sie Ihre berufliche Tätigkeit aufgrund dieser beiden Sichtweisen.

W9 Auch Ihr Lehrbetrieb erarbeitet Güter oder Dienstleistungen aufgrund der Produktionsfaktoren Arbeit, Boden, Kapital.
Beschreiben sie, welche Produktionsfaktoren in welcher Form in Ihrem Lehrbetrieb eingesetzt werden.

W10 Die Schweiz hat sich in den letzten 150 Jahren von einer Agrargesellschaft zu einer Dienstleistungsgesellschaft entwickelt.
Beschreiben Sie die Sektorenverteilung
a) in Entwicklungsländer,
b) in Schwellenländer.
Begründen Sie die einzelnen Verteilungen.

W11 Die Lebensqualität wird über verschiedene Indikatoren gemessen.
Suchen Sie neben den erwähnten noch weitere Indikatoren, welche Aufschluss über die Lebensqualität geben können.

W12 Auf der Lorenzkurve kann man die prozentuale Einkommens- und Vermögensverteilung ablesen. Die Vermögensverteilungskurve ist «bauchiger» als die Einkommensverteilungskurve.
Welche Schlüsse können Sie aus dieser Tatsache ablesen?
Wie erklären Sie sich den unterschiedlichen Verlauf der Kurven?

W13 In der sozialen Marktwirtschaft greift der Staat auf verschiedenen Gebieten mit Gesetzen ins Marktgeschehen ein (z. B. Umweltschutzgesetze, Kartellrecht, Sozialversicherungen).
Beurteilen Sie die Notwendigkeit dieser Einflussnahme in den verschiedenen Gebieten aus Ihrer persönlichen Sicht.

W14 Es gibt politische Kreise, welche die direkte Steuer abschaffen und dafür die Mehrwertsteuer erhöhen wollen.
Welche Bevölkerungsgruppen würden dabei verlieren?

W15 Unter den Kantonen herrscht Steuerwettbewerb. Um zahlungskräftige Steuerzahler anzulocken, suchen einzelne Kantone speziell für diese Einkommensklasse günstige Steuersysteme (z. B. nicht mehr progressive, sondern lineare Steuersätze («Einheitssteuersatz»).
Welche Auswirkungen hat diese Art von Steuerwettbewerb für die Schweiz? Wer kann davon profitieren, wer nicht?

W16 In der heutigen Zeit ist es möglich, die Steuererklärung online auszufüllen.
Füllen Sie unter Anleitung der Lehrperson eine Steuererklärung online aus. Beachten Sie dabei, welche Auswirkungen Veränderungen bei den Abzügen auf den Steuerbetrag haben.

Korrespondenz

K1   Sie können die Steuererklärung nicht bis zum vorgesehenen Zeitpunkt einreichen.
Schreiben Sie der Steuerbehörde ein Fristerstreckungsgesuch.

K2   Die Höhe des Steuerbetrages übersteigt Ihre derzeitigen finanziellen Mittel.
Schreiben Sie der Steuerbehörde ein Stundungsgesuch. Erklären Sie, wann und wie Sie die Steuerschuld begleichen werden.

Globale Herausforderungen

Einleitung 206

8.1 Menschen in Bewegung 207
8.2 Das Spannungsfeld zwischen Ökonomie und Ökologie 218
8.3 Wohlstand und Armut 227
8.4 Internationale Organisationen 230

Das haben Sie in diesem Kapitel gelernt 234
Wissen anwenden 235

Einleitung

Wir leben in einer Welt, die im Zuge des technischen Fortschritts immer näher zusammenrückt. Die internationale Verflechtung auf allen Gebieten nimmt zu, der Welthandel wird Schritt für Schritt liberalisiert. Diese Globalisierung führt zu einer weltweiten gegenseitigen Abhängigkeit. Zunehmende Migrationsströme, globale Umweltprobleme und gewaltsame Konflikte lassen sich nur über die Staatsgrenzen hinweg lösen. Es hilft heute nicht mehr, sich abzuschotten und die Augen vor diesen Problemen zu verschliessen, denn sie erreichen uns trotzdem. Eine globale Sichtweise soll helfen, dass wir lokal vernünftig und nachhaltig handeln.

« Ich kann die Welt nicht ändern, aber ich kann die Welt in mir ändern! »

Bono Vox

« Man hat Arbeitskräfte gerufen und es kommen Menschen. »

Max Frisch

8.1 Menschen in Bewegung

Bevölkerungsentwicklung

Im letzten Jahrhundert hat sich die Zahl der Menschen weltweit mehr als verdreifacht. Heute leben rund 6,7 Milliarden Menschen auf dieser Erde.

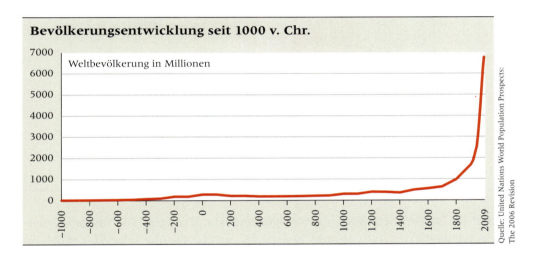

Quelle: United Nations World Population Prospects: The 2006 Revision

Alle zwei Jahre gibt die UNO ihre neuesten Berechnungen zur zukünftigen Entwicklung der Weltbevölkerung bis zum Jahr 2050 bekannt.

Bei der mittleren Variante geht die UNO davon aus, dass die durchschnittliche Kinderzahl von heute 2,55 Kindern weltweit bis zum Jahr 2050 knapp unter das sogenannte Ersatzniveau von 2,1 Kindern pro Frau sinken wird (bei dieser Rate ersetzt sich jede Generation selbst – die Bevölkerungszahl bleibt stabil). Die Weltbevölkerung würde dann bis zum Jahre 2050 auf 9,2 Milliarden Menschen anwachsen.

Bevölkerungsprognose bis 2050

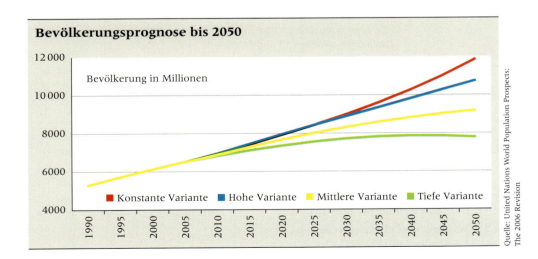

Quelle: United Nations World Population Prospects: The 2006 Revision

Entwicklungsländer wachsen

Das Wachstum der Bevölkerung findet heute fast ausschliesslich in den Entwicklungsländern statt. Dort wird die Zahl der Menschen bis zum Jahre 2050 von 5,4 auf 7,9 Milliarden zunehmen. Europa hingegen wird infolge des Trends zu immer weniger Kindern fast 70 Millionen Bewohnerinnen und Bewohner weniger haben als heute. Selbst für China, das menschenreichste Land der Welt, stehen die Zeichen infolge der «Ein-Kind-Politik» langfristig auf Rückgang.

Wachstumsrate der Bevölkerung 2007 (in Prozent)

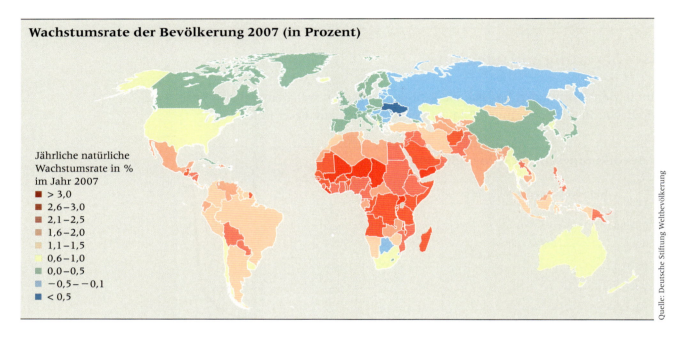

Jährliche natürliche
Wachstumsrate in %
im Jahr 2007

- ■ > 3,0
- ■ 2,6 – 3,0
- ■ 2,1 – 2,5
- ■ 1,6 – 2,0
- ■ 1,1 – 1,5
- ■ 0,6 – 1,0
- ■ 0,0 – 0,5
- ■ – 0,5 – – 0,1
- ■ < 0,5

Quelle: Deutsche Stiftung Weltbevölkerung

Herausforderungen

Auf die Menschheit warten gewaltige Herausforderungen. Die rasant steigende Weltbevölkerungs verstärkt den Druck auf die Lösung folgender Problembereiche:

Herausforderungen

Umwelt und Energie	Der Energie- und der Ressourcenverbrauch nehmen stetig zu. Die Umwelt muss weiterhin mit steigenden Belastungen fertigwerden.
Ernährung	Jeder siebte Mensch hungert. Weltweit sind es insgesamt 854 Millionen. Jedes Jahr verhungern 8,8 Millionen; alle drei Sekunden stirbt ein Mensch an Hunger.
Beschäftigung	Schon heute sind rund 200 Millionen Menschen arbeitslos. Am schlimmsten trifft es Jugendliche, die rund ein Viertel der Weltbevölkerung im erwerbsfähigen Alter ausmachen. Rund die Hälfte der Arbeitslosen weltweit gehört zur Altersgruppe zwischen 15 und 24 Jahren.
Epidemien	Allein im südlichen Afrika sind 25 Millionen Menschen an Aids erkrankt.
Migration	175 Millionen Menschen halten sich aus verschiedenen Gründen fern ihrer Heimat auf.

Nachfolgend wird auf die meisten dieser Problembereiche näher eingegangen.

Verstanden?

8.1 Wie sieht die Bevölkerungsentwicklung weltweit bis ins Jahr 2050 aus?

8.2 Was bedeutet «Ersatzniveau von 2,1 Kindern pro Frau»?

8.3 Welche zukünftigen Probleme müssen gelöst werden?

Migration

Migration bedeutet Ein- und Auswanderung von Menschen. In der Vergangenheit sind immer wieder Menschen – teilweise sogar ganze Bevölkerungsgruppen – in andere Regionen der Welt gezogen, weil sie hofften, dort bessere Existenzgrundlagen zu finden. Kriege haben in den letzten Jahrhunderten mehrfach riesige Flüchtlingsströme ausgelöst.

Migrationsgründe

Viele Gründe bewegen Menschen dazu, ihr Heimatland zu verlassen. Man unterscheidet dabei Push- und Pull-Faktoren (Schub- und Sogfaktoren).

Push-Faktoren bezeichnen die Situation, dass Menschen aus ihrem ursprünglichen Gebiet «weggedrückt» werden.

Push-Faktoren

Was?

Push-Faktoren
- Krieg
- Verfolgung wegen der Religion, der politischen Überzeugung oder aus rassistischen Gründen
- Umweltkatastrophen (z. B. Überschwemmungen, Hungersnöte)
- Überbevölkerung verbunden mit Armut, Arbeitslosigkeit, Mangel an Zukunftsperspektiven

Bei Pull-Faktoren geht man davon aus, dass Menschen von einem anderen Gebiet «angezogen» werden.

Pull-Faktoren

Was?

Pull-Faktoren
- Gute Verdienstmöglichkeiten, hoher Lebensstandard und Wohlstand
- Sicherheit vor Verfolgung, Gewährleistung grundlegender Menschenrechte
- Toleranz gegenüber Religionen und Menschen aus unterschiedlichen Kulturkreisen
- Gute Bildungsmöglichkeiten

Krieg ist ein bedeutender Push-Faktor für die Migration. Im Bild Rebellen aus dem Osten Kongos.

Globale Migrationsströme

In den letzten Jahrzehnten hat die globale Migration ein bisher nie gekanntes Ausmass angenommen. Erhebungen internationaler Organisationen kommen zum Schluss, dass sich gegenwärtig über 175 Millionen Menschen fern ihrer Heimat aufhalten. Rund 19,2 Millionen Menschen gelten als «Flüchtlinge» oder «Kriegsvertriebene».

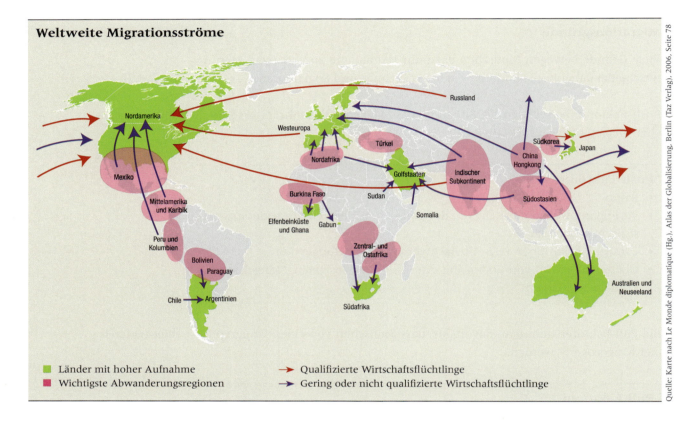

Weltweite Migrationsströme

Länder mit hoher Aufnahme
Wichtigste Abwanderungsregionen
→ Qualifizierte Wirtschaftsflüchtlinge
→ Gering oder nicht qualifizierte Wirtschaftsflüchtlinge

Quelle: Karte nach Le Monde diplomatique (Hg.), Atlas der Globalisierung, Berlin (Taz Verlag), 2006, Seite 78

Migrantinnen und Migranten bevorzugen Staaten, in denen sich bereits viele ihrer Landsleute aufhalten. Vereinfacht ausgedrückt, bedeutet dies: Migration erzeugt weitere Migration.

Die italienische Küstenwache greift vor Lampedusa Migrantinnen und Migranten auf.

Ausländische Bevölkerung weltweit

Nicht überall auf der Welt ist der Ausländeranteil gleich hoch. Während z. B. in China und Brasilien weniger als 1 Prozent Ausländer leben, sind es in Australien und Neuseeland rund 20 Prozent.

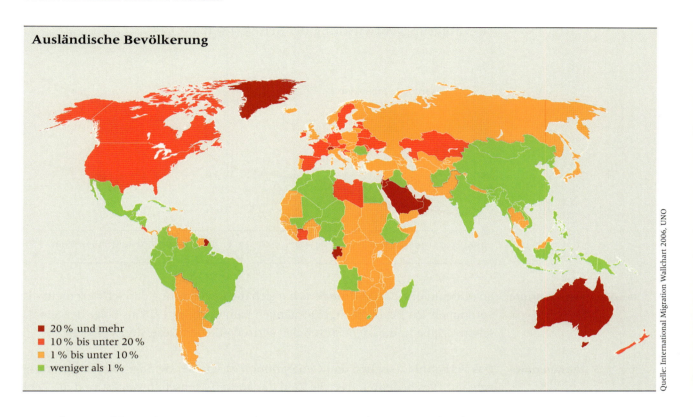

Ausländische Bevölkerung

- ■ 20 % und mehr
- ■ 10 % bis unter 20 %
- ■ 1 % bis unter 10 %
- ■ weniger als 1 %

Quelle: International Migration Wallchart 2006, UNO

Die Schweiz zählt zu den Staaten mit den höchsten Anteilen von Ausländerinnen und Ausländern an der Gesamtbevölkerung, aber gleichzeitig auch zu den Staaten mit den niedrigsten Einbürgerungsziffern in Westeuropa.

8.4 Was ist der Unterschied zwischen Push- und Pull-Faktoren im Zusammenhang mit der Migration?

8.5 Wie heissen die grossen Zielgebiete der weltweiten Migration?

8.6 Was bedeutet «Migration erzeugt weitere Migration»?

8.7 Warum gehört die Schweiz zu den Staaten mit dem höchsten Anteil an Ausländerinnen und Ausländern?

Verstanden?

Bevölkerungsentwicklung in der Schweiz

Ende 2008 zählte die Schweiz 7 700 200 Einwohnerinnen und Einwohner. Rund 20 Prozent davon waren ausländischer Nationalität.

Bevölkerungsentwicklung der Schweiz seit 1861

Bevölkerung in Millionen

Quelle: Bundesamt für Statistik (BFS)

Bevölkerungswachstum

Seit Beginn des 20. Jahrhunderts hat sich die Bevölkerung der Schweiz mehr als verdoppelt. Zu Bevölkerungsrückgängen kam es einzig 1918 als Folge der Spanischen Grippe und in den Jahren der wirtschaftlichen Rezession 1975–1977.

«Überalterung»

Das Verhältnis zwischen den Generationen ist von der demografischen Alterung geprägt. Dies bedeutet, dass die Zahl der älteren Menschen wächst und die Zahl der jüngeren Personen stetig sinkt. Die Ursachen dafür sind die abnehmenden Geburtenzahlen und die kontinuierliche Zunahme der Lebenserwartung.

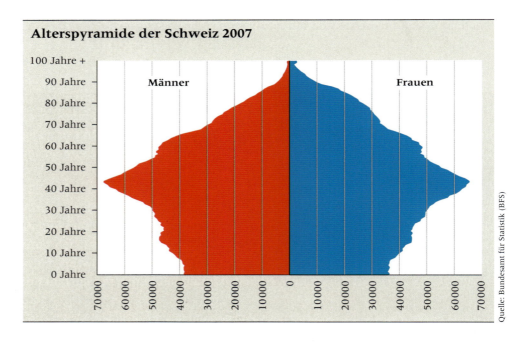

Alterspyramide der Schweiz 2007

Männer   Frauen

Quelle: Bundesamt für Statistik (BFS)

Verstanden?

8.8 Wie hat sich die Schweizer Bevölkerung im letzten Jahrhundert entwickelt?

8.9 Warum «überaltert» unsere Gesellschaft?

Die Schweiz als Auswanderungsland

Das Bevölkerungswachstum und Hungersnöte zwangen im 19. Jahrhundert **Not**
viele Schweizerinnen und Schweizer zur Emigration. Die Auswanderer liessen
sich in allen Kontinenten nieder, die meisten wählten jedoch Nordamerika zu
ihrer neuen Heimat.

Auswanderungsbewegung nach Übersee	
1850–1860	rund 50 000 Personen
1860–1880	rund 70 000 Personen
1881–1890	rund 90 000 Personen
1891–1930	rund 180 000 Personen

Nicht alle auswandernden Personen verliessen ihre Heimat aus Not: In der zwei- **Streben nach Wohlstand**
ten Hälfte des 19. Jahrhunderts entstand eine neue Wanderungsform, welcher
das Streben nach mehr Wohlstand zugrunde lag. Die Entscheidung für oder gegen die Auswanderung war nicht mehr gleichbedeutend mit der Wahl zwischen
Arbeit und Arbeitslosigkeit. Nun wurde auch die Art der Arbeit massgebend,
und Menschen entschlossen sich zur Auswanderung, um ihre Berufschancen zu
verbessern.

Die Zahl der im Ausland lebenden Schweizerinnen und Schweizer geht in die **Auslandschweizer**
Hunderttausende. Heute leben in Europa die meisten Auslandschweizer in
Frankreich, danach folgen Deutschland und Italien. Ausserhalb Europas leben
die meisten Schweizerinnen und Schweizer in den USA und in Kanada.
120 000 Auslandschweizerinnen und -schweizer haben sich im Stimmregister
einer Schweizer Gemeinde eingetragen, können also in der Schweiz stimmen
und wählen.

Im 19. Jahrhundert wanderten auch viele Schweizerinnen und Schweizer in die USA aus.
Im Bild die Ankunft eines Auswandererschiffes auf Ellis Island, New York (1902).

8.10 Welches waren die Gründe für die
Auswanderung von Schweizerinnen
und Schweizern im 19. Jahrhundert?

8.11 Wie viele Schweizerinnen und
Schweizer leben im Ausland?

Verstanden?

Die Schweiz als Einwanderungsland

Immigration Ein Drittel der Schweizer Bevölkerung hat einen Migrationshintergrund, ist also selbst aus dem Ausland in die Schweiz eingewandert oder hat einen eingewanderten Elternteil. Ein Viertel der Einwohnerinnen und Einwohner ist im Ausland geboren. Die Schweiz zählt damit in Europa zu den bedeutendsten Einwanderungsländern.

Einwanderungsgründe 2007 (in Prozent)

0,8   3,2 %
10,9 %
33,7 %   50,5 %
0,9 %

- Erwerbstätigkeit: **67 608 Personen**
- Anerkannte Flüchtlinge: **1154 Personen**
- Familiennachzug: **45 160 Personen***
- Aus- und Weiterbildung: **14 628 Personen**
- Rentnerinnen und Rentner: **1061 Personen**
- Härtefälle: **4271 Personen**

Total: 133 882 Personen

*davon 10 601 ausländische Personen mit Schweizer Ehepartnerin / Ehepartner

Quelle: Bundesamt für Statistik (BFS)

Arbeitsintensive Bereiche Ausländische Arbeitskräfte sind vor allem im Gastgewerbe und in der Baubranche anzutreffen. Rund die Hälfte der Arbeit in diesem Bereich wird heute von Ausländerinnen und Ausländern erbracht. Auch in der Industrie, Energiewirtschaft und Wasserversorgung macht der Ausländeranteil rund 40 Prozent aus. Im Gesundheits- und Sozialwesen ist fast ein Drittel der Angestellten ausländischer Herkunft.

Spezialisten Viele ausländische Arbeitskräfte sind aber auch Spezialisten, deren Stellen man mit Schweizerinnen und Schweizern gar nicht besetzen könnte. Sie tragen wesentlich zum Wirtschaftswachstum und damit zum Wohlstand der gesamten Bevölkerung bei.

Export der Arbeitslosigkeit Obwohl die Arbeitslosenquote bei Ausländerinnen und Ausländern höher ist als diejenige bei den Schweizerinnen und Schweizern, tragen die ausländischen Personen dazu bei, die Arbeitslosigkeit zu senken. In den wirtschaftlich schwierigen Jahren von 1990 bis 1999 mussten mehr ausländische Arbeitskräfte auswandern, als neue einreisten. So konnte ein Teil der Schweizer Arbeitslosigkeit «exportiert» werden. Dasselbe geschah auch während der Wirtschaftskrise in den 1970er-Jahren.

Im Jahr 2002 trat zwischen der Schweiz und der Europäischen Union die Personenfreizügigkeit als Teil der bilateralen Verträge in Kraft. Mit dem Freizügigkeitsabkommen erhalten die Staatsangehörigen der Europäischen Union das Recht, in die Schweiz einzureisen und sich hier aufzuhalten, sofern sie eine Arbeitsstelle haben oder ihren Lebensunterhalt selber bestreiten können. Umgekehrt können auch Schweizerinnen und Schweizer in der EU wohnen und arbeiten. Die Personenfreizügigkeit sowie die gute Wirtschaftslage hat in den letzten Jahren zu einem Anstieg der Einwanderung aus EU-Ländern geführt:

Personenfreizügigkeit

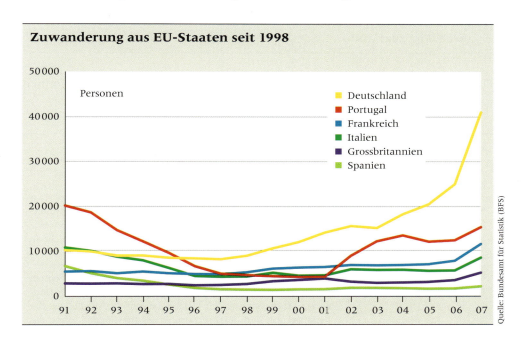

Die in der Schweiz wohnhafte Bevölkerung von Staatsangehörigen aus Serbien, Bosnien-Herzegowina, Kroatien, Sri Lanka und der Türkei war im Jahr 2008 hingegen rückläufig. Dies entspricht dem Trend der letzten Jahre.

Die schweizerische Ausländerpolitik folgte lange Zeit dem Prinzip, dass ausländische Arbeitskräfte nach ihrem Engagement in der Schweiz in ihre Herkunftsländer zurückkehren sollten (z. B. Saisonarbeiterinnen und -arbeiter). Ihre Integration in die hiesige Gesellschaft war kein formuliertes Ziel. Bis in die 1980er-Jahre hat es die Schweiz versäumt, eine gezielte Integrationspolitik zu formulieren und umzusetzen. Beispielsweise war es zweitrangig, ob Ausländerinnen und Ausländer eine der Landessprachen erlernten. Brisant wurde die Integrationsthematik erst, als man erkannte, dass die Gastarbeiterpolitik nur in Ansätzen funktionierte und die Mehrheit der ausländischen Arbeitskräfte schliesslich in der Schweiz blieb.

Vernachlässigte Integration

Arbeitsmarkt

Mit der Arbeitsmarktpolitik versucht die Schweiz, die einheimische Wirtschaft mit genügend Arbeitnehmerinnen und Arbeitnehmern zu versorgen. Der grösste Teil der ausländischen Mitbürgerinnen und Mitbürger sind über die Arbeitsmarktpolitik als Arbeitskräfte (mit Familie) in die Schweiz gelangt (rund 1,5 Mio.).

Arbeitsmarktpolitik

Duales System   Die Schweiz kennt bei der Zulassung ausländischer Arbeitskräfte ein duales System.

Duales System der Zulassung ausländischer Arbeitskräfte

- Erwerbstätige aus EU-Staaten können vom Personenfreizügigkeitsabkommen profitieren. Sie sind den Schweizer Arbeitnehmerinnen und Arbeitnehmern gleichgestellt.
- Aus allen anderen Staaten werden in beschränktem Ausmass lediglich Führungskräfte, Spezialistinnen und Spezialisten sowie qualifizierte Arbeitskräfte zugelassen.

Aufenthalts- und Niederlassungsbewilligung   Folgende Bewilligungen über den Aufenthalt oder die Niederlassung können unterschieden werden:

Die wichtigsten Aufenthalts- und Niederlassungsbewilligungen

Aufenthaltsbewilligung B	Fünf Jahre gültig; wird nach Vorlage eines Arbeitsvertrages mit einer Dauer von mindestens einem Jahr oder unbefristet erteilt.
Niederlassungsbewilligung C	Wird in der Regel nach einem ordnungsgemässen und ununterbrochenen Aufenthalt von fünf bis zehn Jahren in der Schweiz erteilt. Das Aufenthaltsrecht ist unbeschränkt und darf nicht an Bedingungen geknüpft werden.
Kurzaufenthaltsbewilligung L	Wird auf Vorlage eines Arbeitsvertrages von weniger als einem Jahr erteilt. Die Gültigkeit der Bewilligung entspricht der Dauer des Arbeitsvertrags. Für Inhaber besteht die Möglichkeit der Verlängerung und der Erneuerung der Bewilligung, ohne das Land verlassen zu müssen.

Asyl

Mit der Asylpolitik will die Schweiz verfolgten Menschen Schutz bieten und ihnen ein sicheres Leben in der Schweiz ermöglichen. Der kleinste Teil der ausländischen Mitbürgerinnen und Mitbürger kommt über das Asylverfahren in die Schweiz (etwa 0,5 % der ausländischen Wohnbevölkerung).

Genfer Flüchtlingskonvention   Betroffenheit über die Schrecken des Zweiten Weltkrieges veranlasste die internationale Staatengemeinschaft 1951 in der Schweiz eine Schutzvereinbarung zu schliessen: Einzelpersonen und Gruppen sollten durch die Genfer Flüchtlingskonvention besser vor politischer Unterdrückung, Verfolgung, Gewalt und Rassismus geschützt werden.

Flüchtlingsbegriff   Flüchtlinge sind Personen, die in ihrem Heimatstaat oder im Land, in dem sie zuletzt wohnten, wegen ihrer Religion, Nationalität, Zugehörigkeit zu einer bestimmten sozialen Gruppe, wegen ihrer politischen Anschauungen oder aus rassistischen Gründen ernsthaften Nachteilen ausgesetzt sind (z. B. die Freiheit oder sogar das Leben ist gefährdet). Dies ist gleichzeitig der einzige Umstand, der in der Schweiz als Asylgrund akzeptiert wird. Krieg und Hunger berechtigen in der Schweiz nicht zu dauerhaftem Aufenthalt.

Das Bundesamt für Migration unterzieht jedes Asylgesuch einer sorgfältigen und individuellen Prüfung. Auf offensichtlich missbräuchliche Gesuche wird nicht eingetreten. Bei den übrigen Gesuchen gilt es zu prüfen, ob die Asylgründe glaubhaft sind und die Flüchtlingseigenschaft gemäss Asylgesetz gegeben ist. Asylsuchende, deren Gesuch abgelehnt worden ist, die jedoch nicht in ihr Heimatland zurückkehren können, erhalten eine vorläufige Aufnahme. Folgende drei Gründe gelten als ausschlaggebend: **Asylverfahren**

Voraussetzung für eine vorläufige Aufnahme
- Der Vollzug der Wegweisung erweist sich als unzulässig (konkrete Gefährdung der ausländischen Person).
- Eine Rückschaffung ist unzumutbar (z.B. wegen Krieg oder schwerwiegender persönlicher Notlage).
- Die Wegweisung ist unmöglich (z.B. Herkunftsland weigert sich, eigene Staatsangehörige aufzunehmen).

Einbürgerung

Einbürgerungen werden, im Rahmen der Vorgaben von Bund und Kanton, durch die Gemeinden vollzogen (Erwerb des Gemeindebürgerrechts). Danach ist man automatisch Schweizer Bürger. Geprüft werden die Gesuche entweder durch den Gemeinderat, eine Einbürgerungskommission oder die Gemeindeversammlung. Die Ablehnung einer Einbürgerung muss begründet werden und darf weder diskriminierend noch willkürlich sein.

Voraussetzungen für die Einbürgerung (Bund)
- Zwölf Jahre Wohnsitz in der Schweiz
- Eingliederung in die schweizerischen Verhältnisse (Integration)
- Vertrautheit mit den schweizerischen Lebensgewohnheiten, Sitten und Gebräuchen
- Beachten der schweizerischen Rechtsordnung
- Keine Gefährdung für die innere und äussere Sicherheit der Schweiz

Verstanden?

8.12 Welches sind die beiden Hauptgründe, wieso ausländische Personen in die Schweiz einwandern?

8.13 Welches sind die wichtigsten Herkunftsländer der ausländischen Bevölkerung?

8.14 Warum hat sich die Schweiz lange Zeit nicht um die Integration der Ausländer gekümmert?

8.15 Was ist das Ziel der Arbeitsmarktpolitik?

8.16 Was bedeutet «duales System» in der Arbeitsmarktpolitik?

8.17 Welche Aufenthaltsbewilligung bekommt eine Ausländerin, die eine Arbeitsstelle in der Schweiz gefunden hat?

8.18 Wann kann ein Ausländer eine Niederlassungsbewilligung beantragen?

8.19 Aus welchem Grund bekommt man in der Schweiz Asyl?

8.20 Was sind «vorläufig Aufgenommene»? Warum schickt man sie nicht zurück in ihr Heimatland?

8.21 Wie lange muss man in der Schweiz wohnhaft sein, um einen Antrag auf Einbürgerung stellen zu können?

8.2 Das Spannungsfeld zwischen Ökonomie und Ökologie

Der ökologische Fussabdruck

Der ökologische Fussabdruck ist eine wissenschaftliche Methode, die erfasst, in welchen Bereichen der Mensch die Umwelt wie stark belastet. Die Methode rechnet das Ausmass der Nutzungen und Belastungen der Natur etwa durch Ackerbau, Energie- oder Holzverbrauch in Flächen um, die notwendig wären, um diese Ressourcen auf erneuerbare Weise bereitzustellen.

Globale Hektare   Das Resultat – also der ökologische Fussabdruck einer Region, eines Landes oder der ganzen Welt – wird mithilfe eines Flächenmasses ausgedrückt, der sogenannten globalen Hektare. Je grösser der Abdruck, desto stärker ist die Umwelt belastet.

Biokapazität   Andererseits berechnet die Methode auch die «Biokapazität», also die Fähigkeit der Natur, Rohstoffe zu erzeugen und Schadstoffe abzubauen. Wenn Fussabdruck und Biokapazität einer Region übereinstimmen, befindet sich diese im Einklang mit der Tragfähigkeit der Natur; sie ist nachhaltig.

Ökologischer Fussabdruck der Welt

Die Länder des industrialisierten Nordens belasten die Natur pro Kopf bis zu dreimal mehr, als ihnen im weltweiten Durchschnitt zusteht. Mit 9,5 globalen Hektaren pro Kopf übertrifft der ökologische Fussabdruck Nordamerikas alle anderen

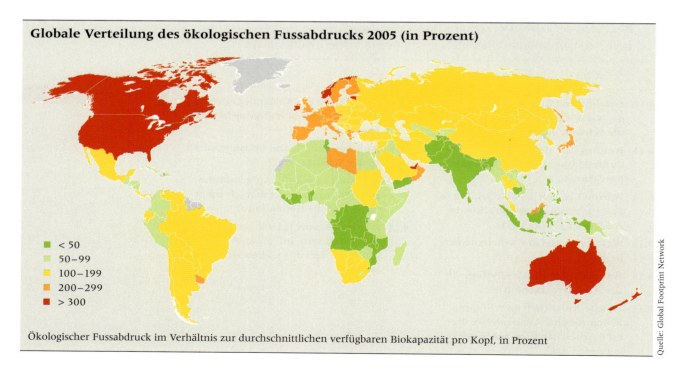

Globale Verteilung des ökologischen Fussabdrucks 2005 (in Prozent)

- < 50
- 50–99
- 100–199
- 200–299
- > 300

Ökologischer Fussabdruck im Verhältnis zur durchschnittlichen verfügbaren Biokapazität pro Kopf, in Prozent

Quelle: Global Footprint Network

Regionen massiv und ist zum Beispiel neunmal grösser als jener von Afrika. Auch der Fussabdruck Westeuropas – mit der Schweiz im Mittelfeld – ist deutlich grösser als der globale Durchschnitt. Die Länder des Südens hingegen – insbesondere auf dem afrikanischen Kontinent und in Südostasien – beanspruchen pro Kopf sehr viel weniger Biokapazität. Mit dem Aufschwung der bevölkerungsreichen Schwellenländer wie etwa Indien, China und Brasilien, die das energie- und ressourcenzehrende Wirtschaftsmodell des Nordens übernehmen, wird der ökologische Fussabdruck der Welt in den kommenden Jahren weiter stark wachsen.

Ökologischer Fussabdruck der Schweiz

Der ökologische Fussabdruck in der Schweiz misst derzeit 4,7 globale Hektaren pro Person. Die Biokapazität unseres Landes beträgt indes bloss 1,6 globale Hektaren pro Kopf. Somit ist der Fussabdruck in der Schweiz fast dreimal so gross wie die Biokapazität. **Missverhältnis**

Das zunehmende Missverhältnis zwischen ökologischem Fussabdruck und Biokapazität bedeutet, dass wir unseren Konsum zunehmend mit dem Import von Biokapazität, das heisst mittels Einfuhr von natürlichen Ressourcen aus anderen Ländern und durch den Export von Abfallstoffen wie Kohlendioxid decken. Allein deshalb ist es der Schweiz möglich, so viel zu konsumieren, ohne das eigene Naturkapital drastisch zu übernutzen. **Import von Biokapazität**

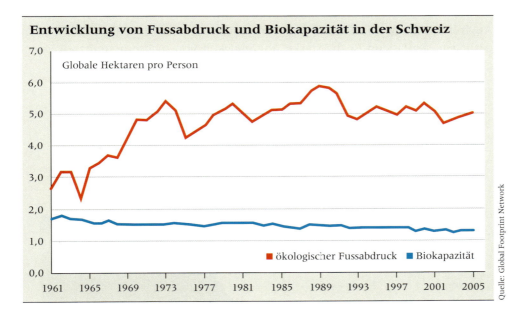

Unser Energieverbrauch macht zwei Drittel des ökologischen Fussabdrucks aus und ist damit viel bedeutender als alle anderen genutzten Ressourcen. Der Fussabdruck des Energiebereichs ist zudem jener, der in den letzten Jahrzehnten weitaus am stärksten gewachsen ist.

8.22 Wie sieht der ökologische Fussabdruck auf den einzelnen Kontinenten aus?

8.23 Der ökologische Fussabdruck der Schweiz ist fast dreimal so gross wie die Biokapazität. Was bedeutet das?

8.24 Was ist der Hauptgrund, warum wir auf zu grossem Fusse leben?

Steigender Energieverbrauch

Steigender Energieverbrauch

Nach heutigen Erkenntnissen wird die Weltbevölkerung bis zum Jahr 2020 auf etwa acht Milliarden Menschen ansteigen, die alle Energie benötigen. Selbst bei einem gleichbleibenden Pro-Kopf-Verbrauch würde dies einen dramatischen Anstieg des Energieverbrauchs und damit einen raschen Abbau der natürlichen Ressourcen sowie eine Vervielfachung der Emissionen nach sich ziehen.

Weltenergieverbrauch

In den Industrieländern steigt der Energieverbrauch seit Mitte der 1970er-Jahre kaum noch an, zum Teil sinkt er sogar. Der Anteil der Nicht-Industrieländer am Weltwirtschaftswachstum hat sich seit den 1990er-Jahren fast verdoppelt. Länder wie China oder Indien benötigen zurzeit weit mehr Energie für die Erstellung ihres Bruttoinlandprodukts als die Industrieländer.

Der Energiehunger der Welt wird zu über 75 Prozent durch die nichterneuerbaren fossilen Energieträger Erdöl, Erdgas und Kohle gestillt. Dies führt zu einem weiter steigenden Ausstoss von Kohlendioxid, der grösstenteils für die globale Erwärmung verantwortlich gemacht wird. Deshalb gehört die Zukunft den erneuerbaren Energiequellen (z.B. Sonne, Wind, Geothermie).

Welche Rolle der Atomstrom in einer Übergangsperiode spielen wird, ist schwer abzuschätzen. Befürworter betonen die saubere Energieform, während die Gegner auf die problematische Lagerung von Atommüll während Jahrtausenden hinweisen.

Energieverbrauch der Schweiz

Auch in der Schweiz ist der Energieverbrauch in den letzten Jahrzehnten stark gestiegen. Auffallend ist die starke Abhängigkeit von nichterneuerbaren Energieträgern:

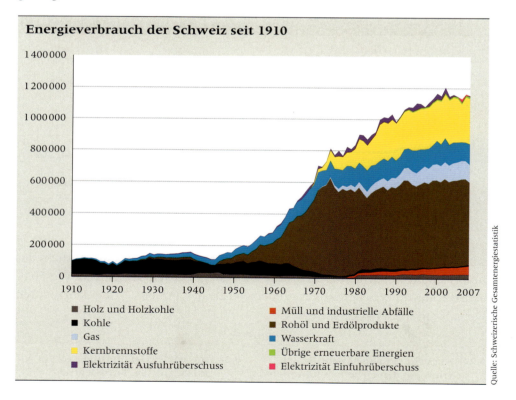

Quelle: Schweizerische Gesamtenergiestatistik

Verstanden?

8.25 Welche Folgen hat der dramatische Anstieg unseres Energieverbrauchs?

8.26 Warum gehört die Zukunft den erneuerbaren Energien?

Ressourcenverbrauch am Beispiel Wasser

Wasser ist die Quelle allen Lebens. Die Versorgung mit Trinkwasser ist ein zentrales Grundbedürfnis des Menschen. Wasser wird auch zum Bewässern in der Landwirtschaft, zur Hygiene, zur sanitären Versorgung oder für die industrielle Verarbeitung verwendet.

Die Oberfläche unseres Planeten besteht zu zwei Dritteln aus Wasser. Von den weltweiten Wasserreserven sind 97 Prozent Salzwasser. Von den restlichen 3 Prozent Süsswasser ist das meiste in den Eiskappen der Pole, in Gletschern sowie in der Atmosphäre und im Boden gebunden. Nur 0,3 Prozent der gesamten Süsswasservorräte sind als Trinkwasser verfügbar.

Seit 1940 hat sich der globale Wasserverbrauch verfünffacht. Der Wasserverbrauch steigt weltweit überproportional, gemessen am Bevölkerungswachstum.

Trinkwassermangel

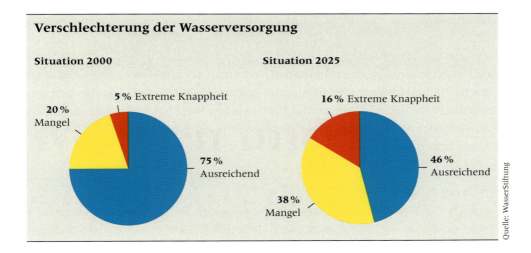

Der Verbrauch in den einzelnen Länder unterscheidet sich stark: US-Amerikaner verbrauchen doppelt so viel Wasser wie Europäer. Am wenigsten Wasser haben Menschen in Afrika zur Verfügung.

Wasserverbrauch

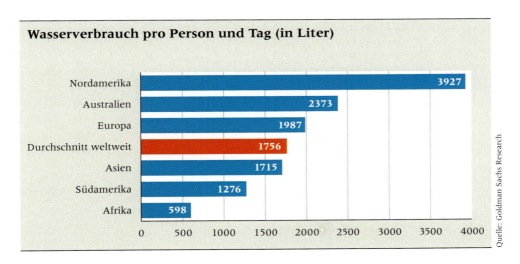

Trinkwasserverwendung Wie in den Haushalten der Industriestaaten das Wasser verwendet wird, zeigt folgende Grafik. Mehr als ein Viertel des Trinkwassers verbrauchen wir für die Klospülung.

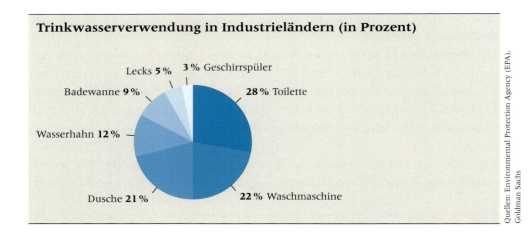

Trinkwasserverwendung in Industrieländern (in Prozent)

Lecks 5 % — 3 % Geschirrspüler
Badewanne 9 % — 28 % Toilette
Wasserhahn 12 %
Dusche 21 % — 22 % Waschmaschine

Quellen: Environmental Protection Agency (EPA), Goldman Sachs

Kostbares Gut Das Grundnahrungsmittel Wasser wird zu einem kostbaren Gut, das wir zurzeit noch im Überfluss besitzen und auch dementsprechend brauchen, um das in anderen Teilen der Welt aber jetzt schon gestritten wird. In der Zukunft wird uns auch die Frage beschäftigen, ob das Wasser einen Wert hat und somit vermarktbar wird oder ob alle Menschen auf dieser Erde ein Grundrecht auf kostenloses Wasser haben.

Weitere Fakten zum Thema
- Über 1,2 Mrd. Menschen haben keinen Zugang zu sauberem Trinkwasser.
- Prognose 2050: Etwa 4 Mrd. Menschen (40 Prozent der voraussichtlichen Weltbevölkerung von 9,4 Mrd.) werden unter Wasserknappheit leiden.
- 3 Mrd. Menschen sind an keine Kanalisation angeschlossen.
- Etwa eine halbe Milliarde Menschen leidet unter Krankheiten, die auf verschmutztes Wasser zurückzuführen sind.
- In Entwicklungsländern sterben jedes Jahr zirka 3 Mio. Menschen durch wasserbedingte Krankheiten, mehrheitlich Kinder unter 5 Jahren.

Verstanden?

8.27 In welchen Teilen der Erde besteht jetzt schon ein Mangel an Trinkwasser?

8.28 Welche Folgen hat das Fehlen von Trinkwasser und einer funktionierenden Abwasserentsorgung?

Die Klimaveränderung

Der Treibhauseffekt bewirkt die Erwärmung eines Planeten durch Treibhausgase und Wasserdampf in der Atmosphäre. Der Treibhauseffekt ist absolut notwendig für das Leben auf der Erde. Die durchschnittliche Temperatur an der Erdoberfläche beträgt +15 °C, ohne den natürlichen Treibhauseffekt läge sie bei –18 °C. In der Erdatmosphäre bewirken Treibhausgase wie Wasserdampf, Kohlenstoffdioxid und Methan seit Bestehen der Erde einen Treibhauseffekt, der einen entscheidenden Einfluss auf die Klimageschichte der Vergangenheit und das heutige Klima hat. Diese Gase funktionieren wie eine Membran, die die kurzwellige Strahlung der Sonne nahezu ungehindert passieren lässt und die langwellige Strahlung der Erdoberfläche teilweise zurückhält.

Der natürliche Treibhauseffekt

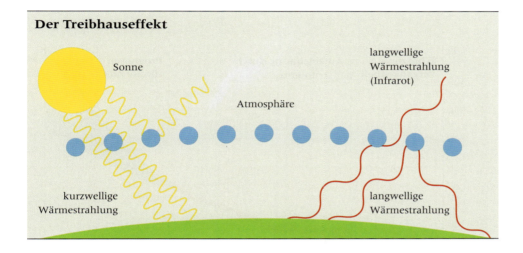

Der Treibhauseffekt

Sonne

langwellige Wärmestrahlung (Infrarot)

Atmosphäre

kurzwellige Wärmestrahlung

langwellige Wärmestrahlung

Seit der industriellen Revolution verstärkt der Mensch den natürlichen Treibhauseffekt durch den Ausstoss von Treibhausgasen. Man bezeichnet dies als anthropogenen (vom Menschen verursachten) Treibhauseffekt. In der Wissenschaft herrscht weitgehend Einigkeit, dass die gestiegene Konzentration der vom Menschen in die Erdatmosphäre freigesetzten Treibhausgase die wichtigste Ursache der globalen Erwärmung ist, da ohne sie die gemessenen Temperaturen nicht zu erklären sind.

Der anthropogene Treibhauseffekt

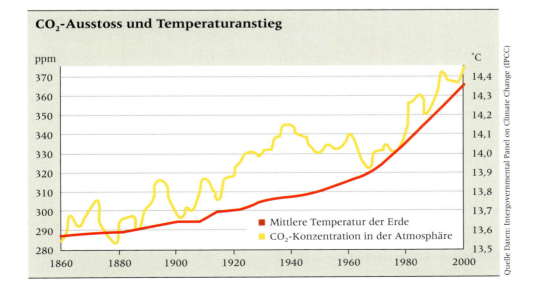

CO_2-Ausstoss und Temperaturanstieg

Mittlere Temperatur der Erde
CO_2-Konzentration in der Atmosphäre

Quelle Daten: Intergovernmental Panel on Climate Change (IPCC)

Folgen des   Das Jahr 2005 war das bisher schlimmste Hurrikanjahr seit Beginn der Wet-
Treibhauseffektes teraufzeichnungen, und es lässt sich eindeutig ein Trend der Hurrikanhäufung
innerhalb der letzten Jahre erkennen. Hurrikane entstehen erst, wenn die
Wassertemperatur mindestens 26,5 °C beträgt. Der Gletscherschwund und der
Rückgang der oberen Schneegrenze im Sommer sowie das Auftauen des Perma-
frostes in den Alpen an vielen Orten sind ebenfalls Belege für eine Temperatur-
erhöhung.

Steigt die Temperatur weiterhin an, so besteht die Gefahr, dass die Polkappen
schmelzen und der Meeresspiegel weiter ansteigt. Dies hätte in verschiedenen
Gegenden der Welt katastrophale Auswirkungen; ganze Gebiete würden unter
Wasser gesetzt.

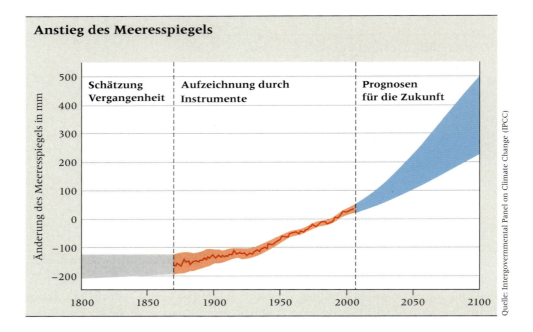

Was wird uns der Klimawandel kosten, was kostet uns der Umweltschutz? Klar ist,
dass eine Reduktion der CO_2-Emissionen, langfristig gesehen, überlebenswichtig
ist.

Verstanden?

**8.29 Was ist der Unterschied zwischen   8.31 Warum werden die CO_2-Emissionen
dem natürlichen und dem anthro-   weltweit eher noch zunehmen?
pogenen Treibhauseffekt?**

**8.30 Welche Folgen ergeben sich aus dem
Klimawandel?**

Politische Instrumente

Die Umweltverschmutzung – wie auch die globale Erwärmung als Folge – sind eine Form von Marktversagen. Um dieses zu korrigieren, stehen dem Staat verschiedene Möglichkeiten zur Verfügung:

Umweltpolitische Instrumente	
Appelle	Das Stromsparpotenzial ist enorm. Alle können ihren Teil zu umweltbewusstem Stromverbrauch beitragen, indem sie beispielsweise die elektronischen Geräte nicht im Stand-by-Modus laufen lassen und Apparate der besten Energieeffizienzklasse nutzen. Aus den Appellen ergeben sich aber keine Verpflichtungen; der Druck, das Verhalten zu ändern, ist nicht sehr gross. *Beispiele:* • Bundesrätlicher Medienauftritt mit der Botschaft, die Eier mit weniger Wasser (Energie) zu kochen.
Anreize	Der Staat kann Anreize schaffen, damit sich die Menschen umweltgerecht verhalten. Einerseits kann er das Verhalten der Menschen beeinflussen, wenn diese bei umweltschonendem Handeln Geld sparen können. *Beispiele:* • Weniger Mfz-Steuern für «saubere» Autos • Individuelle Heizkostenabrechnung Eine andere Möglichkeit ist die Umsetzung des Verursacherprinzips durch Lenkungsabgaben. Dies bedeutet, dass die Verursachenden die effektiven Kosten tragen müssen, die ihr Handeln verursacht. Eine CO_2-Abgabe zum Beispiel verteuert die fossilen Brenn- und Treibstoffe. Der grösste Teil der zusätzlichen Erträge wird der Bevölkerung wieder zurückerstattet. *Beispiele:* • Abfallentsorgung mit Gebühr • CO_2-Abgabe • LSVA (Leistungsabhängige Schwerverkehrsabgabe)
Verbote / Beschränkungen	Der Staat beschränkt gewisse umweltbelastende Tätigkeiten oder verbietet problematische Stoffe. *Beispiele:* • FCKW-Verbot • Verbot von energiefressenden Glühlampen • Tempolimiten
Nachsorge	Der Staat lässt Umweltverschmutzung zu, beseitigt aber im Nachhinein die Schäden (z.B. mit Hilfe von Steuergeldern). *Beispiele:* • ARA (Abwasserreinigungsanlage) • KVA (Kehrichtverbrennungsanlage)

Wichtig in dieser ganzen Diskussion ist, dass der Staat durch sein Handeln zur Verbesserung der Energieeffizienz beiträgt. Neben dem Einsatz der umweltpolitischen Instrumente kann er dies z.B. auch über Subventionen von erneuerbaren Energien (Wasser-, Solar-, Windkraft, Geothermie) tun.

Verstanden?

8.32 Wie können unser Energieverbrauch und unser CO_2-Ausstoss verringert werden?

8.33 Was möchte man mit einer CO_2-Abgabe auf Treibstoffe erreichen (welche es heute noch nicht gibt)?

Nachhaltige Wirtschaftsentwicklung

Nachhaltigkeit

Nachhaltige Wirtschaftsentwicklung heisst, dass die gegenwärtige Generation ihre Bedürfnisse befriedigt, ohne die Fähigkeit der zukünftigen Generation zu gefährden, ihre eigenen Bedürfnisse befriedigen zu können. Der Begriff der Nachhaltigkeit stammt ursprünglich aus der Forstwirtschaft; es wird immer nur so viel Holz geschlagen, wie durch Wiederaufforstung nachwachsen kann. Nachhaltigkeit steht im Gegensatz zur Verschwendung und kurzfristigen Plünderung von Ressourcen und bezeichnet einen schonenden, verantwortungsvollen Umgang mit Ressourcen, der an zukünftigen Entwicklungen und Generationen orientiert ist.

Ökologische und ökonomische Verantwortung

Weltweiter Raubbau an den natürlichen Ressourcen, die zahlreichen zunehmenden Störungen der Ökosysteme auf allen Ebenen brachten ausserdem die Einsicht, dass ökologisches Gleichgewicht nur erreicht werden kann, wenn parallel ökonomische Sicherheit und soziale Gerechtigkeit gleichrangig angestrebt werden. Unser Ziel muss es also sein, einerseits die Grundbedürfnisse der Armen weltweit zu befriedigen, andererseits ein Entwicklungsmuster zu verfolgen, das die begrenzten Naturressourcen auch zukünftigen Generationen erhält (von den Erträgen leben, nicht von der Substanz).

Kyoto-Protokoll

Mit dem Erdgipfel 1992 in Rio de Janeiro wurde nachhaltige Entwicklung als internationales Leitprinzip der Staatengemeinschaft, der Weltwirtschaft, der Weltzivilgesellschaft sowie der Politik anerkannt. Daraus entstand z. B. das Kyoto-Protokoll, das erstmals völkerrechtlich verbindliche Zielwerte für den Ausstoss von Treibhausgasen festschreibt, welche die hauptsächliche Ursache der globalen Erwärmung sind.

2000-Watt-Gesellschaft

Eine Möglichkeit der nachhaltigen Energienutzung ist die Umsetzung der 2000-Watt-Gesellschaft. Dieses Modell sieht vor, die durchschnittlich konsumierte Leistung pro Kopf dank technologischer Entwicklung und Verzicht auf 2000 Watt zu senken. Während die Entwicklungsländer ihren Energiekonsum noch steigern dürften, müssten wir den unseren drastisch einschränken.

Aspekte der Nachhaltigkeit

Ökologische Nachhaltigkeit	Die Natur und die Umwelt sollen für die nachkommenden Generationen erhalten bleiben. *Beispiele:* Artenvielfalt, Klimaschutz, schonender Umgang mit der natürlichen Umgebung
Ökonomische Nachhaltigkeit	Unsere Wirtschaft soll so angelegt sein, dass sie dauerhaft eine tragfähige Grundlage für Erwerb und Wohlstand bietet. *Beispiele:* Schutz der Ressourcen vor Ausbeutung, Schaffung von Arbeitsplätzen
Soziale Nachhaltigkeit	Die Gesellschaft soll sich so entwickeln, dass alle Mitglieder der Gemeinschaft an dieser Entwicklung teilhaben können. *Beispiele:* sozialer Ausgleich, lebenswerte Gesellschaft für alle

Verstanden?

8.34 Wie will man die 2000-Watt-Gesellschaft erreichen?

8.35 Was bedeutet «Nachhaltigkeit»?

8.36 Auf welchen verschiedenen Gebieten sollten wir uns nachhaltig verhalten?

8.3 Wohlstand und Armut

Kluft zwischen Arm und Reich

Eines der grössten ungelösten Probleme auf dieser Erde ist die Kluft zwischen reichen Industriestaaten und armen Entwicklungsländern. Die Unterschiede im Wohlstand sind gewaltig; während das BIP pro Kopf der ärmsten Länder ein paar wenige Hundert Franken beträgt, sind es für die Schweiz über 50 000 Franken. Berücksichtigt man auch die Lebenserwartung und den Bildungsgrad als zusätzliche Messgrössen für die Wohlfahrt, ergibt sich folgendes Bild der Welt:

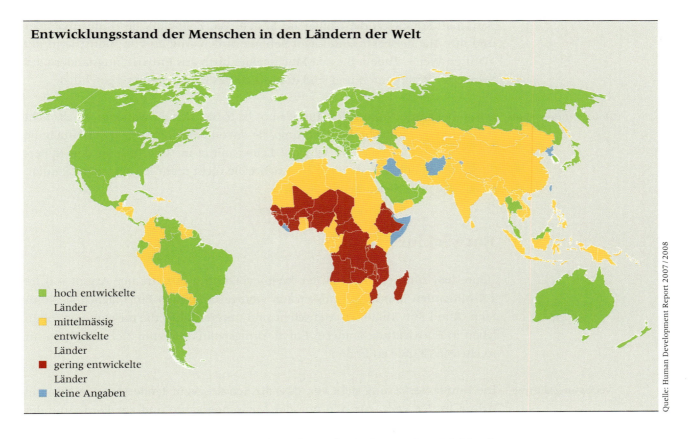

Entwicklungsstand der Menschen in den Ländern der Welt

- hoch entwickelte Länder
- mittelmässig entwickelte Länder
- gering entwickelte Länder
- keine Angaben

Quelle: Human Development Report 2007 / 2008

Triebkraft der Migration

Die wachsende Kluft zwischen Arm und Reich ist die bedeutendste Triebkraft der globalen Migration. Tourismus, Fernsehen und Internet erhöhen den Anreiz zur Migration. Sie führen den Ärmsten den Wohlstand der Begüterten vor Augen. Tag für Tag versuchen Flüchtlinge aus Afrika in überfüllten Booten nach Europa zu gelangen. Viele kommen bei diesem Versuch um. Sie sind bereit, diese Chance mit ihrem Leben zu bezahlen.

Entwicklungsländer

Charakteristisch für Entwicklungsländer ist, dass sie nicht in der Lage sind, die eigene Bevölkerung mit lebensnotwendigen Gütern und Dienstleistungen zu versorgen, ihr somit ein menschenwürdiges Leben zu ermöglichen. Diese Unterversorgung führt zu Armut, Hunger und geringerer Produktivität. Chronische Unterernährung (v. a. bei Kindern) hemmt darüber hinaus die geistige und körperliche Entwicklung. In den letzten Jahren wurde vermehrt die Diskriminierung der Frauen als wichtige Ursache der Probleme der Entwicklungsländer erkannt.

«Absolut Arme» Die Zahl der «absolut Armen» wird von der UNO mit rund 1,3 Milliarden Menschen weltweit beziffert. Diese Menschen können wesentliche Grundbedürfnisse wie Nahrung, Wohnung, Kleidung, Gesundheit nicht befriedigen.

Verantwortung der Industrieländer Eine bedeutende Verantwortung für die extreme Armut in der «Dritten Welt» tragen die wohlhabenden Industrieländer. Die Mauern gegen Agrarimporte aus den Entwicklungsländern und die gängigen Subventionen für die eigene Landwirtschaft schädigen die Länder im Süden. Die Zollpolitik der Industrieländer und ihre Handelsbeschränkungen behindern den Aufbau von Industrie in der «Dritten Welt». Zudem fliessen Fluchtgelder auch aus Entwicklungsländern auf Schweizer Bankkonten und sind dort durch das Bankgeheimnis geschützt.

Globale Hungersnot Das altbekannte Muster der Hungersnot ist dabei, sich zu wandeln. Es ist nicht mehr nur die ländliche Bevölkerung, die davon betroffen ist, sondern auch die Menschen in den Städten. Obwohl Lebensmittel im Überfluss in den Supermärkten erhältlich sind, können es sich viele nicht mehr leisten, sie zu kaufen. Das ist die neue Gestalt des Hungers.

Entwicklungspolitik

Heute lebt rund ein Fünftel der Weltbevölkerung in extremer Armut – d. h., 1,2 Milliarden Menschen müssen mit weniger als einem Euro täglich auskommen. Rund 800 Millionen Menschen sind unterernährt, die meisten von ihnen leben in Entwicklungsländern. Entwicklungspolitik hat zum Ziel, Lösungen für solche Missstände zu finden.

Verfassungsauftrag Die Bundesverfassung sieht vor, dass die Schweiz «zur Linderung von Not und Armut in der Welt, zur Achtung der Menschenrechte und zur Förderung der Demokratie, zu einem friedlichen Zusammenleben der Völker sowie zur Erhaltung der natürlichen Lebensgrundlagen» (BV 54) beiträgt. In der schweizerischen Entwicklungspolitik hat die Armutsbekämpfung heute absolute Priorität, in Einklang mit den Millenniumszielen der Vereinten Nationen.

Im September 2000 haben die Vereinten Nationen in New York acht Millenniumsziele verabschiedet, die bis spätestens 2015 erreicht werden sollen: Millenniumsziele der UNO

Millenniumsziele der UNO
- Bekämpfung von extremer Armut und Hunger
- Primarschulbildung für alle
- Gleichstellung der Geschlechter und Stärkung der Rolle der Frauen
- Senkung der Kindersterblichkeit
- Verbesserung der Gesundheitsversorgung der Mütter
- Bekämpfung von HIV/Aids, Malaria und anderen schweren Krankheiten
- Ökologische Nachhaltigkeit
- Aufbau einer globalen Partnerschaft für Entwicklung

Entwicklungszusammenarbeit

Entwicklungszusammenarbeit (EZA) ist ein Bereich der schweizerischen Aussenpolitik. EZA gilt als nachhaltige Investition in eine sichere Zukunft der zunehmend globalisierten Welt. Ihr Ziel ist es, menschenwürdige Verhältnisse für alle in den Partnerländern im Süden und Osten zu schaffen. Durch die Förderung von Menschenrechten, Demokratie und Rechtsstaatlichkeit sowie nachhaltiger wirtschaftlicher Entwicklung trägt Entwicklungszusammenarbeit zu Frieden und Stabilität bei und damit zur Erhöhung der weltweiten Sicherheit. So gesehen, ist sie nicht nur eine Investition in eine lebenswerte Zukunft für alle, sondern erfolgt auch im Eigeninteresse der Schweiz. Auftrag der EZA

Umgesetzt wird die EZA einerseits in Form von bilateraler Hilfe (Projekte und Programme vor Ort), anderseits durch die Unterstützung multilateraler Organisationen (UNO, Hilfswerke), die sich im Bereich der Armutsbekämpfung engagieren. Bilaterale und multilaterale EZA

Oberstes Ziel der EZA ist die Hilfe zur Selbsthilfe. Durch Vermittlung von Fachwissen, durch Investition in die Ausbildung, durch den Aufbau von Institutionen, durch das Bereitstellen von Krediten und Dienstleistungen will die EZA die Partnerländer unterstützen, ihre Probleme kreativ anzugehen und selbst zu lösen. Hilfe zur Selbsthilfe

Verstanden?

8.37 **Warum setzen Menschen sogar ihr Leben aufs Spiel, um von Afrika nach Europa zu gelangen?**

8.38 **Wo liegt das Problem der Entwicklungsländer?**

8.39 **Was könnten die Industrieländer ändern, um die Kluft zwischen Arm und Reich zu verringern?**

8.40 **Welches sind die Ihrer Meinung nach wichtigsten Millenniumsziele?**

8.41 **Mit welchen Mitteln hilft die Schweiz den hilfebedürftigen Ländern?**

8.3 Internationale Organisationen

Für die Lösung globaler Probleme braucht es internationale Organisationen und Konferenzen. Die wichtigsten werden nachfolgend kurz beschrieben.

Regierungsorganisationen

UNO

 Die Absicht, Kriege zu verhindern, stand als zentraler Punkt hinter der Gründung der UNO. Kurz nach dem Zweiten Weltkrieg trat am 24. Oktober 1945 die Charta (die «Verfassung») der Vereinten Nationen in Kraft. Die Charta soll mit Normen und Verhaltensregeln das friedliche Miteinander der Staaten der Welt regeln und dadurch «künftige Geschlechter vor der Geissel des Krieges bewahren».

United Nations Organization (Vereinte Nationen, UNO)	
Ziel	• Sicherung des Weltfriedens • Einhaltung des Völkerrechts • Schutz der Menschenrechte • Förderung der internationalen Zusammenarbeit
Bedeutung	• Die UNO ist die einzige weltumspannende Organisation (192 Mitgliedsländer). Jedes Land kann sich Gehör verschaffen. • Die UNO kann über den Sicherheitsrat mit friedenssichernden und friedenserzwingenden Massnahmen sowie mit Handelsembargos zu einer gewaltloseren Welt beitragen. • Durch die verschiedensten Spezialorganisationen (z. B. UNICEF, UNHCR, WHO) macht die UNO die Welt ein bisschen menschlicher. • Die UNO ist das «Gewissen» der Welt.

Die UNO ist nur so gut wie ihre Mitgliedsländer: Der Weltfrieden ist noch nicht erreicht, die Menschenrechte werden nicht überall eingehalten, und es gibt noch viele Menschen in Not.

WTO

1947 wurde das Allgemeine Zoll- und Handelsübereinkommen GATT abgeschlossen, welches etwa 50 Jahre später in die Gründung der Welthandelsorga-
nisation WTO mündete. Das Ziel der WTO ist der freie Welthandel.

WTO OMC

World Trade Organization (Welthandelsorganisation, WTO)	
Ziel	• Freier Welthandel mit fairen Spielregeln • Abbau von Handelshemmnissen und Zöllen
Bedeutung	• 153 Länder sind Mitglied der WTO; sie erwirtschaften gemeinsam mehr als 90 Prozent des Welthandelsvolumens • Zuständig für die Streitschlichtung bei Handelskonflikten

NATO

Der Nordatlantikpakt, ein militärisches Bündnis europäischer und nordame-
rikanischer Staaten, wurde 1949 unterzeichnet. Durch den Fall des «Eisernen
Vorhanges» hat sich die sicherheitspolitische Lage in Europa grundlegend verändert. Die Folge sind Partnerschaftsprogramme (z.B. Partnerschaft für den
Frieden) und die Osterweiterung der Nato.

North Atlantic Treaty Organization (Nordatlantikpakt, NATO)	
Ziel	• Militärisches Verteidigungsbündnis zur Konfliktverhütung und Krisenbewältigung
Bedeutung	• 26 Länder sind Mitglied der NATO • Seit 1994 «Partnerschaft für den Frieden»: militärische Zusammenarbeit mit weiteren 23 Staaten (darunter die Schweiz) • Unterstützung der europäischen Sicherheits- und Verteidigungspolitik • Rüstungskontrolle, so viel Abrüstung wie möglich

© Schneider / CC, www.c5.net

Rolle der UNO?

Nichtregierungsorganisationen (NGO)

Amnesty International

Amnesty International wurde 1961 in London gegründet. Die Organisation setzt sich weltweit für Menschenrechte ein. Sie recherchiert Menschenrechtsverletzungen, betreibt Öffentlichkeits- und Lobbyarbeit und organisiert beispielsweise Brief- und Unterschriftenaktionen in Fällen von Folter oder drohender Todesstrafe.

Amnesty International (AI)	
Ziel	• Hilfe für politische Gefangene • Bekämpfung der Menschenrechtsverletzungen
Bedeutung	• Weltweit über 1 Mio. Mitglieder • Jährlicher Bericht über Verstösse von einzelnen Ländern gegen die Menschenrechte • Die Arbeit von AI verhindert, dass politische Gefangene in Vergessenheit geraten. • Symbol gegen Folter auf dieser Welt

IKRK

1863 gründete Henri Dunant das IKRK, nachdem er vier Jahre vorher die Gräuel des Krieges bei der Schlacht von Solferino erlebt hatte (an einem Tag wurden 6000 Soldaten getötet und 25 000 verwundet). Grundlage bietet die Genfer Konvention, welche Regeln für den Schutz von Personen, die nicht an den Kampfhandlungen teilnehmen, aufstellt.

Internationales Komitee vom Roten Kreuz (IKRK)	
Ziel	• Menschliches Leiden verhüten und lindern
Bedeutung	• Regeln für den Schutz von Personen, die nicht an den Kampfhandlungen teilnehmen (Verwundete, Kranke, Schiffbrüchige, Zivilpersonen) • Betreuung von Gefangenen • Suchdienst für Menschen, welche während eines Konfliktes von ihren Familienangehörigen getrennt wurden • Unterstützung der Zivilbevölkerung mit Soforthilfe (Nahrungsmittel, Kleider, Medikamente, Unterkünfte) • Schutzsymbol

WWF

Der WWF wurde 1961 in der Schweiz gegründet. Er will der weltweiten Naturzerstörung Einhalt gebieten und eine Zukunft gestalten, in der Mensch und Natur in Harmonie leben.

World Wide Fund For Nature (WWF)	
Ziel	• Natur- und Umweltschutz

Bedeutung	• Weltweit über 5 Mio. Mitglieder (CH 220 000)
	• Der WWF setzt sich weltweit ein für:
	  – die Erhaltung der biologischen Vielfalt der Erde,
	  – die nachhaltige Nutzung natürlicher Ressourcen,
	  – die Eindämmung von Umweltverschmutzung und schädlichem Konsumverhalten.

Greenpeace

Das Hauptanliegen von Greenpeace (1971 gegründet) ist der Umweltschutz. Greenpeace wurde vor allem durch Kampagnen gegen Kernwaffentests und Aktionen gegen den Walfang bekannt. Später konzentrierte sich die Organisation darüber hinaus auf weitere ökologische Probleme wie Überfischung, die globale Erwärmung, die Zerstörung von Urwäldern und die Gentechnik.

Greenpeace	
Ziel	• Schutz der Natur, der Umwelt und der Tiere

Bedeutung	• Weltweit 5 Mio. Mitglieder (CH 135 000)
	 • Umweltaktivismus mit viel medialem Echo z. B.:
	  – gegen Walfang
	  – gegen Atomkraft und Atommülltransporte
	  – gegen Gentechnikversuche

Internationale Konferenzen

Neben den internationalen Organisationen versuchen auch internationale Konferenzen, sich mit den globalen Problemen auseinanderzusetzen und Lösungen zu finden.

Die UNO-Sonderkonferenzen erörtern bestimmte Sachfragen; z. B. gab es im Jahre 2000 einen Weltsozialgipfel.

UNO-Sonderkonferenzen

Jedes Jahr treffen sich die Regierungschefs der acht bedeutendsten Industriestaaten (USA, Kanada, Japan, Grossbritannien, Deutschland, Frankreich, Italien und seit 1993 Russland). Ziel des jährlichen Treffens ist es, die aktuelle Lage der Weltwirtschaft zu erörtern, mögliche Strategien zu diskutieren und nötigenfalls beschlossene Massnahmen zu koordinieren.
Je nach Thema werden auch noch zusätzliche Regierungschefs eingeladen.

G8-Gipfel

In Davos treffen sich jedes Jahr über tausend Unternehmensführer, rund 250 Staatsvertreter, etwa 300 Wissenschaftler und hochrangige Kulturträger zum World Economic Forum (WEF).
Angestrebt wird eine weltweite Vernetzung zwischen den Entscheidungsträgern aus Wirtschaft, Politik und Wissenschaft.

WEF

Verstanden?

8.42 **Was ist positiv an der UNO?**

8.43 **Was will die WTO erreichen?**

8.44 **Wie ist die Schweiz mit der NATO verbunden?**

8.45 **Was sind die Haupttätigkeitsfelder von Amnesty International?**

8.46 **Wie hilft das IKRK?**

8.47 **Was ist dem WWF und Greenpeace wichtig?**

8.48 **Was ist das Ziel der jährlichen G8-Gipfel?**

Das haben Sie in diesem Kapitel gelernt

- **Menschen in Bewegung**
  Wie sich das Bevölkerungswachstum auf dieser Erde entwickelt hat und sich weiter entwickeln wird.
  Welche zukünftigen Probleme gelöst werden müssen.
  Was der Unterschied zwischen Push- und Pull-Faktoren bei der Migration ist.
  Welches die Hauptziele der weltweiten Migrationsströme sind.
  Wie sich die Bevölkerung der Schweiz zahlenmässig entwickelt hat, und wie sie altersmässig verteilt ist.
  Welche Gründe Schweizerinnen und Schweizer im 19. Jahrhundert bewogen, ihr Heimatland zu verlassen.
  Welches die wichtigsten Einwanderungsgründe für Migrantinnen und Migranten sind.
  Welches der Unterschied zwischen Arbeitsmarktpolitik und Asylpolitik ist.
  Welche Bewilligungen über Aufenthalt und Niederlassung man unterscheiden kann.
  Welche Voraussetzungen es braucht, um in der Schweiz ein Einbürgerungsgesuch stellen zu können.

- **Das Spannungsfeld zwischen Ökonomie und Ökologie**
  Was ein ökologischer Fussabdruck ist.
  Wie sich der schweizerische Fussabdruck entwickelt.
  Wie sich unser Energieverbrauch entwickelt hat, und welche Energieträger man unterscheidet.
  Wie viel Trinkwasser wir verbrauchen, und wofür wir es verwenden.
  Welche Folgen Trinkwasserknappheit und fehlende Abwasserentsorgung haben.
  Wie der Treibhauseffekt funktioniert, und welche globalen Folgen er hat.
  Welche politischen Massnahmen zur Senkung des CO_2-Ausstosses und des Stromverbrauches beitragen, und wie sie funktionieren.
  Was Nachhaltigkeit bedeutet, und wo wir uns nachhaltig verhalten können.

- **Wohlstand und Armut**
  Wie Wohlstand und Armut auf dieser Erde verteilt sind.
  Welche Verantwortung die Industriestaaten an dieser Situation haben.
  Welche Merkmale auf Entwicklungsländer zutreffen.

- **Internationale Organisationen**
  Welches die Ziele und die Bedeutung der wichtigsten internationalen Organisationen sind, und mit welchen Mitteln sie die globalen Probleme zu bekämpfen versuchen.

Wissen anwenden

W1   Die Weltbevölkerung wird voraussichtlich bis ins Jahr 2050 auf über 9 Milliarden anwachsen. Dieses Wachstum findet fast ausschliesslich in den Entwicklungsländern statt.
Beschreiben Sie mögliche globale Auswirkungen dieses Bevölkerungswachstums.

W2   175 Millionen Menschen halten sich gegenwärtig fern ihrer Heimat auf. Eines der Zielgebiete der weltweiten Migration ist Europa.
Beschreiben Sie, was die Schweiz (Europa) tun könnte, damit es weltweit weniger Migrantinnen und Migranten gibt.

W3   Auf Seite 212 sehen Sie die Alterspyramide der Schweiz, welche durch Überalterung geprägt ist.
Wie sieht die Alterspyramide eines Entwicklungslandes aus? Welche Unterschiede bestehen zur Schweiz?

W4   Es gibt zwei völlig unterschiedliche Wege, in der Schweiz eine Aufenthaltsbewilligung zu erhalten. Der eine Weg hat mit der Arbeitsmarktpolitik zu tun, der andere mit der Asylpolitik.
Beantworten Sie in der unten stehenden Tabelle die Fragen.

	Arbeitsmarktpolitik	**Asylpolitik**
Welche internationalen Abkommen sind betroffen?		
Was wird bei der Einreise geprüft?		
Wie viele Ausländerinnen und Ausländer sind betroffen?		

W5   Die Schweiz tut sich schwer mit einbürgerungswilligen Menschen.
a) Zeigen Sie auf, was es braucht, um als Ausländerinnen oder Ausländer ein Einbürgerungsgesuch stellen zu können.
b) Kommentieren Sie diese Kriterien aus Ihrer Sicht.

W6   Der ökologische Fussabdruck der Schweiz ist fast dreimal so gross wie die Bio-
         kapazität, das heisst, wir belasten die Umwelt stärker, als sie sich regenerieren
         kann. Anders ausgedrückt: Wenn alle Menschen auf der Welt so leben würden
         wie wir, bräuchte es drei Welten.

   **a) Berechnen Sie auf der Internetseite www.footprint.org Ihren eige-
       nen Fussabdruck.**
   **b) Wo sehen Sie Möglichkeiten, den Fussabdruck der Schweiz zu ver-
       ringern?**

W7   Der Energiehunger der Welt wird zu 75 Prozent durch die nicht erneuerbaren
         Energieträger gestillt, was zu einer globalen Erwärmung führt.
   a) Welche Folgen hat die globale Erwärmung weltweit?
   b) Welche Folgen hat die globale Erwärmung für die Schweiz?

W8   Während Hunderte Millionen Menschen kein sauberes Trinkwasser haben, ge-
         hen wir verschwenderisch damit um.
   Wie könnten Sie Ihren ganz persönlichen Wasserverbrauch verringern?

W9   Das Modell der 2000-Watt-Gesellschaft sieht vor, den Energiebedarf pro Kopf
         auf 2000 Watt zu senken.
   **Welche Auswirkungen hätte das für die Schweizer Bevölkerung? Wie
   könnten wir Energie sparen?**

W10 Die Schweiz verhält sich auf verschiedenen Gebieten nicht nachhaltig.
   **Auf welchen Gebieten verhalten wir uns Ihrer Meinung nach nicht
   nachhaltig?**
   **Wie könnten nachhaltige Lösungsvorschläge auf diesen Gebieten aus-
   sehen?**

W11 Unsere Handelspolitik mit Agrarprodukten behindert die Entwicklung der Dritt-
         weltländer.
   **Was müsste die Schweiz auf diesem Gebiet verändern, um die Entwick-
   lung dieser Länder voranzutreiben? Welche Auswirkungen hätte das
   für unsere Landwirtschaft?**

W12 Verschiedene internationale Organisationen versuchen auf unterschiedlichen
         Wegen, sich mit den globalen Problemen auseinanderzusetzen.
   **Beschaffen Sie sich via E-Mail von einer Organisation Informationsma-
   terial.**
   Stellen Sie diese Organisation in geeigneter Weise Ihrer Klasse vor.
   **Beschreiben Sie die Rolle und kommentieren Sie die Mittel und Mög-
   lichkeiten dieser Organisation, einzelne globale Probleme wirkungsvoll
   zu bekämpfen.**

Wohnen und Zusammenleben

	Einleitung	238
9.1	**Wohnen**	**239**
	Wohnungssuche und Umzug	239
	Mietvertrag und Mietantritt	241
	Mietzeit	242
	Mietende	245
	Mieterschutz	247
9.2	**Zusammenleben**	**249**
	Partnerschaft und Rollenverständnis	249
	Konkubinat	250
	Ehe	251
	Kindesverhältnis	254
	Errungenschaftsbeteiligung	256
	Erbrecht	258
	Das haben Sie in diesem Kapitel gelernt	260
	Wissen anwenden	261
	Korrespondenz	264

Einleitung

Im Vergleich zu andern europäischen Staaten weist unser Land mit zwei Dritteln den höchsten Anteil an Mietenden auf. In den eigenen vier Wänden zu wohnen, diese Annehmlichkeit ist in der Schweiz nur wenigen Personen vorbehalten. Bei einem Volk von Mietenden ist deshalb das Mietrecht mit den Bestimmungen zum Mieterschutz von sehr grosser Bedeutung.

Der rasche Wandel in Wirtschaft und Gesellschaft hat in den letzten Jahrzehnten die Formen des Zusammenlebens verändert: Heute lebt in der Schweiz nur noch knapp die Hälfte der Menschen in einer traditionellen Familie (Mutter, Vater und Kinder). Zudem wird heute nahezu jede zweite Ehe geschieden. Viele Menschen können und wollen sich nicht mehr für ein Leben lang aneinander binden.

Diese raschen Veränderungen sind klare Anzeichen dafür, dass das Zusammenleben heute von den Beteiligten mehr denn je viel Engagement und den Willen erfordert, Probleme zu lösen und an einer Beziehung zu arbeiten.

« Liebe besteht nicht darin, dass man einander ansieht, sondern dass man gemeinsam in die gleiche Richtung blickt. »

Antoine de Saint-Exupéry

« Die Natur hat uns Menschen für das Zusammenleben geschaffen. »

Karl Valentin

9.1 Wohnen

Eine eigene Wohnung zu haben, ist ein wichtiger Schritt in ein selbst gestaltetes Leben. Zu Beginn der Erwerbstätigkeit ist der Lohn in der Regel nicht allzu hoch. Bevor Sie eine Wohnung suchen, sollten Sie sich deshalb die Frage stellen, welchen Mietzins Sie sich leisten können. Eine Faustregel besagt, dass die obere Limite für den Mietzins inklusive Nebenkosten nicht mehr als 30 Prozent des Einkommens betragen sollte. Es kann sich deshalb lohnen, zu Beginn der Selbstständigkeit mit anderen Personen zusammenzuziehen. Schon das Zusammenziehen mit der Partnerin bzw. dem Partner halbiert die Miete und vergrössert die Möglichkeiten bei der Wohnungssuche.

Grundsätzliche Überlegungen

Wohnungssuche und Umzug

Wichtig bei der Wohnungssuche ist, dass sie nicht eingleisig erfolgt. Die besten Vorgehensweisen sind die folgenden:

Wohnungssuche

Vorgehensweise bei der Wohnungssuche

- Suche im Internet (z.B. www.immoscout24.ch; www.homegate.ch)
- Mund-zu-Mund-Propaganda; verschiedensten Leuten mitteilen, dass Sie eine Wohnung suchen
- Anschlagbretter lesen (z.B. Grossverteiler, Warenhäuser, Arbeitsplatz, Schule)
- Zeitungsinserate beachten (Rubrik «Wohnungsmarkt»)
- Selber inserieren

Eine eigene Wohnung: ein wichtiger Schritt in ein selbst gestaltetes Leben.

Chiffre-Inserat Viele Vermieterinnen inserieren ihre Wohnung unter einer Chiffre, damit sie nicht über längere Zeit mit Telefonanrufen überhäuft werden, sondern in Ruhe aus den eingegangenen Bewerbungen auswählen können.

Mietbewerbung Auf ein Chiffre-Inserat muss eine schriftliche Mietbewerbung geschrieben werden. Die Chance, die Wohnung zu erhalten, wird grösser, wenn sich die eigene Mitbewerbung von den anderen abhebt. Sie müssen also dem Vermieter zeigen, dass gerade Sie (und nicht alle anderen) der perfekte Mieter, die perfekte Mieterin für diese Wohnung wären.

Umzug Gut geplant ist halb gezügelt. Wer sich sorgfältig und vor allem frühzeitig vorbereitet, spart viel Zeit, Geld, Stress und Ärger. Die folgenden Tipps sollen helfen, den Zügelcountdown erträglicher zu gestalten:

Zügeltipps
- Bei der Arbeitgeberin bzw. dem Arbeitgeber den rechtlich zustehenden, freien Tag für den Umzug einfordern
- Bei verschiedenen Zügelfirmen Offerten einholen oder Helfende und Fahrzeug organisieren
- Genügend Verpackungsmaterial beschaffen
- Kisten genau anschreiben und Möbel so weit wie möglich demontieren
- Parkplätze für das Transportfahrzeug vor dem alten, aber auch vor dem neuen Wohnhaus reservieren
- Ämtern, Unternehmen, Versicherungen, Verwandten und Bekannten Adressänderung bekannt geben
- Zählerstände (Strom, Gas, Wasser und Heizung) in der alten und neuen Wohnung notieren

Verstanden?

9.1 Welche Wohnmöglichkeiten haben Sie als Lehrabgänger bzw. Lehrabgängerin?

9.2 Wie und wo kann ich eine Wohnung suchen?

9.3 Was sollte man bei einer Mietbewerbung beachten?

9.4 Zählen Sie vier Tipps auf, die beim Vorbereiten eines Umzuges beachtet werden sollten.

Mietvertrag und Mietantritt

Das Gesetz sieht für den Mietvertrag keine besondere Form vor. Dieser kann also schriftlich oder mündlich abgeschlossen werden. Üblicherweise kommen Mietverhältnisse durch das Unterzeichnen eines Formular- resp. Mustermietvertrages zustande.

Form des Mietvertrages

Üblicherweise wird der Mietvertrag schriftlich abgeschlossen.

Unterzeichnen mehrere Mieter den Mietvertrag (z.B. WG), so haften sie solidarisch für alle Verbindlichkeiten (z.B. Bezahlung des Mietzinses, Schäden beim Auszug).

Solidarhaftung

Die Vermieterin ist verpflichtet, die Wohnung zum vereinbarten Zeitpunkt in einem zum vertragsgemässen Gebrauch geeigneten Zustand zu übergeben und während der Mietzeit in diesem Zustand zu erhalten. Dazu ein Beispiel: Peter mietet eine Neubauwohnung im Parterre mit Gartensitzplatz. Beim Einzug in die Wohnung kann der Gartensitzplatz noch nicht benutzt werden, da die Umgebungsarbeiten nicht beendet sind. Weil der Gartensitzplatz einen Teil der gemieteten Wohnung darstellt, ist in diesem Falle «der zum vertragsgemässen Gebrauch geeignete Zustand» nicht gegeben. Peter kann für die Übergangszeit eine angemessene Mietzinsreduktion verlangen.

Übergabe der Wohnung (OR 256/256a)

Beim Mietantritt sollte die Vermieterin mit dem Mieter die Räume gemeinsam besichtigen und die vorhandenen Mängel in einer Mängelliste (Antritts-/Übergabeprotokoll) festhalten. Dies ist keine gesetzliche Pflicht. Der Mieter hat aber so die Gewissheit, dass er bei Beendigung des Mietverhältnisses nicht für Mängel aufkommen muss, die bereits bei seinem Einzug vorhanden waren.

Mängelliste

Bei der Miete von Wohnräumen darf die Vermieterin höchstens drei Monatsmieten als Sicherheit verlangen. Diese Kaution (Sicherheit) dient zur Deckung von ausstehenden Mietzinsen und Nebenkosten sowie zur Deckung von Schadenersatzforderungen.

Kaution (OR 257e)

Häufig verlangt die Vermieterin den Abschluss einer Privathaftpflichtversicherung, welche die Kaution überflüssig macht.

Privathaftpflichtversicherung

9.5 Welche Formvorschrift gilt für den Mietvertrag?

9.6 Weshalb haben Mieter und Vermieterin ein Interesse an der gemeinsamen Aufnahme eines Antrittsprotokolls?

9.7 Wie hoch darf eine Kaution sein, und welchen Zweck erfüllt sie?

Mietzeit

Pflichten des Mieters

Mietzins und Nebenkosten (OR 257)

Der Mieter muss den Mietzins inkl. Nebenkosten (z. B. für Heizung, Warmwasser, Garten- und Umgebungspflege, Strom) an jedem Monatsende oder spätestens am Ende der Mietzeit bezahlen (in der Praxis häufig im Voraus). Die Vermieterin muss dem Mieter auf Verlangen Einsicht in die Nebenkosten gewähren.

Sorgfalt und Rücksicht-nahme (OR 257f)

Der Mieter ist beim Gebrauch der gemieteten Räume zur Sorgfalt verpflichtet. Beispiel: Auch bei sorgfältigem Gebrauch kann es zu Verfärbungen der Wände kommen (z. B. hinter aufgehängten Bildern). Dies gilt aber als normale Abnützung. Anders sieht es aus, wenn wegen starken Rauchens die Tapeten übermässig verfärbt sind.

Auf die Nachbarn hat der Mieter Rücksicht zu nehmen.

Hausordnung

Wird beim Abschluss eines Mietvertrages eine Hausordnung als verbindlich erklärt, muss sich der Mieter an diese Bestimmungen halten.

Duldungspflicht (OR 257h)

Der Mieter muss der Vermieterin gestatten – sofern sie sich rechtzeitig angemeldet hat –, die Räume für den Unterhalt, die Wiedervermietung oder den Verkauf zu besichtigen.

Kleine Mängel (OR 259)

Kleine Mängel muss der Mieter selbst beseitigen oder bezahlen. Dies unabhängig davon, ob ihn ein direktes Verschulden trifft oder ob der Mangel beim normalen Gebrauch entstanden ist. Als kleine Mängel gelten z. B. schadhafte WC-Brillen, Duschschläuche und Dichtungen an Wasserhahnen, defekte Schlösser, Sicherungen, Glühlampen, Steckdosen und Schalter oder Gurten und Kurbeln von Rollladen und Storen.

Manche Formularmietverträge enthalten die Regelung, dass alle Reparaturen bis zu einem bestimmten Betrag vom Mieter zu übernehmen sind.

Eine defekte Waschmaschine muss durch die Vermieterin repariert oder ersetzt werden.

Rechte des Mieters

Mittelschwere (z.B. defekte Wasch- und Abwaschmaschine) und schwerwiegende Mängel (z.B. Heizung funktioniert nicht), die der Mieter nicht selbst zu beseitigen hat, müssen der Vermieterin mitgeteilt werden. Aus Beweisgründen ist eine schriftliche Mitteilung empfehlenswert. Wird der Mangel nicht oder zu spät mitgeteilt und entsteht dadurch weiterer Schaden am Mietobjekt, wird der Mieter schadenersatzpflichtig.

Mittlere und grössere Mängel (OR 259a–i)

Hat der Mieter einen Mangel ordnungsgemäss gemeldet und für dessen Behebung einen Termin festgelegt, den die Vermieterin nicht einhält, hat der Mieter folgende Rechte:

Rechte des Mieters bei Nichtbeseitigung von Mängeln

- Der Mieter hat, solange der Mangel nicht behoben ist, Anspruch auf eine verhältnismässige Herabsetzung des Mietzinses (Mietzinsreduktion).
- Hat der Mangel Schäden zur Folge, kann der Mieter Schadenersatzforderungen an die Vermieterin stellen.
- Der Mieter kann den Mietzins bei einer vom Kanton bezeichneten Stelle hinterlegen.
- Der Mieter kann den Mangel durch eine Fachperson beheben lassen, die anfallenden Reparaturkosten bezahlen und mit dem nächsten Mietzins verrechnen. Er muss gegebenenfalls belegen, dass die Reparatur nicht zu teuer war. Bei diesem Vorgehen ist Vorsicht geboten!
- Bei schwerwiegenden Mängeln kann der Mieter das Mietverhältnis fristlos kündigen.

Erneuerungen (z.B. alte Fenster werden ersetzt) oder Änderungen (z.B. Einbau eines Lifts) durch die Vermieterin müssen für den Mieter zumutbar sein. Die Arbeiten sind so zu organisieren, dass der Mieter möglichst nicht gestört wird.

Erneuerungen und Änderungen durch Vermieter (OR 260)

Der Mieter kann Erneuerungen und Änderungen vornehmen, wenn die Vermieterin schriftlich zugestimmt hat. Den ursprünglichen Zustand muss er in diesem Fall beim Auszug nur dann wiederherstellen, wenn dies schriftlich vereinbart worden ist.

Erneuerungen und Änderungen durch Mieter (OR 260a)

Weist das Mietobjekt wegen der Eigeninvestition des Mieters einen erheblichen Mehrwert auf (z.B. Decken und Zimmerwände täfern), hat er beim Auszug Anspruch auf eine Entschädigung, sofern die Vermieterin der entsprechenden Änderung schriftlich zugestimmt hat.

Mehrwert

Untermiete (OR 262) Der Mieter darf die Mietsache mit Zustimmung der Vermieterin untervermieten (keine Formvorschrift). Diese Zustimmung kann die Vermieterin nur aus bestimmten Gründen verweigern:

> **Verweigerungsgründe für die Untermiete**
> - Der Mieter gibt die Bedingungen der Untermiete nicht bekannt (z. B. Dauer der Untermiete oder Identität des Untermieters).
> - Die Bedingungen der Untermiete sind missbräuchlich (z. B. Untervermieterin erzielt einen Gewinn aus der Vermietung).
> - Der Vermieterin entstehen aus der Untermiete wesentliche Nachteile (z. B. Untermieterinnen sind Prostituierte, und die Nachbarn stören sich an den Kundenbesuchen).

© Uli Stein

9.8 Zählen Sie vier Beispiele von Nebenkosten auf.

9.9 Welche drei Gründe berechtigen die Vermieterin, die Wohnung zu besichtigen?

9.10 Nennen Sie drei Mängel, welche der Mieter bezahlen muss.

9.11 Welche Rechte haben Sie, falls die Vermieterin einen Mangel nicht beseitigt?

9.12 Woran ist zu denken, wenn Sie in der Wohnung einen Umbau tätigen wollen?

9.13 Wann hat die Vermieterin das Recht, Ihnen den Abschluss eines Untermietvertrages zu verbieten?

Mietende

Bei einem vorzeitigen (ausserterminlichen) Auszug ist der Mieter von seinen vertraglichen Verpflichtungen nur befreit, wenn er der Vermieterin einen zahlungsfähigen und zumutbaren Ersatzmieter vorschlägt. Dieser muss bereit sein, den Mietvertrag zu den gleichen Bedingungen zu übernehmen. Gelingt es dem Mieter nicht, einen Ersatzmieter zu finden, schuldet er den Mietzins bis zum vertraglich festgelegten Mietende.

Vorzeitiger Auszug (OR 264)

Mieter und Vermieterin müssen Wohnungen schriftlich kündigen. Für die Mieterkündigung genügt ein eingeschriebener Brief, bei Ehepaaren mit der Unterschrift beider Eheleute.
Die Kündigung muss am letzten Tag vor Beginn der Kündigungsfrist beim Empfänger eintreffen, sonst gilt sie als verspätet. Verspätete Kündigungen gelten auf den nächstmöglichen Termin.

Mieterkündigung

Die Vermieterkündigung erfolgt auf einem vom Kanton genehmigten Formular, das den Mieter darüber informiert, wie er vorzugehen hat, wenn er die Kündigung anfechten oder eine Erstreckung des Mietverhältnisses verlangen will. Bei Ehepaaren wird die Kündigung beiden Ehegatten separat zugestellt. Erfüllt die Vermieterkündigung diese gesetzlichen Bestimmungen nicht, ist sie ungültig.

Vermieterkündigung

Kündigungsfristen und Kündigungstermine (OR 266 ff.)

Kündigungsfristen und -termine
- Für unmöblierte und möblierte Wohnungen sowie unmöblierte Einzelzimmer gilt eine Kündigungsfrist von drei Monaten auf einen ortsüblichen Termin (z. B. Kanton Bern: 30. April, 31. Oktober).
- Gibt es ausnahmsweise keine ortsüblichen Termine, können Wohnungen auf Ende jedes Quartals, gerechnet ab Mietbeginn, gekündigt werden (z. B. Mietbeginn ist der 1. November, d. h., die Kündigung erfolgt auf den 31. Januar, 30. April usw.).
- Für möblierte Einzelzimmer und Einstellhallenplätze gilt eine Kündigungsfrist von zwei Wochen auf Ende einer einmonatigen Mietdauer (z. B. Mietbeginn ist der 20. Dezember, d. h., die Kündigung erfolgt auf den 20. Januar, 20. Februar usw.).

Diese Fristen dürfen durch vertragliche Abmachungen verlängert, jedoch nicht verkürzt werden.

Bei einem Eigentümerwechsel gilt der Grundsatz, dass ein Kauf die Miete nicht bricht. In der Regel läuft das Mietverhältnis also normal weiter, wenn eine Mietwohnung verkauft wird. Kann jedoch die neue Eigentümerin dringenden Eigenbedarf geltend machen, so besteht die rechtliche Möglichkeit, die Wohnung unter Einhaltung der dreimonatigen Kündigungsfrist auf den ortsüblichen Termin zu kündigen.

Wechsel des Eigentümers

Rückgabe der Wohnung

Am Ende der Mietzeit muss der Mieter die Wohnung in dem Zustand zurückgeben, der sich aus dem vertragsgemässen Gebrauch ergibt. Der Mieter haftet somit nicht für die übliche Abnützung der Mietsache (z. B. Spannteppich ist nach 15 Jahren unbrauchbar). Dafür zahlt er schliesslich Miete. Er haftet ausschliesslich für Schäden, die fahrlässig oder absichtlich verursacht worden sind.

Bei der Berechnung eines Schadens muss die Lebensdauer der beschädigten Sache mit berücksichtigt werden (z. B. ein Kind bemalt die Tapete im Kinderzimmer. Tapeten haben eine Lebensdauer von zirka 10 Jahren. Wenn die Tapete beim Auszug 8 Jahre alt war, müssen die Eltern $^2/_{10}$ resp. $^1/_5$ der Erneuerungskosten bezahlen).

Am Ende der Mietzeit haftet der Mieter nur für Schäden, die er fahrlässig oder absichtlich verursacht hat.

Verstanden?

9.14 Was müssen Sie bei einem vorzeitigen Auszug tun, damit Sie sich von Ihren mietvertraglichen Verpflichtungen befreien können?

9.15 Welche Formvorschriften gelten bei einer Vermieterkündigung?

9.16 Wann muss die Kündigung spätestens bei der Vermieterin eintreffen?

9.17 Was bewirkt eine Kündigung, welche nicht fristgerecht (zu spät) eingereicht wurde?

9.18 Welche Kündigungsfristen gelten für Wohnungen und möblierte Einzelzimmer?

9.19 Für welche Schäden haften Sie bei der Wohnungsrückgabe?

Mieterschutz

Der Bund hat Vorschriften gegen Missbräuche im Mietwesen erlassen. **Allgemeines**

Der Mieterschutz regelt
- den Schutz des Mieters vor missbräuchlichen Mietzinsen und anderen missbräuchlichen Forderungen der Vermieterin,
- die Anfechtung missbräuchlicher Kündigungen,
- die befristete Erstreckung von Mietverhältnissen.

Schutz vor missbräuchlichen Mietzinsen

Mietzinse sind grundsätzlich missbräuchlich, wenn damit ein übersetzter Ertrag erzielt wird oder wenn sie auf einem offensichtlich übersetzten Kaufpreis beruhen.

Missbräuchliche Mietzinsen (OR 269/269a)

Sie gelten aber dann nicht als missbräuchlich, wenn sie im Rahmen der orts- oder quartierüblichen Mietzinse liegen oder durch Kostensteigerungen oder Mehrleistungen des Vermieters begründet sind (z.B. Hypothekarzinserhöhungen, wertvermehrende Investitionen).

Die Vermieterin muss die Mietzinserhöhung auf einem vom Kanton bewilligten Formular rechtzeitig mitteilen (spätestens zehn Tage vor Beginn der Kündigungsfrist) und begründen. Erfüllt die Ankündigung der Mietzinserhöhung diese gesetzlichen Vorgaben nicht, ist sie ungültig.

Mietzinserhöhungen (OR 269d)

Der Mieter kann eine Mietzinserhöhung innert 30 Tagen seit der Ankündigung bei der Schlichtungsbehörde anfechten. Erhält der Mieter Recht, darf ihm in den nächsten drei Jahren nicht gekündigt werden.

Anfechtung von Mietzinserhöhungen (OR 270a und b)

Auch während der Mietdauer kann der Mieter mit einem schriftlichen Herabsetzungsbegehren verlangen, dass der Mietzins auf den nächstmöglichen Kündigungstermin herabgesetzt wird. Dies ist dann der Fall, wenn Grund zur Annahme besteht, der Vermieter erziele einen übersetzten Ertrag aus der Mietsache (z.B. Hypothekarzins sinkt).

Herabsetzungsbegehren

Anfechtung missbräuchlicher Kündigungen

Die Kündigung der Vermieterin, die auf Verlangen des Mieters begründet werden muss, ist unter gewissen Voraussetzungen anfechtbar.

Anfechtung der Kündigung (OR 271/271a)

Anfechtbare Kündigungen
- Kündigung aufgrund von Ansprüchen, die die Mieterin nach Treu und Glauben einfordert (z.B. Rachekündigung, weil die Mieterin wegen zu hoher Heizkosten reklamiert)
- Kündigung während eines Schlichtungs- oder Gerichtsverfahrens im Zusammenhang mit dem Mietverhältnis
- Kündigung vor Ablauf von drei Jahren nach Abschluss eines Schlichtungs- oder Gerichtsverfahrens (Sperrfrist)

Das Anfechtungsbegehren ist innert 30 Tagen nach Erhalt der Kündigung bei der Schlichtungsstelle einzureichen. Wird diese Frist versäumt, ist die Kündigung gültig.

Erstreckung des Mietverhältnisses

Erstreckung des Miet-
verhältnisses
(OR 272/272a und b)

Der Mieter hat das Recht, die Erstreckung eines befristeten oder unbefristeten Mietverhältnisses zu verlangen, wenn die Beendigung der Miete für ihn eine Härte zur Folge hätte, die schwerer wiegt als das Interesse der Vermieterin an der Vertragsbeendigung (z. B. kinderreiche Familie; alleinerziehende Mütter oder Väter). Sinn und Zweck dieser Regelung ist, dem Mieter mehr Zeit für die Suche nach einer neuen Wohnung zu geben.

Die Erstreckung ist von vornherein ausgeschlossen, wenn der Mieter z. B. in Zahlungsverzug ist oder er seine Pflicht zur Sorgfalt und zur Rücksichtnahme verletzt hat.

Das Mietverhältnis kann erstreckt werden, wenn der Mieter innert 30 Tagen ab Empfang der Kündigung bei der Schlichtungsstelle am Ort, wo sich die Liegenschaft befindet, einen entsprechenden Antrag stellt. Das Mietverhältnis kann für Wohnräume um höchstens vier Jahre erstreckt werden.

Verstanden?

9.20 Was regelt der Mieterschutz?

9.21 Unter welchen Voraussetzungen ist die Ankündigung einer Mietzinserhöhung rechtswirksam?

9.22 Innert welcher Frist müssen Sie eine Mietzinserhöhung anfechten?

9.23 Nennen Sie zwei Gründe, die zur Anfechtung einer Kündigung berechtigen.

9.24 Welche Umstände verunmöglichen eine Mieterstreckung?

9.25 Wie lange kann ein Mietverhältnis für Wohnungen maximal erstreckt werden?

9.2 Zusammenleben

Partnerschaft und Rollenverständnis

Die Schweiz hat länger als alle westlichen Demokratien gebraucht, bis sie die Frauen als gleichberechtigt anerkannt hat. Erst 1971 erhielten die Schweizerinnen das Stimm- und Wahlrecht auf eidgenössischer Ebene. Auf Gemeinde- und Kantonsebene wurde die politische Mitbestimmung sogar erst 1990 vollständig durchgesetzt, indem das Bundesgericht den Kanton Appenzell Innerrhoden zur sofortigen Einführung des Frauenstimm- und -wahlrechts zwang.

Das in der Folge revidierte Familienrecht geht von einem partnerschaftlichen Grundgedanken aus; Mann und Frau sorgen gemeinsam für das Wohl der Familie. Auch die Rollenverteilung im Zusammenleben hat sich stark verändert. Nur noch in etwa der Hälfte der Familien besorgt die Ehefrau den Haushalt allein und ist der Ehemann die einzige erwerbstätige Person.

Gleichberechtigung

Abstimmungsplakate zum Frauenstimmrecht (links von 1946, rechts von 1953).

Verstanden?

9.26 Wann hat die Schweiz den Frauen das Stimm- und Wahlrecht zugestanden?

9.27 Warum hat der Kanton Appenzell Innerrhoden 1990 das Frauenstimm- und -wahlrecht eingeführt?

9.28 Was ist der Grundgedanke im heutigen Familienrecht?

9.29 Mit welchen Argumenten wird das Stimm- und Wahlrecht der Frauen auf den Plakaten bekämpft?

Konkubinat

Ehe ohne Trauschein
Das Zusammenleben zweier Menschen in einer eheähnlichen Gemeinschaft wird Konkubinat (Ehe ohne Trauschein) genannt. Das Konkubinat hat sich in der zweiten Hälfte des 20. Jahrhunderts stark verbreitet, obschon es anfänglich in einigen Kantonen gesetzlich noch verboten war. Heute wird das Zusammenleben ohne Trauschein auch als Ehe auf Probe betrachtet, wobei nicht nur junge Menschen im Konkubinat leben, sondern auch viele ältere Menschen davon Gebrauch machen.

Vor- und Nachteile des Konkubinats

Vorteile:
- Die Gründung und Auflösung des Konkubinats erfolgt ohne Formalitäten.
- Im Konkubinat sind meistens beide Partner erwerbstätig. Da sie nicht verheiratet sind, werden die Einkommen getrennt besteuert, was zu Einsparungen bei der Steuerrechnung führen kann.
- Rentnerinnen und Rentner erhalten zwei ganze Altersrenten (200 Prozent) statt eine auf 150 Prozent gekürzte Altersrente (wie dies bei einem Ehepaar der Fall ist).
- Im Konkubinat lässt sich ausprobieren, ob das Zusammenleben klappt. Sollte es nicht klappen, ist die Auflösung eines Konkubinats einfach.

Nachteile:
- Während der Dauer und vor allem bei der Auflösung des Konkubinats sind beide Partner rechtlich nicht geschützt. Das Gesetz enthält keine Bestimmungen zum Konkubinat.
- Kinder von Konkubinatspaaren werden wie ausserehliche Kinder behandelt. Die Mutter erhält das elterliche Sorgerecht für das Kind.
- Beim Tod eines Konkubinatspartners hat der Lebensgefährte keinen Erbanspruch und kann keine Ansprüche auf eine AHV geltend machen.

Konkubinatsvertrag
Um sich rechtlich gegenseitig besser abzusichern, sollten die Konkubinatspartner mit einer schriftlichen Vereinbarung (Konkubinatsvertrag) für den Fall einer Trennung oder eines Todesfalles vorsorgen.

Wichtige Elemente des Konkubinatsvertrags
- Wohnen (Unterzeichnung des Mietvertrages, Aufteilung der Miete)
- Eigentumsverhältnisse (Gegenstände, Mobiliar, Neuanschaffungen)
- Aufteilung der Haushaltskosten, Lebensunterhaltskosten, Schulden
- Gegenseitige Absicherung, Unterstützung und Begünstigung (z.B. Testament, Lebensversicherung)
- Regelung zur Auflösung des Konkubinats

Verstanden?

9.30 Was bedeutet der Begriff «Konkubinat»?

9.31 Welche gesetzlichen Vorschriften gelten beim Konkubinat?

9.32 Zählen Sie je zwei Vor- und Nachteile des Konkubinats auf.

9.33 Welche Inhaltspunkte sollten in einem Konkubinatsvertrag geregelt werden?

Ehe

Der Weg zur Ehe

Das gegenseitige Heiratsversprechen wird als Verlobung resp. als Verlöbnis bezeichnet. Dieses Versprechen ist an keine Formvorschrift gebunden, kommt ohne die Mitwirkung des Staates zustande, stellt aber einen Vertrag dar. Worte, Briefe, gezielte Geschenke, Ringwechsel, ein Fest usw. genügen als Verlobungsbeweis. Ob letztlich geheiratet wird, steht den Brautleuten frei.

Verlobung/Verlöbnis (ZGB 90)

Wird ein Verlöbnis aufgelöst, können gegenseitige Geschenke zurückgefordert werden (keine gewöhnlichen Gelegenheitsgeschenke, sondern z. B. teure Perlencolliers oder ähnlich kostspielige Geschenke). Hat einer der Verlobten in guten Treuen Aufwendungen in Hinblick auf die Eheschliessung getätigt (z. B. Buchung der Hochzeitreise), so kann er bei der Auflösung des Verlöbnisses vom anderen einen angemessenen Beitrag verlangen.

Auflösung der Verlobung (ZGB 91–93)

Das Ehefähigkeitsalter deckt sich mit dem Mündigkeitsalter, d. h., die Braut und der Bräutigam müssen mindestens 18 Jahre alt und urteilsfähig sein, damit sie heiraten dürfen.

Ehefähigkeit (ZGB 94)

Ehehindernisse

- *Verwandtschaft (sowohl Bluts- wie auch Adoptivverwandtschaft)*
  Blutsverwandte Personen (Vater und Tochter / Geschwister und Halbgeschwister) dürfen einander nicht heiraten. Auch Stiefeltern und Stiefkinder gehören zu diesem Personenkreis. Gestattet sind jedoch Eheschliessungen zwischen Onkel und Nichte oder Tante und Neffe sowie zwischen Schwiegervater und Schwiegertochter oder Schwiegermutter und Schwiegersohn.
- *Frühere Ehe*
  Bigamie (Doppelehe) ist verboten. Bevor erneut geheiratet werden kann, muss der Nachweis erbracht werden, dass die frühere Ehe aufgelöst worden ist (Todesschein, Scheidungsurteil oder Familienregisterauszug).

Ehehindernisse (ZGB 95 und 96)

Nur vor einem Zivilstandsbeamten bzw. einer Zivilstandsbeamtin kann in der Schweiz eine zivilrechtlich wirksame Ehe geschlossen werden. Die religiöse Trauung muss nach der zivilen stattfinden. Die zivile Trauung findet in einem amtlichen Trauungslokal des vom Brautpaar gewählten Zivilstandsamtes statt, und zwar in Anwesenheit zweier mündiger Zeugen. Die Trauung ist öffentlich.

Die Trauung (ZGB 101/102)

Wirkungen der Ehe

Rechte und Pflichten der Ehegatten (ZGB 159)

Durch die Trauung verbinden sich eine Frau und ein Mann zu einer ehelichen Gemeinschaft. Diese bringt Rechte und Pflichten mit sich. Die Ehegatten verpflichten sich beispielsweise, das Wohl der Gemeinschaft zu wahren und für ihre Kinder gemeinsam zu sorgen (Unterhalt und Erziehung). Eigene Interessen müssen zurückgestellt werden. Weiter schulden die Eheleute einander Treue und Beistand.

Familienname (ZGB 160)

Der Name des Ehemannes ist in der Regel der Familienname der Ehegatten. Die Ehefrau hat jedoch die Möglichkeit, ihren bisherigen Namen dem des Mannes voranzustellen. Wenn sich z. B. Frau Muster mit Herrn Kummer verheiratet, hat sie drei Möglichkeiten zur Namenswahl:

Möglichkeiten der Ehefrau zur Namenswahl
- Namen des Mannes annehmen (Frau Kummer oder Kummer-Muster)
- Ihren Namen voranstellen (Frau Muster Kummer)

Eheliche Wohnung (ZGB 162/169)

Die Ehepartner bestimmen gemeinsam die eheliche Wohnung. Für Kündigung oder Verkauf der Familienwohnung ist die ausdrückliche Zustimmung beider Ehegatten erforderlich.

Unterhalt der Familie (ZGB 163)

Die beiden Ehegatten übernehmen gemeinsam die Verantwortung für die Familie und sorgen, ihren Möglichkeiten entsprechend, für deren Unterhalt. Es gibt keine gesetzlich vorgeschriebene Rollenverteilung. Die Ehepartner bestimmen, wer erwerbstätig ist und wer den Haushalt besorgt.

Durch die Heirat verpflichten sich die Ehepartner, das Wohl der Gemeinschaft zu wahren und allenfalls eigene Interessen zurückzustellen.

Der Ehepartner, der den Haushalt führt und die Kinder betreut, hat Anspruch auf einen angemessenen Betrag zur freien Verfügung. Durch diese Regelung soll verhindert werden, dass der haushaltführende Ehepartner finanziell benachteiligt wird, weil er zugunsten der Hausarbeit ganz oder weitgehend auf ein eigenes Einkommen verzichtet. Der Betrag zu freien Verfügung wird bar ausgehändigt. Über den Verwendungszweck besteht keine Auskunftspflicht.

Betrag zur freien Verfügung (ZGB 164)

Für die laufenden Bedürfnisse (z. B. Wohnungskosten, Nahrung, Kleider, Arzt und Medikamente) kann jeder Ehegatte die eheliche Gemeinschaft alleine rechtsgültig vertreten. Bei Schulden haften beide Ehegatten gemeinsam (solidarisch). Für grössere Geschäfte (z. B. Kauf teurer Möbel, Aufnahme eines Bankkredites) haftet der unbeteiligte Ehepartner hingegen ohne seine Zustimmung in der Regel nicht.

Vertretung der ehelichen Gemeinschaft (ZGB 166)

Beide Ehepartner können erwerbstätig sein. Jeder hat aber auf die Interessen des andern und das Wohl der Gemeinschaft Rücksicht zu nehmen.

Beruf und Gewerbe der Ehegatten (ZGB 167)

Die Ehepartner müssen sich gegenseitig über ihr Einkommen, Vermögen und ihre Schulden Auskunft geben. Gegenseitiges Vertrauen und Offenheit in finanziellen Belangen ist eine unabdingbare Voraussetzung für die Festlegung der Unterhaltsbeiträge einer Familie. Grundsätzlich sollten sich die Eheleute unaufgefordert über eingetretene Veränderungen in den finanziellen Verhältnissen orientieren.

Auskunftspflicht (ZGB 170)

Verstanden?

9.34 Welche Bedeutung hat eine Verlobung?

9.35 Können sich unmündige Personen verloben?

9.36 Welche Folgen kann die Auflösung eines Verlöbnisses haben?

9.37 Nennen Sie zwei Voraussetzungen, damit jemand heiraten kann.

9.38 Zählen Sie zwei Ehehindernisse auf.

9.39 Wo wird eine Trauung durchgeführt?

9.40 Welches sind die Wirkungen der Ehe in Bezug auf den Familiennamen?

9.41 Wer ist zuständig für den Unterhalt der Familie?

9.42 Weshalb hat der Ehepartner, der den Haushalt führt, Anrecht auf einen Betrag zur freien Verfügung?

9.43 Wie beurteilen Sie die Auskunftspflicht (ZGB 170)?

Kindesverhältnis

Entstehung des Kindesverhältnisses

ZGB 252   Das Kindesverhältnis klärt die Frage, wer der Vater und wer die Mutter eines Kindes ist. Das Kindesverhältnis zwischen dem Kind und der Mutter entsteht durch Geburt oder durch Adoption.

> **Entstehung des Kindesverhältnis zwischen Kind und Vater**
> - Durch die Ehe mit der Mutter des Kindes (bei einem ehelichen Kind)
> - Durch freiwillige Anerkennung (bei einem ausserehelichen Kind)
> - Durch ein Vaterschaftsurteil (bei einem ausserehelichen Kind)
> - Durch Adoption (wenn Ehefrau und Ehemann gemeinsam ein fremdes Kind annehmen)

Wirkung des Kindesverhältnisses

Familienname und Bürgerrecht (ZGB 270/271)   Das Kind verheirateter Eltern erhält den Familiennamen und das Bürgerrecht des Vaters. Sind die Eltern nicht miteinander verheiratet, erhält das Kind den Familiennamen und das Bürgerrecht der Mutter.

Unterhaltspflicht der Eltern (ZGB 276/277)   Die Unterhaltspflicht der Eltern umfasst die Kosten für Pflege, Erziehung und Ausbildung des Kindes. Die Eltern haben für den Unterhalt des Kindes zu sorgen, bis es mündig ist.

Dauert die Ausbildung über die Volljährigkeit hinaus, so besteht die Unterhaltspflicht der Eltern, soweit zumutbar, bis zum ordentlichen Abschluss weiter (keine Alterslimite).

Die Unterhaltspflicht der Eltern umfasst die Kosten für Pflege, Erziehung und Ausbildung der Kinder.

Solange ein Kind unmündig ist, steht es unter der elterlichen Sorge. In der Ehe üben die Eltern diese gemeinsam aus. Bei der Auflösung des gemeinsamen Haushaltes oder bei Trennung kann der Richter die elterliche Sorge einem Ehegatten allein zuteilen, wenn sich dies als nötig erweist. Bei der Scheidung steht die elterliche Sorge dem Elternteil zu, dem die Kinder anvertraut werden (wobei der Richter die Kinder dem Elternteil zuspricht, der besser für ihr Wohl sorgen kann). Eltern, die sich scheiden lassen, können auch das gemeinsame Sorgerecht beantragen.

Sind die Eltern nicht miteinander verheiratet, erhält die Mutter die elterliche Sorge, sofern nicht das gemeinsame Sorgerecht beantragt wird.

Elterliche Sorge (ZGB 296–298)

Die Eltern haben die Kompetenz, in der Erziehung die notwendigen Entscheidungen zu treffen. Dabei steht das Wohl des Kindes im Vordergrund. Das Kind schuldet den Eltern allerdings auch Gehorsam. Je älter und reifer ein Kind ist, desto mehr Freiheiten in der Lebensgestaltung sollten ihm gewährt werden und desto mehr sollte bei wichtigen Angelegenheiten auf seine Meinung Rücksicht genommen werden. Grundsätzlich darf das Kind ohne die Einwilligung der Eltern die häusliche Gemeinschaft nicht verlassen.

Rechte und Pflichten der Eltern in der Erziehung (ZGB 301–303)

Jedes Kind hat das Recht auf eine schulische und berufliche Ausbildung, die seinen Neigungen, Fähigkeiten und Begabungen entspricht. Bei Meinungsverschiedenheiten sollte der Wille des Kindes respektiert werden.

Recht auf Ausbildung

Kinder können eigenes Vermögen besitzen (Erbschaft, Schenkungen). Die Eltern haben das Recht und die Pflicht, das Kindesvermögen zu verwalten, solange ihnen die elterliche Sorge zusteht. Die Erträge des Kindesvermögens dürfen für den Unterhalt, die Erziehung und die Ausbildung des Kindes verwendet werden. Wollen die Eltern das Kindesvermögen verwenden, so müssen sie die Bewilligung der Vormundschaftsbehörde einholen.

Verwaltung und Verwendung des Kindesvermögens (ZGB 318 ff.)

Das Kind kann über seinen Arbeitserwerb, sein Erspartes und sein Taschengeld selbst verfügen. Übersteigt eine Ausgabe die finanziellen Möglichkeiten des Kindes (Faustregel: Ausgabe in der Höhe von mehr als zwei Monatslöhnen), darf diese Ausgabe nur mit Zustimmung der Eltern getätigt werden.

Wohnt das Kind bei seinen Eltern, so können diese verlangen, dass es einen angemessenen Beitrag an die Haushaltskosten leistet.

Arbeitserwerb und Taschengeld (ZGB 323)

Verstanden?

9.44 Wie entsteht das Kindesverhältnis zwischen Mutter/Vater und Kind?

9.45 Wie lange haben die Eltern für die Ausbildungskosten eines Kindes aufzukommen?

9.46 Wer hat in der Ehe das elterliche Sorgerecht?

9.47 Wie ist das elterliche Sorgerecht geregelt, wenn die Eltern nicht miteinander verheiratet sind?

9.48 Kann ein 17-Jähriger von zu Hause ausziehen?

9.49 Worauf sollten die Eltern bei der Berufswahl ihres Kindes achten?

9.50 Wer verfügt über Ihren Lernendenlohn?

9.51 Wie beurteilen Sie den Sachverhalt, dass Ihre Eltern, sofern Sie bei ihnen wohnen, von Ihnen einen angemessenen Beitrag an die Haushaltskosten verlangen können?

Errungenschaftsbeteiligung

Die Errungenschaftsbeteiligung ist der ordentliche oder gesetzliche Güterstand. Sie tritt beim Abschluss der Ehe automatisch in Kraft, wenn die Ehepartner nichts anderes vereinbart haben. Rund 95 Prozent aller Ehen in der Schweiz leben unter diesem Güterstand. Darin werden die Vermögensverhältnisse der Eheleute während der Ehe und bei deren Auflösung geregelt.

Durch die Errungenschaftsbeteiligung geregelte Fragen

- Wem gehört was?
- Wer verfügt über welches Vermögen?
- Wer haftet für welche Schulden?
- Wer verwaltet das Vermögen?
- Wer nutzt bzw. behält die Erträge?
- Wie sieht die Aufteilung bei der Auflösung der Ehe aus?

Eigengut Das Vermögen von Frau und Mann vor der Ehe wird als Eigengut bezeichnet. Erbschaften und Schenkungen während der Ehe werden zum Eigengut gerechnet.

Errungenschaft Während der Ehe gebildete Ersparnisse und Erträge aus dem Eigengut (z. B. Zins) gehören zur Errungenschaft. Während der Ehe kann jeder Ehepartner sein Eigengut und seine Errungenschaft selbstständig verwalten und darüber verfügen. Für seine Schulden haftet jeder Ehegatte alleine.

In der Schweiz wird heute jede zweite Ehe geschieden. Durch die güterrechtliche Auseinandersetzung wird dabei geregelt, wer welchen Anteil des Vermögens erhält.

Bei Auflösung der Ehe kommt es zur güterrechtlichen Auseinandersetzung, die wie folgt geregelt ist:

Güterrechtliche Auseinandersetzung

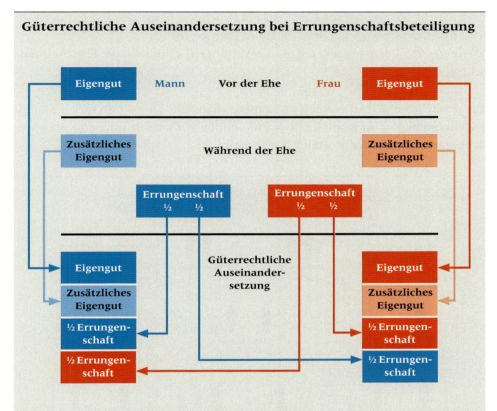

Güterrechtliche Auseinandersetzung bei Errungenschaftsbeteiligung

- Jeder Ehegatte behält sein Eigengut (= Eigengut vor der Ehe und zusätzliches Eigengut während der Ehe).
- Von der Errungenschaft werden allfällige Schulden abgezogen. Was übrig bleibt, bildet den Errungenschaftsvorschlag.
- Jeder Ehegatte behält die Hälfte seines Vorschlages und hat Anspruch auf die Hälfte des Vorschlages des anderen Ehegatten.
- Sind die Schulden grösser als das Vermögen, ist die Rede von einem Rückschlag. Diesen hat jeder Ehegatte alleine zu tragen.

Verstanden?

9.52 Was regelt die Errungenschaftsbeteiligung?

9.53 Was ist der Unterschied zwischen Eigengut und Errungenschaft?

9.54 Wie wird das Familienvermögen bei einer Auflösung der Ehe geteilt?

9.55 Was passiert mit den Schulden?

Erbrecht

Allgemeines

Das Erbrecht bestimmt, wer beim Tod einer Person (Erblasser) erbberechtigt ist und wie die Erbschaft zwischen dem überlebenden Ehegatten (sofern der Erblasser verheiratet war) und den übrigen Erben geteilt wird.

Wenn die Schulden grösser sind als das Vermögen, kann man die Erbschaft ausschlagen.

Gesetzliche Erben nach Stämmen (ZGB 457 ff.)

Die gesetzlichen Erben werden in Stämme eingeteilt. Zuerst erbt der 1. Stamm (Nachkommen). Nur wenn keine Nachkommen vorhanden sind, erbt der elterliche und allenfalls der grosselterliche Stamm.

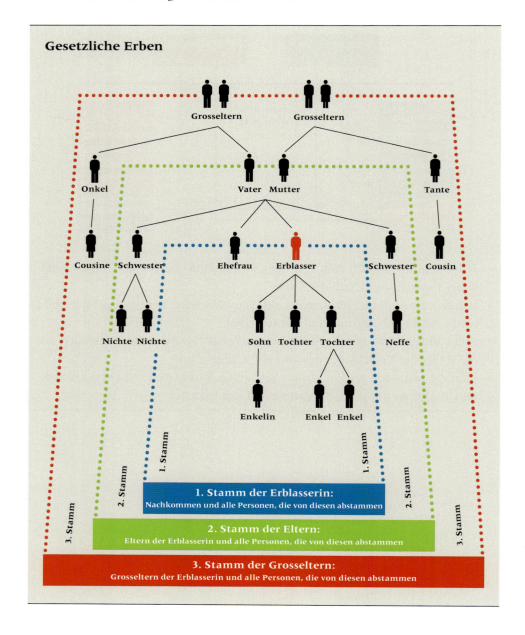

Wenn beim Tod einer Person kein Testament und kein Erbvertrag vorliegt, tritt die gesetzliche Erbfolge ein.

Grundsätze zur gesetzlichen Erbfolge (ZGB 457–459/462)

Gesetzliche Erbfolge

- Zuerst sind die Kinder erbberechtigt. Ist ein Kind bereits verstorben, treten an seine Stelle seine Nachkommen (z.B. Enkel). Sobald mindestens ein Erbe im ersten Stamm vorhanden ist, gehen alle anderen Stämme leer aus.
- Sind keine Erben im ersten Stamm vorhanden, so fällt die Erbschaft je zur Hälfte an die Mutter- und die Vaterseite. Falls ein Elternteil bereits verstorben ist, geht die Erbschaft zu gleichen Teilen an die Nachkommen der Eltern (Geschwister des Erblassers).
- Sind keine Nachkommen und keine Erben im elterlichen Stamm vorhanden, so gelangt die Erbschaft an den Stamm der Grosseltern und deren Nachkommen. Mit diesem Stamm hört die Erbberechtigung der Verwandten auf.
- Der überlebende Ehegatte erbt immer.
  - Er hat Anspruch auf die Hälfte der Erbschaft, wenn Nachkommen vorhanden sind.
  - Wenn er mit dem elterlichen Stamm zu teilen hat, hat der überlebende Ehegatte Anrecht auf drei Viertel der Erbschaft.
  - Sind nur Erben im grosselterlichen Stamm vorhanden, erbt der überlebende Ehegatte alles.

Der Erblasser kann durch Testament oder Erbvertrag die gesetzlichen Erbansprüche der Kinder, des überlebenden Ehegatten, sowie seiner Eltern verändern, indem er sie auf den Pflichtteil (minimaler, gesetzlich vorgeschriebener Anteil) setzt. Der Pflichtteil ist ein Bruchteil des gesetzlichen Erbanspruches.

Pflichtteilsrecht (ZGB 471)

Pflichtteile

- Der Pflichtteil für Nachkommen beträgt ¾.
- Der Pflichtteil des Ehegatten und der Eltern beträgt jeweils ½.

Der Teil des Nachlasses, über den der Erblasser frei bestimmen kann, heisst frei verfügbare Quote.

Frei verfügbare Quote

Verstanden?

9.56 Wer sind die gesetzlichen Erben?

9.57 Wie kann der Erblasser gesetzliche Erben auf den Pflichtteil setzen?

9.58 Was kann der Erblasser mit der frei verfügbaren Quote machen?

9.59 Wann kann ich eine Erbschaft ausschlagen?

Das haben Sie in diesem Kapitel gelernt

Wohnen

- **Wohnungssuche und Umzug**
Welche Wohnformen nach Abschluss der Lehre möglich sind.
Wie und wo Sie am besten Wohnungen finden.
Wodurch sich eine gute Mietbewerbung auszeichnet.
- **Mietvertrag und Mietantritt**
Welche Formvorschrift für einen Mietvertrag gilt.
Warum Sie zu Beginn der Mietzeit eine Mängelliste erstellen sollten.
- **Mietzeit**
Welche Rechte und Pflichten Sie während der Mietzeit haben.
- **Mietende**
Unter welchen Bedingungen Sie bei einem vorzeitigen Auszug von Ihren Verpflichtungen befreit sind.
Welche Formen Mieter- und Vermieterkündigungen haben müssen.
Welche Kündigungsfristen und Kündigungstermine gelten.
- **Mieterschutz**
Welche Mieterschutzmassnahmen man unterscheidet.
Wie Sie sich gegen missbräuchliche Mietzinsen wehren können.
Unter welchen Bedingungen Sie eine Kündigung anfechten oder das Mietverhältnis erstrecken können.

Zusammenleben

- **Partnerschaft und Rollenverständnis**
Wie sich die Rolle der Frau in der Gesellschaft verändert hat.
Welcher Grundgedanke im heutigen Familienrecht vorherrscht.
- **Konkubinat**
Welchen Problemen man mit einem Konkubinatsvertrag vorbeugt.
- **Ehe**
Was Verlobung bedeutet, und welche Folgen sie hat.
Ab wann eine Person heiraten darf.
Welche Ehehindernisse das Gesetz vorsieht.
Welche Auswirkungen die Ehe auf die beiden Ehepartner hat.
- **Das Kindesverhältnis**
Wie ein Kindesverhältnis entsteht, und welche Wirkungen dies hat.
- **Die Errungenschaftsbeteiligung**
Wie die Errungenschaftsbeteiligung die vermögensrechtliche Auseinandersetzung regelt.
- **Das Erbrecht**
Wer wann wie viel erbt.

Wissen anwenden

Hinweis: Die Antworten zu den Fragen, die mit einem Ja oder Nein beantwortet werden können, müssen Sie begründen.

W1   Beat und Regine Fischer haben die Wohnung ihrer Träume gefunden. Obschon der Mietzins monatlich Fr. 2000.– beträgt, wollen sie die Wohnung mieten. Beim Unterzeichnen des Mietvertrages verlangt die Vermieterin von ihnen eine Sicherheit in der Höhe von Fr. 8000.–.
Muss Familie Fischer auf diese Forderung eintreten?

W2   Die 20-jährige Martina Tschanz bewohnt eine Zweizimmerwohnung in einem Mehrfamilienhaus. Abends hört sie sich oft lautstark die Musik ihrer Lieblingsband an. Vergeblich versuchen die Nachbarn, an die Vernunft von Martina zu appellieren. Die Nachbarn nehmen deshalb Kontakt mit dem Vermieter auf und bitten ihn um Hilfe.
Was kann der Vermieter unternehmen?

W3   In Fabienne Fellers Wohnung funktioniert die Heizung nicht. Sofort meldet sie den Mangel ihrem Vermieter. Es geschieht jedoch nichts.
Wie sieht die Rechtslage aus?

W4   Familie Graber lebt seit 14 Jahren in der gleichen Wohnung. Nun schickt die Vermieterin Herrn Graber die Kündigung auf einem amtlich bewilligten Formular unter Einhaltung der gesetzlichen Frist.
Hat die Vermieterin alle gesetzlichen Bestimmungen eingehalten?

W5   Bei Frau Meinen funktioniert der Rollladen im Wohnzimmer nicht mehr richtig. Pflichtbewusst meldet sie den Schaden ihrem Vermieter. Dieser reagiert jedoch nicht auf ihre Schadensmeldung. Frau Meinen lässt deshalb die Reparatur von einem Handwerker ausführen. Die Rechnung schickt sie dem Vermieter. Der Vermieter ist alles andere als erfreut über den Rechnungsbetrag von Fr. 480.– und weigert sich, die Rechnung zu bezahlen.
Wer muss die Rechnung begleichen?

W6   Da Franz Müller eine neue Arbeitsstelle angeboten wird, muss er seine Dreizimmerwohnung kündigen. Seit Mai 2007 bewohnt er diese Wohnung. Es gelten keine ortsüblichen Kündigungstermine. Mit dem neuen Arbeitgeber vereinbart Franz, dass er die Stelle am 1. September 2008 antreten werde. Er kündigt deshalb seine Wohnung auf den 31. August.
Hält sich Franz Müller an die gesetzlichen Kündigungstermine?

W7 Familie Grünig hat auf eigene Rechnung in ihrer Mietwohnung Wandschränke eingebaut. Bei ihrem Auszug verlangt der Vermieter von der Familie Grünig, dass sie die Wandschränke wieder entfernt.
Muss Familie Grünig diese Kosten übernehmen?

W8 Barbara und Armin leben seit Jahren zusammen, ohne je ans Heiraten oder an Kinder gedacht zu haben. Nun machen sie sich Gedanken über ihre Zukunft und wollen ihre Beziehung rechtlich regeln.
Welche gesetzlichen Grundlagen können sie zur Regelung heranziehen?
Welche Bereiche sollten sie regeln?
Wie sollte dies geschehen?

W9 Esther und Rolf sind seit zwei Jahren verlobt. Nun beschliessen sie zu heiraten. Die beiden beginnen umgehend mit den Vorbereitungen zu den Hochzeitsfeierlichkeiten.
Während Esther sich mit der Gästeliste, der Wahl der Hochzeitskleider und der Eheringe beschäftigt, sucht Rolf einen geeigneten Saal für die Feier und organisiert eine Hochzeitsreise. Drei Wochen vor dem Hochzeitstermin sagt Rolf die Hochzeit ab, weil er sich in eine andere Frau verliebt hat.
Kann Esther ihrem untreuen Rolf für den Kauf der Eheringe Rechnung stellen?

W10 Nadja und Markus sind verheiratet. Nadja hat kürzlich an ihrem Wohnort einen Traumjob in einem Reisebüro gefunden. Nun eröffnet ihr Markus, dass er im 100 km entfernten Basel eine Stelle antreten könnte, bei welcher er fast das Doppelte seines bisherigen Gehaltes verdienen würde.
Kann Markus darauf beharren, dass sie nach Basel ziehen? Muss Nadja auf ihren Traumjob verzichten?

W11 Walter gibt seiner Frau Angela im Monat Fr. 1200.– Haushaltsgeld. Für die vierköpfige Familie reicht dieser Betrag jedoch selten. Schon mehrmals hat Angela von Walter vergeblich verlangt, dass er das Haushaltsgeld erhöhen soll. Walter ist der Meinung, das liege bei seinem bescheidenen Lohn nicht drin. Wie viel er genau verdient, verschweigt er Angela aber hartnäckig.
Handelt Walter korrekt?

W12 Vor einigen Wochen hat die 25-jährige Caroline ihren Eltern mitgeteilt, dass sie beabsichtigt, demnächst mit ihrem Freund zusammen eine Wohnung zu beziehen. Ihre Eltern sind von diesem Entschluss nicht begeistert, da Caroline studiert und monatlich Hunderte von Franken Unterhalt kostet. Im Übrigen steht ihr zu Hause ein eigenes Zimmer zur Verfügung.
Müssen die Eltern von Caroline weiterhin Unterhalt bezahlen?

W13 Die 17-jährige Lernende Jasmin lernt für einen Vortrag in der Berufsfachschule die Lehre Buddhas kennen. Sie ist davon begeistert. Eines Tages eröffnet sie ihren erstaunten Eltern, dass sie aus der katholischen Kirche austreten und zum Buddhismus wechseln werde. Die Eltern drohen ihr mit dem Rauswurf aus dem Elternhaus.
Darf Jasmin aus der Kirche austreten?
Können Eltern ihre Kinder aus dem Elternhaus ausschliessen?

W14 Karl war mehr als sechs Jahre lang mit seiner Ex-Freundin zusammen. Aus dieser Beziehung stammt ein gemeinsamer Sohn. Nun hat Karl erfahren, dass seine ehemalige Lebenspartnerin das Kind tagsüber zu Nachbarn bringt, weil sie wieder mehrere Tage in der Woche arbeiten geht. Damit ist Karl aber nicht einverstanden, da er von diesen Nachbarn keine allzu gute Meinung hat.
Kann Karl sich dagegen wehren?

W15 Sebastian und Graziella sind seit acht Jahren verheiratet. Beide sind erwerbstätig und haben sich im Verlaufe ihrer gemeinsamen Ehejahre auseinandergelebt. Im gegenseitigen Einvernehmen beantragen sie die Scheidung. Sebastian hat Bargeld im Wert von Fr. 400 000.– und Graziella Gegenstände im Wert von Fr. 80 000.– in die Ehe eingebracht. Von seinen Eltern hat Sebastian Fr. 300 000.– geerbt. Seinen Ersparnissen kann er aus geleisteter Arbeit Fr. 60 000.– hinzufügen. Graziella hat Fr. 150 000.– aus geleisteter Arbeit gespart.
Wie sieht die güterrechtliche Auseinandersetzung aus?

W16 Niklaus und Elisabeth heiraten. Zu diesem Zeitpunkt verfügt Niklaus über persönliche Gegenstände im Wert von Fr. 60 000.– und Elisabeth über solche von Fr. 70 000.–. Das Vermögen von Niklaus beträgt Fr. 80 000.–, dasjenige von Elisabeth Fr. 90 000.– Nach vier Jahren wird die Ehe geschieden. In der Zwischenzeit ist das Vermögen von Elisabeth aus Kapitalerträgen um Fr. 30 000.– angewachsen. Das Vermögen von Niklaus hat um Fr. 25 000.– zugenommen.
Wie sieht die güterrechtliche Auseinandersetzung aus?

W17 Das Eigengut von Thomas betrug bei der Eheschliessung Fr. 15 000.–. Seine Frau Edith wies zum gleichen Zeitpunkt Eigengut in der Höhe von Fr. 12 000.– aus. Die Errungenschaft von Thomas beläuft sich auf Fr. 35 000.– und die von Edith auf Fr. 40 000.–. Thomas stirbt.
Wie viel erbt ihre Tochter Isabel?

Korrespondenz

K1 Seit zwei Jahren wohnen Sie in einer Zweizimmerwohnung. Nun wollen Sie in den USA Ihre Englischkenntnisse verbessern. Unter Einhaltung der gesetzlichen Frist schicken Sie Ihrem Vermieter ein Kündigungsschreiben auf Ende Juni zu. **Formulieren Sie die begründete Kündigung.**

K2 Im Badezimmer Ihrer Mietwohnung bildet sich an der Zimmerdecke Schimmelpilz, beim Lavabo haben sich mehrere Fliesen gelöst. **Informieren Sie Ihre Vermieterin schriftlich über die Mängel.**

K3 Im Wohnzimmer Ihrer gemieteten Dreizimmerwohnung möchten Sie gerne die Wände und die Decke mit Holz täfern. **Bitten Sie Ihre Vermieterin schriftlich um die entsprechende Erlaubnis. Ist sie bereit, Ihnen bei einem Auszug einen Teil der Auslagen zu ersetzen?**

K4 Die Mutter Ihrer besten Freundin ist nach längerer Krankheit verstorben. Leider können Sie an der Beerdigung nicht teilnehmen, weil Sie sich morgen auf eine mehrmonatige Reise begeben. **Schreiben Sie der Familie Ihrer Freundin einen Kondolenzbrief.**

Arbeit und Zukunft

Einleitung   266

10.1   Berufliche Zukunft   267
10.2   Rechtliche Grundlagen des Arbeitsvertrags   273
10.3   Einzelarbeitsvertrag (EAV)   274
10.4   Gesamtarbeitsvertrag (GAV)   286

Das haben Sie in diesem Kapitel gelernt   287
Wissen anwenden   288
Korrespondenz   292

Einleitung

Einen grossen Teil des Lebens verbringt der Mensch mit Arbeit. Sie hat deshalb eine zentrale Bedeutung und einen hohen Stellenwert im Alltag. Der Sinn der Arbeit sollte aber nicht nur im Geldverdienen liegen, Arbeit sollte auch einen Beitrag zur Selbstverwirklichung leisten und zur Persönlichkeitsentwicklung beitragen. Damit die Arbeit Sinn im Leben macht und eine Bereicherung darstellt, sollte der Suche nach einer geeigneten Stelle, wo die jeweiligen Fähigkeiten und Neigungen zum Tragen kommen, grosse Aufmerksamkeit geschenkt werden.

« *Du bekommst niemals eine zweite Chance, um einen ersten Eindruck zu hinterlassen.* »

Unbekannt

« *Zuerst die Arbeit, dann das Vergnügen.* »

Unbekannt

10.1   Berufliche Zukunft

Stellensuche

Die Wirtschaft wandelt sich in immer kürzeren Abständen. Das Konzept der Stelle auf Lebenszeit ist definitiv überholt. Die Wahrscheinlichkeit, dass Sie in Ihrem Leben sogar den Beruf wechseln, ist gross. Um eine geeignete Stelle zu suchen, haben Sie verschiedene Möglichkeiten.

Möglichkeiten zur Stellensuche

- *Privates Umfeld nutzen («Vitamin B»)*
  Informieren Sie Ihre Freunde und Bekannten, dass Sie eine Stelle suchen. Umfragen zeigen immer wieder, dass die Mehrzahl aller Stellenbesetzungen nicht über Inserate, sondern durch direkte Kontakte zustande kommt.
- *Stelleninserate lesen*
  Fast jede Zeitung hat Beilagen mit Stelleninseraten. Suchen Sie gezielt Angebote, die auf Ihre Fähigkeiten zugeschnitten sind.
- *Das Internet durchforsten*
  Viele Stellen werden auch im Internet angeboten. Einen Überblick über das Online-Angebot in der Schweiz erhalten Sie unter www.stellenlinks.ch.
- *Stellenvermittlungen kontaktieren*
  Stellenvermittlungsbüros sind für Stellensuchende gratis.
- *Spontanbewerbung / Blindbewerbung*
  Sie können Firmen, bei denen Sie gerne arbeiten möchten, auch ohne ausgeschriebene Stelle anschreiben – vielleicht öffnet sich eine Türe.
- *Regionale Arbeitsvermittlungszentren (RAV) kontaktieren*
  Das RAV berät Sie bei der Stellensuche und informiert Sie über offene Stellen.

Bewerben Sie sich nur auf Stellen, deren Anforderungen Sie zumindest mehrheitlich erfüllen können. Zeigen Sie zudem auf, auf welche Weise Sie allfällige Lücken schliessen wollen.

Die Stellenbewerbung

Durchschnittlich befassen sich Personalverantwortliche zwei bis drei Minuten mit einem Bewerbungsdossier. In dieser kurzen Zeitspanne entscheidet sich, ob Sie weiter im Rennen bleiben oder nicht. Ein optisch ansprechendes, übersichtlich gegliedertes Dossier ohne Rechtschreibefehler ist also Pflicht, damit Sie Chancen haben, zumindest zum Bewerbungsgespräch eingeladen zu werden.

Das Bewerbungsschreiben

Im Bewerbungsschreiben nehmen Sie auf einer Seite Bezug auf das Stellenangebot und teilen mit, warum Sie an der Stelle interessiert sind (Motivation) und warum gerade Sie speziell für diese Tätigkeit geeignet sind (Eignung). Mit Ihrem Schreiben dokumentieren Sie, dass Sie die Stellenanforderungen gründlich gelesen und sich gut überlegt haben, warum Sie sich bewerben. In der Regel werden Bewerbungsbriefe heute mit dem Computer geschrieben.

Der Lebenslauf

Im Lebenslauf wird eine lückenlose Aufzählung der bisherigen schulischen und beruflichen Aktivitäten erwartet. Er sollte über die folgenden Punkte informieren:

Elemente des Lebenslaufs / des Personalblattes	
• Personalien	• Weiterbildung
• Ausbildung	• Besondere Kenntnisse
• Berufliche Erfahrung	• Referenzen

Der Lebenslauf wird heute immer tabellarisch und am Computer verfasst. Wie das Bewerbungsschreiben ist auch der Lebenslauf Ihre Visitenkarte. Achten Sie auf eine ansprechende Präsentation und eine fehlerfreie und saubere Gestaltung mit einem aktuellen Passfoto (keine Privatfotos).

Arbeitszeugnisse und weitere Beilagen

Achten Sie darauf, dass Sie Ihre beruflichen Tätigkeiten lückenlos mit Zeugnissen dokumentieren können. Grundsätzlich sollten Sie sich bei jedem Stellenwechsel ein Zeugnis oder mindestens eine Arbeitsbestätigung ausstellen lassen. Legen Sie der Bewerbung weitere Beilagen bei, wenn dies sinnvoll und gewünscht ist, beispielsweise gestalterische Entwürfe bei künstlerischen Berufen oder Kopien von Sprachdiplomen bei kaufmännischen Stellen.

Referenzen

In einer Bewerbung haben Sie die Möglichkeit, Firmen oder Personen anzugeben, die über Sie, Ihr Know-how und Ihre Arbeitsweise Auskünfte erteilen können. Nennen Sie dabei nur Personen, die auch dazu bereit sind und deren Aussagen Gewicht haben. Es ist auch möglich, die Referenzen erst beim Vorstellungsgespräch bekannt zu geben.

Beispiel Bewerbungsbrief

Franz Meister
Freudenweg 12
3013 Bern
031 333 43 34   21. November 2008

Touring Garage
Herr Stephan Rutsch
Muristrasse 64
3006 Bern

Stellenbewerbung

Sehr geehrter Herr Rutsch

Im «Anzeiger der Region Bern» habe ich gelesen, dass Sie einen Automechaniker mit abgeschlossener Berufslehre suchen. Hiermit bewerbe ich mich um die ausgeschriebene Stelle.

Zurzeit absolviere ich eine Lehre als Mechatroniker in der Alpenblick-Garage in Bern, welche ich im Sommer 2009 abschliessen werde. Während der Ausbildung habe ich gelernt, Aufträge selbstständig und verantwortungsbewusst zu erledigen.

Mir ist positiv aufgefallen, dass Sie ein junges Werkstattteam beschäftigen. Gerne würde ich mit meiner Arbeitskraft dieses Team vervollständigen.

Da ich an einer Dauerstelle interessiert bin und mich auch weiterbilden möchte, wäre Ihre Stelle optimal für mich. Obwohl ich noch keine Erfahrungen mit der Marke Citroën vorzuweisen habe, bin ich mir sicher, ein geeigneter Kandidat für die Besetzung der freien Stelle zu sein, da ich mich bereits in meiner Freizeit mit den unterschiedlichsten Marken beschäftigt habe.

Alles Wesentliche zu meiner Person und zu meiner Ausbildung finden Sie im beigelegten Personalblatt. Gerne würde ich Sie bei einem persönlichen Gespräch von meiner Person überzeugen.

Für die wohlwollende Prüfung meiner Bewerbungsunterlagen danke ich Ihnen herzlich. Für Rückfragen stehe ich Ihnen gerne zur Verfügung.

Freundliche Grüsse

– Personalblatt
– Kopie Arbeitszeugnis Ausbildner
– Kopien Schulzeugnisse

Beispiel Lebenslauf

Angaben zu meiner Person

Personalien

Name   Meister
Vorname   Franz
Adresse   Freudenweg 12, 3013 Bern

Telefon   031 333 43 34
Geburtsdatum   22.11.1989
Zivilstand   ledig

Besuchte Schulen

1996 – 2002   Primarschule in Aarberg
2002 – 2005   Sekundarschule in Aarberg

Berufliche Ausbildung

2005 – 2009   Lehre als Mechatroniker bei der Alpenblick-Garage, Bern
                    Abschluss mit Fähigkeitsausweis im Sommer 2009

Weiterbildung

2007   Schweisskurs bei Nick Burkhalter, LWB
2008   Klimakurs und Kälteprüfung bei Adam Bürgi, GIBB

Besondere Kenntnisse

Sprachen   Gute mündliche Kenntnisse in Französisch und Englisch
Informatik   Gute Kenntnisse der Office-Anwendungen Word, Excel,
                    PowerPoint

Referenzen

Lehrbetrieb   Alpenblick-Garage
                    Herr Dres Müller, Ausbildner
                    Alpenstrasse 24
                    3011 Bern
                    031 311 15 85

Schule   GIBB
                    Frau Ruth Meyer, Fachlehrerin
                    Lorrainestrasse 1
                    3000 Bern 25
                    031 335 67 34

Das Vorstellungsgespräch

Beim Vorstellungsgespräch gilt es, das Gegenüber davon zu überzeugen, dass man die perfekte Kandidatin oder der perfekte Kandidat für die offene Stelle ist. Daher sind einige Tipps zu beachten, damit vom ersten Händedruck bis zur Schlussfrage alles glatt abläuft.

Gesprächsvorbereitung

Es ist wichtig, dass Sie sich intensiv auf das Vorstellungsgespräch vorbereiten. Setzen Sie sich mit den Fragen auseinander, die Ihnen die personalverantwortliche Person stellen könnte. Notieren Sie sich zudem Fragen, die Sie am Vorstellungsgespräch stellen wollen. Schliesslich ist es wichtig, dass Sie über die Firma Bescheid wissen, bei der Sie sich bewerben. Informieren Sie sich daher vorgängig über das Unternehmen und die Stelle, für die Sie sich interessieren. Hilfreich ist dabei die Webseite oder Broschüren und Werbematerialien der Firma. Spielen Sie den Ablauf des Vorstellungsgesprächs vorher durch und überlegen Sie sich eine gezielte und für Sie vorteilhafte Argumentation.

Ablauf des Vorstellungsgesprächs

In einem Vorstellungsgespräch gibt es gewisse Gebiete, welche eine personalverantwortliche Person typischerweise abtastet. Die meisten Vorstellungsgespräche folgen diesem bestimmten Muster. Nachfolgend sind wichtige Kernpunkte des Gesprächs und dazugehörige Leitfragen zusammengestellt.

Ihr potenzieller Arbeitgeber wird genau beobachten, wie Sie auftreten und sich verhalten. Denn er möchte herausfinden, wie Ihre kommunikativen Fähigkeiten im Umgang mit unbekannten Menschen sind.

Umgangsformen und Persönlichkeit

Leitfragen zu Umgangsformen und zur Persönlichkeit
- Wie offensiv oder zurückhaltend treten Sie auf?
- Sind Sie höflich?
- Wie gehen Sie auf Ihren Gesprächspartner ein?
- Was drückt Ihre Körpersprache, Ihre Kleidung aus?
- Welches sind Ihre Stärken und Schwächen?

Der Arbeitgeber möchte sicherstellen, dass Sie sich bewusst für sein Unternehmen entschieden haben.

Leistungsmotivation

Leitfragen zur Leistungsmotivation
- Warum bewerben Sie sich ausgerechnet bei diesem Unternehmen?
- Warum interessieren Sie sich genau für diese Position?
- Warum sollten wir Sie einstellen?
- Wie ist Ihre jetzige berufliche Situation?
- Wo möchten Sie in fünf Jahren stehen?

Beruflicher Werdegang   Mit Fragen nach dem beruflichen Werdegang soll sichergestellt werden, dass Sie auch wirklich die geforderten Qualifikationen mitbringen.

> **Leitfragen zum beruflichen Werdegang**
> - Welche Ausbildung haben Sie absolviert?
> - Welche Stellen oder Positionen hatten Sie inne?
> - Welche Verantwortung hatten Sie bereits zu tragen?
> - Wie teamfähig sind Sie?
> - In welchen Gebieten haben Sie besondere Erfahrung?

Ihre Fragen   Natürlich verläuft die Prozedur nicht nur einseitig – auch Sie dürfen während des Gesprächs und insbesondere gegen Ende Ihrerseits Fragen über das Unternehmen stellen. Diese sollte Sie sich im Voraus gut überlegen. Sie dürfen und sollen Fragen stellen, die für Ihre Entscheidungsfindung wichtig sind und noch nicht im Laufe des Gesprächs geklärt wurden.

> **Mögliche Fragen des Bewerbers / der Bewerberin**
> - Mit welchen Kolleginnen und Kollegen würde ich arbeiten?
> - Mit welchen Abteilungen hätte ich Kontakt?
> - Wo ist die offene Stelle im Organigramm des Unternehmens zugeordnet?
> - Wie sieht das Tagesgeschäft aus?
> - Wie ist die Einarbeitungszeit organisiert?
> - Welche Weiterbildungsmöglichkeiten habe ich im Unternehmen?

Lohnverhandlung   Schliesslich sollten Sie die Frage nach Ihrem Gehalt klären. Bleiben Sie dabei realistisch, erkundigen Sie sich vorher bei Freunden oder im Internet darüber, von welcher Lohnhöhe Sie etwa ausgehen können.

Verstanden?

10.1 Wie finde ich freie Stellen?

10.2 Was gehört zu einem vollständigen Bewerbungsdossier?

10.3 Was ist normalerweise Inhalt eines Lebenslaufs?

10.4 Schreiben Sie drei wesentliche Fragen auf, welche Sie einer Personalverantwortlichen beim Vorstellungsgespräch stellen könnten.

10.2 Rechtliche Grundlagen des Arbeitsvertrags

Ein Arbeitsverhältnis zwischen einem Arbeitgeber und einer arbeitnehmenden Person wird durch gesetzliche Bestimmungen, vertragliche Vereinbarungen und betriebsinterne Reglemente geregelt.

Gesetzliche Bestimmungen

Das Obligationenrecht (OR) enthält Vorschriften über den Einzelarbeitsvertrag (EAV). Geregelt sind z. B. Begriff und Entstehung des Einzelarbeitsvertrages, die Pflichten von Arbeitnehmenden und Arbeitgebenden, die Beendigung des Arbeitsverhältnisses und deren Folgen. Für die Durchsetzung dieser arbeitsvertraglichen Bestimmungen gilt der Grundsatz: «Wo kein Kläger, da ist auch kein Richter.»

Obligationenrecht (OR)

Das Arbeitsgesetz (ArG) enthält z. B. Vorschriften über Unfall- und Gesundheitsvorsorge, Arbeits- und Ruhezeiten, Abend-, Nacht- und Sonntagsarbeit, Bestimmungen zur Gleichstellung von Mann und Frau, zum Schutz der schwangeren Frauen und der jugendlichen Arbeitnehmenden.

Arbeitsgesetz (ArG)

Vertragliche Vereinbarungen

Im Einzelarbeitsvertrag (individueller Arbeitsvertrag) werden z. B. die Funktion und Stellung im Betrieb, der Lohn und die Kündigungsfristen für den einzelnen Arbeitnehmer im Detail geregelt.

Einzelarbeitsvertrag (EAV)

Ein Gesamtarbeitsvertrag (GAV) wird zwischen einem Arbeitgeberverband und einer Arbeitnehmerorganisation (Gewerkschaft) abgeschlossen. Gegenstand der Vereinbarungen sind z. B. Mindestlöhne, Teuerungsausgleich, Lohnfortzahlungspflicht bei Krankheit, Höchstarbeitszeit, Ferien, Freizeit und Kündigungsfristen.

Gesamtarbeitsvertrag (GAV)

Betriebsinterne Reglemente

Betriebsreglemente (z. B. Betriebsordnung) beinhalten Regelungen, die für alle Arbeitnehmenden im Betrieb von Bedeutung sind, wie z. B. Freitage, Verhalten bei Unfall und Krankheit und gleitende Arbeitszeit.

Betriebsreglement

Verstanden?

10.5 Wo finden Sie gesetzliche Bestimmungen zum Einzelarbeitsvertrag?

10.6 In welchem Gesetz finden Sie die Pflichten der Arbeitnehmenden?

10.3   Einzelarbeitsvertrag (EAV)

Der Vertrag

Durch die Unterzeichnung eines Einzelarbeitsvertrags verpflichten sich die beiden Vertragsparteien zu Folgendem:

Hauptpflichten im Einzelarbeitsvertrag
- Arbeitnehmende verpflichten sich zur Leistung von Arbeit auf eine bestimmte oder unbestimmte Zeit.
- Arbeitgebende verpflichten sich zur Zahlung eines Lohnes.

Form

Der Einzelarbeitsvertrag bedarf keiner besonderen Form. Er ist formlos gültig. Aus Beweisgründen empfiehlt es sich aber, den Vertrag schriftlich abzuschliessen.

Probezeit (OR 335b)

Das Arbeitsverhältnis beginnt mit einer Probezeit. Diese dauert mindestens einen Monat, maximal aber drei Monate.

Pflichten der Arbeitnehmenden

Persönliche Arbeitsleistung (OR 321)

Eine angestellte Person muss die vertraglich verabredete Arbeit selbst leisten. Sie kann also nicht während einer Woche ihren Bruder zur Arbeit schicken, um länger Ferien zu machen, auch wenn dieser die gleiche Ausbildung hat.

Sorgfaltspflicht (OR 321a)

Arbeitnehmende müssen die ihnen zugewiesenen Arbeiten sorgfältig und mit vollem Einsatz ausführen. Insbesondere Werkzeuge, Geräte, Material usw. müssen sie fachgerecht und schonend behandeln.

Für Schäden, die sie dem Arbeitergeber absichtlich oder fahrlässig zufügen, sind sie haftbar. Die Privathaftpflichtversicherung zahlt keine Schäden am Arbeitsplatz!

Treuepflicht (OR 321a)

Von den Mitarbeitenden wird verantwortungsbewusstes, loyales und redliches Verhalten erwartet. Sie haben alles zu unterlassen, was dem Arbeitgeber einen Schaden zufügen kann. Fabrikations- und Geschäftsgeheimnisse sind während der Dauer des Arbeitsverhältnisses zu wahren, je nach Interesse des Arbeitgebers sogar darüber hinaus.

Nebentätigkeiten (OR 321b)

Nebentätigkeiten, welche die Leistungsfähigkeit der Arbeitnehmenden am Arbeitsplatz beeinträchtigen oder den Arbeitgeber konkurrenzieren, sind verboten.

Arbeitnehmerinnen und Arbeitnehmer haben die ihnen zugewiesenen Arbeiten sorgfältig und mit vollem Einsatz auszuführen.

Was die Arbeitnehmenden in Ausübung ihrer Tätigkeit von Drittpersonen erhalten, haben sie dem Arbeitgeber abzuliefern (z.B. Geld, nicht aber Trinkgeld).

Rechenschafts- und Herausgabepflicht (OR 321b)

Überstunden liegen vor, wenn über die vertraglich vereinbarte Arbeitszeit hinaus gearbeitet werden muss.

Überstunden (OR 321c)

Arbeitnehmende können vom Arbeitgeber verpflichtet werden, Überstunden zu leisten, wenn sie aus betrieblichen Gründen notwendig und für die Arbeitnehmenden zumutbar sind (z.B. persönliche Leistungsfähigkeit und Gesundheit, familiäre Pflichten).

Die geleisteten Überstunden können durch Freizeit von gleicher Dauer abgegolten werden. Diese Kompensation kann vom Arbeitgeber nicht einseitig angeordnet werden; er braucht das Einverständnis der Arbeitnehmenden. Die Überstunden sollten in der Regel innerhalb von 14 Wochen kompensiert werden. Wird die Überstundenarbeit nicht durch Freizeit ausgeglichen, schuldet der Arbeitgeber der angestellten Person einen Lohnzuschlag von mindestens 25 Prozent.

Es ist Sache der Arbeitnehmenden, nachzuweisen, dass sie Überstunden geleistet haben. Der Anspruch auf Entschädigung verjährt innert fünf Jahren.

Arbeitnehmende haben die Weisungen des Arbeitgebers zu befolgen. Sie erledigen ihre Arbeit also nicht nach eigenem Gutdünken, sondern gemäss Anordnungen des Arbeitgebers.

Befolgung von Anordnungen und Weisungen (OR 321d)

Weisungen, welche die Leistungsfähigkeit der angestellten Person überfordern, schikanös sind, ihre Gesundheit gefährden oder sie in Gewissenskonflikte stürzen, muss sie nicht befolgen.

Allgemeine Anordnungen sind häufig in einer Betriebsordnung, in einem Pflichtenheft oder einer Stellenbeschreibung enthalten.

Verstanden?

10.7 Welche Vertragsform gilt für den Einzelarbeitsvertrag?

10.8 Zählen Sie vier Pflichten der Arbeitnehmenden auf.

10.9 Erklären Sie die Treuepflicht.

10.10 Wann dürfen Sie keinen bezahlten Nebentätigkeiten nachgehen?

10.11 Was sind Überstunden?

10.12 Wann ist eine Arbeitnehmende verpflichtet, Überstunden zu leisten?

10.13 Mit wie viel Prozent Lohnzuschlag müssen Überstunden meistens entschädigt werden?

Pflichten des Arbeitgebers

Lohnzahlungspflicht (OR 322 und 323)

Der Arbeitgeber hat den Mitarbeitenden den vereinbarten Lohn jeweils auf Ende jedes Monats zu bezahlen, sofern nichts anderes üblich oder abgemacht worden ist.

Normalerweise müssen die Arbeitnehmenden zuerst den ganzen Monat arbeiten, bevor sie ihren Lohn erhalten. Gerät eine angestellte Person in eine Notlage, so muss ihr der Arbeitgeber auf Verlangen einen Vorschuss in der Höhe der geleisteten Arbeit bezahlen.

Die Mitarbeitenden haben Anspruch auf eine schriftliche Lohnabrechnung.

Gratifikation (OR 322d)

Die Gratifikation ist eine Sondervergütung, welche der Arbeitgeber bei gutem Geschäftsgang, guter Leistung der angestellten Person oder als Ansporn für die Zukunft freiwillig entrichtet. Manchmal ist sie im Arbeitsvertrag geregelt. Dann ist sie auch bei vorzeitigem Austritt pro rata geschuldet.

13. Monatslohn

Im Gegensatz zur Gratifikation gilt der 13. Monatslohn als fester Lohnbestandteil und wird geschuldet. Bei einem Stellenwechsel während des Jahres hat die angestellte Person ebenfalls Anrecht auf eine Pro-rata-Zahlung desselben.

Lohnzahlung bei Verhinderung des Arbeitnehmers (OR 324a ff.)

Kann eine angestellte Person die Arbeit wegen begründeter Verhinderung nicht ausführen, so muss der Arbeitgeber für eine beschränkte Zeit den Lohn weiter bezahlen, sofern das Arbeitsverhältnis mehr als drei Monate gedauert hat. Als begründete Verhinderung gelten die folgenden Ereignisse:

Gründe für Lohnfortzahlung

- Krankheit
- Unfall
- Obligatorischer Militärdienst
- Ausübung eines öffentlichen Amtes (z. B. Grossrat)
- Schwangerschaft und Geburt

Im ersten Dienstjahr beträgt die Lohnfortzahlungspflicht drei Wochen.

Dauer der Lohnfortzahlungspflicht

Um endlose Diskussionen zu vermeiden, haben Arbeitsgerichte Tabellen entwickelt (Berner, Basler und Zürcher Skala), die als Richtlinien für die Dauer der Lohnfortzahlungspflicht herangezogen werden können.

Lohnfortzahlungspflicht in Wochen

Dienstjahr	Berner Skala	Basler Skala	Zürcher Skala
1.	3	3	3
2.	4	9	8
3.	9	9	9
4.	9	13	10
5.	13	13	11
6.	13	13	12
7.	13	13	13
8.	13	13	14
9.	13	13	15
10.	17	13	16

Diese Regelung gilt, wenn keine Versicherung – weder die kollektive Kranken-taggeldversicherung im Betrieb noch die Unfallversicherung oder die Erwerbser-satzordnung – den Lohnausfall deckt.

Bei der Berechnung der Dauer des Lohnanspruches ist die ganze Abwesenheit während eines Anstellungsjahres massgebend (z. B. Krankheit und Unfall).

Sofern nichts anderes vereinbart oder üblich ist, muss der Arbeitgeber den Ar-beitnehmenden die notwendigen Arbeitsgeräte und Materialien bereitstellen. Stellen Arbeitnehmende mit Einverständnis der Arbeitgebenden Geräte oder Materialien selbst zur Verfügung, haben sie dafür eine angemessene Entschä-digung zugute. Der Arbeitgeber hat der angestellten Person die Spesen zu er-setzen, die ihr durch die Ausführung der Arbeit entstehen, insbesondere dann, wenn es sich um auswärtige Arbeiten handelt.

Arbeitsgeräte, Material und Auslagen (OR 327)

Der Arbeitgeber hat die Persönlichkeit der Arbeitnehmenden zu schützen. Ins-besondere muss er sexuelle Belästigung und Mobbing verhindern.

Der Arbeitgeber hat auf die Gesundheit der Arbeitnehmenden Rücksicht zu nehmen und alle zumutbaren und notwendigen Vorkehrungen zu treffen, um Unfälle und andere Gesundheitsgefährdungen zu verhindern.

Der Datenschutz muss gewährleistet werden.

Schutz der Persönlichkeit des Arbeitnehmers (OR 328 und 328b)

Der Mindestferienanspruch beträgt ab dem vollendeten 20. Altersjahr vier be-zahlte Wochen (20 Arbeitstage) pro Jahr.

Der Arbeitgeber bestimmt den Zeitpunkt der Ferien und nimmt dabei auf die Wünsche der Arbeitnehmenden Rücksicht (so hat z. B. ein Familienvater An-recht darauf, seine Ferien während der Schulferien beziehen zu können). Min-destens zwei Ferienwochen sollten der Arbeitnehmerin in einem zusammen-hängenden Abschnitt gewährt werden.

Für ein unvollständiges Dienstjahr werden die Ferien anteilsmässig gewährt.

Ferien dürfen nicht durch Geldleistungen abgegolten werden, da sie der Erho-lung dienen (Ausnahme: Beendigung des Arbeitsverhältnisses).

Ferien (OR 329)

Erkrankt oder verunfallt eine angestellte Person während der Ferien ernsthaft ohne eigenes Verschulden, sodass der Erholungszweck nicht mehr gewährleistet ist, bewirkt dies einen Unterbruch der Ferien. Die Person kann die entsprechen-den Ferientage nachbeziehen, muss jedoch beweisen, dass sie krank war oder einen Unfall hatte. Sie sollte deshalb ihren Arbeitgeber sofort informieren und sich ein Arztzeugnis beschaffen.

Krankheit und Unfall während der Ferien

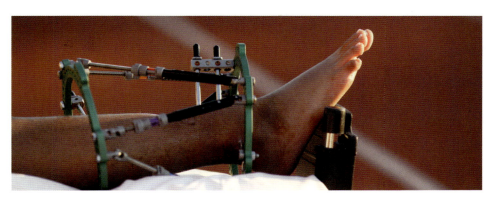

Wer während der Ferien ernsthaft verunfallt, kann die Ferientage nachbeziehen.

Arztzeugnis Viele Arbeitsverträge verlangen von den Angestellten, dass sie ab dem dritten Tag, den sie im Betrieb fehlen, ein Arztzeugnis vorlegen müssen. Der Arbeitgeber darf im Arbeitsvertrag sogar festlegen, dass ein Zeugnis bereits ab dem ersten Tag nötig ist.

Kürzung der Ferien Kann eine angestellte Person während einer länger dauernden Frist nicht arbeiten, kann ihr der Arbeitgeber die Ferienansprüche kürzen. Dies gilt in folgenden Fällen:

Kürzung der Ferien

- *Bei eigenem Verschulden*
  Die Kürzung der Ferien beträgt pro vollen Monat ein Zwölftel. Beispiel: Ein unbezahlter Urlaub von 3½ Monaten kann eine Kürzung der Ferien von drei Zwölfteln zur Folge haben.
- *Ohne eigenes Verschulden*
  Die Kürzung der Ferien beträgt vom zweiten Monat der Verhinderung an pro vollen Monat ein Zwölftel. Beispiel: Eine krankheitsbedingte Verhinderung von 3½ Monaten kann eine Kürzung der Ferien von zwei Zwölfteln zur Folge haben.
- *Infolge Schwangerschaft und Niederkunft*
  Die Kürzung der Ferien beträgt vom dritten Monat der Verhinderung an pro vollen Monat ein Zwölftel. Beispiel: Eine Verhinderung nach der Geburt von 3½ Monaten kann eine Kürzung der Ferien von einem Zwölftel zur Folge haben.

Verjährung Ferienansprüche verjähren nach fünf Jahren.

Arbeitnehmende haben Anspruch auf freie Stunden und Tage. Es gelten in der Praxis recht einheitliche Richtlinien:

Übliche freie Stunden und Tage

Richtlinien für freie Tage	
Eigene Heirat	2 bis 3 Tage
Heirat eines engen Verwandten	1 Tag
Niederkunft der Partnerin	1 Tag
Tod eines Familienmitgliedes	1 bis 3 Tage
Umzug	1 Tag
Behördengang und Arztbesuch	nach Bedarf

Pro Jahr können die Kantone acht Feiertage den Sonntagen gleichstellen. Der 1. August (Bundesfeiertag) gilt als Feiertag.
Wenn im GAV/EAV geregelt, können Feiertage, welche in die Ferien fallen, nachbezogen werden.

Feiertage

Jugendliche Arbeitnehmende bis zum 30. Altersjahr haben für ehrenamtliche leitende oder betreuende Tätigkeiten im Rahmen ausserschulischer Jugendarbeit (z. B. J + S-Kurse) Anspruch auf maximal fünf Arbeitstage unbezahlten Urlaub.

Ausserschulische Jugendarbeit (OR 329 ff)

Arbeitnehmende können jederzeit vom Arbeitgeber ein Zeugnis verlangen, das über die Art und Dauer des Arbeitsverhältnisses, die Stellung und Funktion im Betrieb sowie über ihre Leistungen und ihr Verhalten Auskunft gibt. Das Arbeitszeugnis muss inhaltlich klar, eindeutig und wahrheitsgetreu verfasst werden. Es darf keine falschen Angaben enthalten und sollte auf verschlüsselte Formulierungen verzichten (keine Codierungen).

Arbeitszeugnis (OR 330a)

Bei Unstimmigkeiten zwischen den Vertragsparteien hat die angestellte Person das Recht auf eine Arbeitsbestätigung. Diese beinhaltet nur die Art und Dauer der Beschäftigung, äussert sich aber nicht über die Leistungen und das Verhalten des Arbeitnehmenden.

Arbeitsbestätigung

Verstanden?

10.14 Zählen Sie vier Pflichten der Arbeitgebenden auf.

10.15 Beat ist seit einem halben Jahr in einem Betrieb angestellt. Nun muss er Militärdienst leisten. Wie lange ist der Arbeitgeber verpflichtet, seinen Lohn weiterzuzahlen?

10.16 Was sind Spesen?

10.17 Auf wie viele Ferienwochen hat eine 22-Jährige Anrecht?

10.18 Wer bestimmt den Zeitpunkt der Ferien?

10.19 Weshalb dürfen Ferien nicht durch Geldleistungen abgegolten werden?

10.20 Wie viele Freitage stehen Ihnen bei einer Heirat zu?

10.21 Für welche Tätigkeiten stehen Ihnen bis zum 30. Altersjahr fünf Tage unbezahlten Jugendurlaubs zu?

10.22 Nennen Sie die Unterschiede zwischen einem Arbeitszeugnis und einer Arbeitsbestätigung.

Beendigung

Befristete und unbefristete Arbeitsverhältnisse (OR 334 und 335)

Ein befristeter Arbeitsvertrag endigt ohne Kündigung mit Ablauf der Vertragszeit. Ein unbefristeter Arbeitsvertrag läuft so lange, bis er von einer Vertragspartei beendigt wird.

Kündigungsfristen (OR 335a–c)

Soweit schriftlich nichts anderes vereinbart, gelten folgende Kündigungsfristen:

> **Kündigungsfristen**
> - Während der Probezeit kann das Arbeitsverhältnis jederzeit mit sieben Tagen Kündigungsfrist gekündigt werden.
> - Nach der Probezeit kann das Arbeitsverhältnis im 1. Dienstjahr mit einer Frist von einem Monat auf jedes Monatsende gekündigt werden.
> - Im 2. bis 9. Dienstjahr kann das Arbeitsverhältnis mit einer Frist von zwei Monaten auf jedes Monatsende gekündigt werden.
> - Ab dem 10. Dienstjahr kann das Arbeitsverhältnis mit einer Frist von drei Monaten auf jedes Monatsende gekündigt werden.

Form der Kündigung (OR 335)

Diese Kündigungsfristen dürfen abgeändert werden. Grundsätzlich gilt eine Mindestkündigungsfrist von einem Monat.

Verspätete Kündigungen

Die Kündigung kann mündlich mitgeteilt werden. Sie ist formlos gültig. Eine schriftliche, eingeschriebene Kündigung erleichtert jedoch den Beweis. Die Kündigung muss begründet sein, falls dies von einer Vertragspartei gewünscht wird. Das Kündigungsschreiben muss spätestens am letzten Tag vor Beginn der Kündigungsfrist im Besitze des Empfängers sein. Der Poststempel ist nicht massgebend. Es empfiehlt sich, die Kündigung rechtzeitig aufzugeben und sich allenfalls zu erkundigen, ob sie eingetroffen ist oder nicht.

Verspätete Kündigungen gelten auf den nächstmöglichen Kündigungstermin. Wird irrtümlicherweise mit einer zu kurzen Kündigungsfrist gekündigt, ist die Kündigung keinesfalls nichtig. Reklamiert der Empfänger nicht, gilt sie als angenommen. Reklamiert der Empfänger, wird die Kündigung automatisch auf den richtigen Zeitpunkt hin vollzogen.

Missbräuchliche Kündigung

OR 336

Kündigungen können missbräuchlich sein. In solchen Fällen kann ein Arbeitnehmer zwar nicht verlangen, dass er wieder eingestellt wird, aber er kann vom Arbeitgeber eine Entschädigung verlangen, welche eine Richterin oder ein Richter festlegt und maximal sechs Monatslöhne beträgt. Dazu muss der Arbeitnehmer bis zum Ablauf der Kündigungsfrist beim Arbeitgeber schriftlich Einsprache erheben.

> **Beispiele missbräuchlicher Kündigungen**
> - Die Chefin erfährt, dass ein Angestellter homosexuell ist.
> - Eine Arbeitnehmerin trägt aus religiöser Überzeugung ein Kopftuch.
> - Ein Arbeitnehmer reklamiert, weil die gesetzlichen Sicherheitsvorschriften nicht eingehalten würden.
> - Eine Arbeitnehmerin ist Mitglied einer Gewerkschaft.

Kündigung zur Unzeit / Sperrfristen

Kündigungen können ungültig sein, wenn sie in eine Zeitspanne fallen, in welcher der Arbeitgeber nicht kündigen darf. Diese sogenannten Sperrfristen gelten aber erst nach der Probezeit.

OR 336c und d

Folgende Sperrfristen müssen Arbeitgebende beachten:

Sperrfristen
- *Militär- / Zivilschutzdienst / Zivildienst*
  während der Dienstleistung inklusive vier Wochen vorher und nachher
- *Krankheit / Unfall*
  im ersten Dienstjahr während 30 Tagen
  ab dem zweiten bis fünften während 90 Tagen
  ab dem sechsten während 180 Tagen
- *Schwangerschaft*
  Während der Schwangerschaft bis 16 Wochen nach der Geburt
- *Hilfsaktion im Ausland*
  Während der Hilfsaktion (Voraussetzung Zustimmung Arbeitgeber)

Eine Kündigung, die während einer solchen Sperrfrist durch den Arbeitgeber ausgesprochen wird, ist nichtig. Sie hat keine Wirkung und muss nach Ablauf der Sperrfrist wiederholt werden.
Ist die Kündigung vor Beginn einer Sperrfrist erfolgt, ist sie gültig. Aber die Kündigungsfrist wird während der Dauer der Sperrfrist unterbrochen und läuft erst nachher wieder weiter.

Während der Schwangerschaft und bis 16 Wochen nach der Geburt darf einer Arbeitnehmerin nicht gekündigt werden.

Fristlose Kündigung

OR 337–337c   Aus wichtigen Gründen kann das Arbeitsverhältnis ohne Einhaltung der Kündigungsfristen aufgelöst werden. Bei einem wichtigen Grund kann man dem Kündigenden die Fortsetzung des Arbeitsverhältnisses nicht mehr zumuten. Eine solche Kündigung ist nur in krassen Fällen möglich.
Die fristlose Kündigung beendet den Arbeitsvertrag und die Lohnzahlungspflicht sofort.

Wichtige Gründe der Arbeitgebenden für eine fristlose Kündigung
- Ein Arbeitnehmer begeht Straftaten gegenüber dem Arbeitgeber oder seinen Arbeitskollegen (z. B. Diebstahl, Tätlichkeiten, falsche Spesenangaben).
- Eine Arbeitnehmerin konkurrenziert ihren Arbeitgeber (z. B. Schwarzarbeit, Geschäfte auf eigene Rechnung).
- Ein Arbeitnehmer verweigert mehrmals und beharrlich seine zu leistende Arbeit, erscheint wiederholt unentschuldigt zu spät oder gar nicht zur Arbeit, verlässt unbegründet den Arbeitsplatz, bezieht eigenmächtig Ferien oder verweigert die Leistung von Überstunden.

Wichtige Gründe der Arbeitnehmenden für eine fristlose Kündigung
- Ein Arbeitgeber wird gegenüber einer Arbeitnehmerin tätlich, belästigt sie unsittlich, beleidigt sie oder überwacht ihr Privatleben.
- Eine Arbeitgeberin fordert einen Arbeitnehmer zu strafbaren Handlungen auf (z. B. Steuerhinterziehung).
- Ein Arbeitgeber ist zahlungsunfähig, d. h., er kann z. B. den Lohn der angestellten Personen nicht zahlen.

Wer seinen Arbeitgeber bestiehlt, kann fristlos entlassen werden.

Wird einer angestellten Person ungerechtfertigterweise fristlos gekündigt, steht ihr der Lohn bis zum Ablauf der ordentlichen Kündigungsfrist zu. Zusätzlich dazu kann die Person gerichtlich eine Entschädigung geltend machen. Diese Entschädigung kann maximal bis zu sechs Monatslöhnen betragen.

Nichtantreten oder fristloses Verlassen der Stelle (OR 337d)

Treten Arbeitnehmende ohne wichtigen Grund die Stelle nicht an oder verlassen sie fristlos, werden sie schadenersatzpflichtig. In einem solchen Fall schulden die Arbeitnehmenden dem Arbeitgeber ein Viertel eines Monatslohnes. Ausserdem hat der Arbeitgeber Anspruch auf Ersatz weiteren Schadens (z. B. Einstellung einer Temporärarbeitskraft).

Verstanden?

10.23 Welche ordentlichen Kündigungsfristen gelten?

10.24 Dürfen Kündigungsfristen im Einzelarbeitsvertrag abgeändert werden?

10.25 Welche Formvorschrift gilt für Kündigungen?

10.26 Wann muss das Kündigungsschreiben spätestens im Besitze des Empfängers sein?

10.27 Was passiert mit einer Kündigung, die eine zu kurze Kündigungsfrist aufweist?

10.28 Zählen Sie zwei Beispiele für missbräuchliche Kündigungen auf.

10.29 Welche Folgen hat eine missbräuchliche Kündigung für eine Arbeitnehmerin?

10.30 Was ist eine Sperrfrist?

10.31 Nennen Sie die Sperrfristen bei Militärdienst und bei Krankheit oder Unfall.

10.32 Welches sind die Folgen einer Kündigung, bei der die Kündigungsfrist in die Sperrfrist fällt?

10.33 Nennen Sie zwei wichtige Gründe des Arbeitgebers für eine fristlose Kündigung.

10.34 Welche Folgen hat das Nichtantreten einer Stelle für den Arbeitnehmer?

Arbeitszeit

Begriff der Arbeitszeit (ArGV 1 13)

Die Zeit am Arbeitsplatz gilt als Arbeitszeit. Der Weg zur Arbeit gilt nicht als Arbeitszeit.

Muss sich eine angestellte Person auf Anordnung des Arbeitgebers oder von Gesetzes wegen beruflich weiter- oder fortbilden, dann gilt die dafür aufgewendete Ausbildungszeit als Arbeitszeit.

Wöchentliche Höchstarbeitszeit (ArG 9)

Die wöchentliche Höchstarbeitszeit wird im EAV oder GAV geregelt.

Höchstarbeitszeiten

- 45 Stunden für Arbeitnehmende in industriellen Betrieben sowie für Büropersonal, technische und andere Angestellte, mit Einschluss des Verkaufspersonals in Grossbetrieben des Detailhandels.
- 50 Stunden für alle übrigen Arbeitnehmenden.

Überzeit (ArG 12 und 13)

Wird die wöchentliche Höchstarbeitszeit ausnahmsweise wegen dringender Arbeiten überschritten, liegt Überzeit vor.

Bedingungen für Überzeit

- Dringlichkeit der Arbeit oder ausserordentlicher Arbeitsandrang
- Inventaraufnahmen, Rechnungsabschlüsse und Liquidationen
- Vermeidung oder Beseitigung von Betriebsstörungen

Arbeitszeitverteilung (ArG 16)

Überzeit wird mit Freizeit von gleicher Dauer oder einem Lohnzuschlag von 25 Prozent abgegolten.

Die Arbeitswoche darf für die einzelne angestellte Person höchstens 5½ Arbeitstage umfassen.

Nacht- und Sonntagsarbeit (ArG 16 bis 18ff.)

Die Nachtarbeit und die Sonntagsarbeit sind bewilligungspflichtig und erfordern das Einverständnis der Arbeitnehmenden.

Die Nachtarbeit ist mit einem Lohnzuschlag von 25 Prozent, die Sonntagsarbeit mit einem von 50 Prozent abzugelten.

Pausen (ArG 15)

Die Arbeit ist je nach Dauer der Arbeitszeit mit Pausen zu unterbrechen. Pausen gelten als Arbeitszeit, wenn die Arbeitnehmenden den Arbeitsplatz nicht verlassen dürfen.

Verstanden?

10.35 Was ist Überzeit?

10.36 Aus welchen Gründen darf Überzeit angeordnet werden?

10.37 Wie hoch ist der prozentuale Lohnzuschlag für Nacht- bzw. Sonntagsarbeit?

Probleme und Lösungen

Tagtäglich wird Arbeitnehmenden zu Unrecht gekündigt, werden Löhne nicht bezahlt, Freitage nicht gewährt oder Arbeitszeugnisse nicht ausgestellt. Bei diesen arbeitsrechtlichen Streitigkeiten ist der Streitwert meistens gering. Deshalb ist eine gütliche Einigung zwischen den Vertragsparteien in solchen Situationen fast immer besser als ein teures Gerichtsverfahren.

Recht haben und Recht bekommen sind aber zweierlei Paar Stiefel. Während des Arbeitsverhältnisses sind arbeitsrechtliche Streitigkeiten problematisch. Einerseits befinden sich die Arbeitnehmenden in einem Abhängigkeitsverhältnis gegenüber dem Arbeitgeber und sind somit am kürzeren Hebel, andererseits dürfen die Arbeitnehmenden mit ihren Forderungen nicht zu lange warten, da sie sonst verjähren.

Gütliche Einigung

Oft genügt es, dass sich die Parteien genau über ihre Rechte und Pflichten ins Bild setzen, um Streitigkeiten beizulegen. Am besten erkundigen sich Arbeitnehmende bei Rechtsberatungen von Gewerkschaften, beim örtlichen Arbeitsgericht, bei paritätischen Kommissionen (GAV) oder bei Rechtsdiensten von Zeitungen und Zeitschriften.

Rechtsauskünfte

Gelingt es den Parteien nicht, sich zu einigen, bleibt nur der Gang ans Gericht. Das Arbeitsrecht schreibt den Kantonen vor, für Streitigkeiten bis zu einem Streitwert von Fr. 30 000.– ein einfaches, rasches und kostenloses Verfahren anzubieten (in der Regel Arbeitsgericht). Für Klagen bis zu diesem Betrag riskiert ein Arbeitnehmer nur seine eigenen Anwaltskosten (sofern eine Anwältin zugelassen wird) und eine allfällige Entschädigung an die Gegenpartei.

Liegt der Streitwert höher als Fr. 30 000.–, gilt das normale Zivilprozessrecht des jeweiligen Kantons.

Zuständiges Gericht

10.38 Wer hilft Ihnen bei Streitigkeiten am Arbeitsplatz?

10.39 Welche Vorschrift macht das Arbeitsrecht den Kantonen in Bezug auf Arbeitsstreitigkeiten?

Verstanden?

10.4 Gesamtarbeitsvertrag (GAV)

Der Gesamtarbeitsvertrag (GAV) wird zwischen Arbeitgeberverbänden und Arbeitnehmerorganisationen (Gewerkschaften) abgeschlossen, beispielsweise im Autogewerbe zwischen dem Autogewerbeverband und der UNIA.

Inhalt
Die Bestimmungen eines Gesamtarbeitsvertrages enthalten häufig günstigere Regelungen für die Arbeitnehmenden als das OR.

Häufige Inhaltspunkte eines GAV	
• Mindestlohn	• Bezahlung des Lohnes bei Militärdienst, Krankheit und Unfall
• Teuerungsausgleich	
• Gratifikation	• Arbeits- und Ruhezeit
• Überzeitentschädigung	• Ferien und Feiertage
• Personalvorsorge	• Kündigungsfristen

Ein Einzelarbeitsvertrag darf abweichende Bestimmungen zu einem Gesamtarbeitsvertrag aufweisen, aber nur zum Vorteil der Arbeitnehmenden. Bestimmungen des Einzelarbeitsvertrages, die dem Gesamtarbeitsvertrag widersprechen, sind nichtig (ungültig).

Geltungsbereich, Allgemeinverbindlicherklärung (AVE)
Grundsätzlich gelten die Bestimmungen eines Gesamtarbeitsvertrages nur für die Mitglieder des jeweiligen Arbeitgeberverbandes und der jeweiligen Arbeitnehmerorganisation, welche den Vertrag ausgehandelt haben. Der Bundesrat oder der Regierungsrat eines Kantones kann jedoch unter bestimmten Umständen einen Gesamtarbeitsvertrag für die ganze Schweiz beziehungsweise für den betreffenden Kanton allgemeinverbindlich erklären. Dann gilt dieser Vertrag obligatorisch für alle Arbeitgebenden und Arbeitnehmenden einer bestimmten Berufsgruppe.

Bedeutung des GAV
Die Vertragsparteien (Sozialpartner) müssen alle Bestimmungen einhalten und sind verpflichtet, den Arbeitsfrieden in Bezug auf alle Regelungen im GAV zu wahren (Friedenspflicht). Auf Kampfmassnahmen wie Streiks oder Aussperrungen wird während der Gültigkeit des GAV verzichtet.

Verstanden?

10.40 Wie heissen die Vertragspartner bei einem Gesamtarbeitsvertrag?

10.41 Nennen Sie Unterschiede zwischen einem Einzelarbeitsvertrag und einem Gesamtarbeitsvertrag.

10.42 Wann darf ein Einzelarbeitsvertrag abweichende Bestimmungen zu einem Gesamtarbeitsvertrag aufweisen?

10.43 Wann gilt ein Gesamtarbeitsvertrag obligatorisch für alle Arbeitnehmenden und Arbeitgebenden einer bestimmten Berufsgruppe?

10.44 Welche Bedeutung hat der Gesamtarbeitsvertrag für die Sozialpartner?

Das haben Sie in diesem Kapitel gelernt

- **Berufliche Zukunft**
  Wie und wo Sie freie Stellen finden.
  Wie ein Bewerbungsdossier aufgebaut ist.
  Wie Sie sich auf ein Vorstellungsgespräch vorbereiten können.

- **Rechtliche Grundlagen**
  Welche rechtlichen Grundlagen einen Einfluss auf die Arbeitsbedingungen haben.

- **Einzelarbeitsvertrag (EAV)**
  Welches die wichtigsten Rechte und Pflichten von Arbeitgebenden und Arbeitnehmenden sind.
  Welche wesentlichen Bestimmungen die Kündigung betreffen.
  Wann man von Arbeitszeit und Überzeit spricht, und was Sie zugute haben.
  Auf welchem Weg Sie Probleme am Arbeitsplatz angehen können.

- **Gesamtarbeitsvertrag (GAV)**
  Was in einem GAV geregelt werden kann.
  Welche Bedeutung ein GAV hat.
  Für wen der GAV gilt, und was die Allgemeinverbindlicherklärung bewirkt.

Wissen anwenden

Hinweis: Die Antworten zu den Fragen, die mit einem Ja oder Nein beantwortet werden können, müssen Sie begründen.

W1 Was bewirken folgende Fragen bei der personalverantwortlichen Person an einem Vorstellungsgespräch:
- Mit welchen Kollegen würde ich zusammenarbeiten?
- Welche Weiterbildungsmöglichkeiten habe ich im Unternehmen?

Erklären Sie, warum dies gute Fragen sind.

W2 Daniela Frutiger erhält nach einem erfolgreichen Vorstellungsgespräch ihre erste Stelle als Coiffeuse im Coiffeursalon «Get in». Voller Stolz zeigt sie Ihnen den soeben erhaltenen Arbeitsvertrag. Der Arbeitsvertrag enthält folgende Abmachungen:
- Arbeitszeit: 48 Stunden pro Woche
- Probezeit: 8 Monate
- Ferien: 2 Wochen pro Jahr
- Kündigungsfrist: 3 Wochen

Welche Abmachungen im vorliegenden Vertrag sind gesetzwidrig? Korrigieren Sie.

W3 Sandra ist glücklich. Herr Meister, der Personalchef der Firma Keller AG, hat ihr soeben zugesichert, dass sie die neu zu besetzende Stelle im Betrieb erhält. Die beiden haben sich über alle wichtigen Vertragspunkte geeinigt. In vier Wochen tritt Sandra ihre neue Stelle an. Herr Meister wird ihr in den nächsten Tagen noch einen schriftlichen Vertrag zustellen.
Einige Tage später begegnet Sandra zufälligerweise einem ehemaligen Schulkollegen, der mittlerweile eine leitende Funktion innehat. Dieser unterbreitet ihr ein viel besseres Arbeitsangebot.

Kann sie sich die Sache noch anders überlegen?

W4 Diana Grünig ist Raumpflegerin. Dreimal die Woche reinigt sie die Büros einer Treuhandfirma.
Zu Hause hat sie mit ihrem Mann in der letzten Zeit häufig Streit. Deshalb kommt es hie und da vor, dass Frau Grünig übermässig Alkohol konsumiert.
Eines Abends stösst sie beim Putzen alkoholisiert eine Skulptur zu Boden. Diese zerbricht in mehrere Teile.

Welche Folgen hat dieser Vorfall für Diana Grünig?

W5 Der Maler Heinz Borter renoviert im Auftrag seiner Chefin in einem Wohnblock das Treppenhaus. Dabei wird er von drei Mietern gebeten, doch gleich auch ihre Korridore neu zu streichen. Heinz verspricht den drei Mietern, diese Arbeiten nach Feierabend gegen ein Entgelt zu machen. Er benötige dafür die folgenden drei Abende.
Darf Heinz diese Malerarbeiten auf eigene Rechnung ausführen?

W6 In den vergangenen Monaten musste Kevin wegen eines dringenden Auftrages 40 Überstunden leisten. Seine Vorgesetzte verlangt nun, dass er diese Stunden kompensiert. Kevin möchte sich die Überstunden lieber auszahlen lassen.
Kann er das verlangen?

W7 Silvio Amstutz ist Vater von drei Kindern im schulpflichtigen Alter. Er bewohnt mit seiner Gattin Lara eine Viereinhalb-Zimmer-Wohnung. Als Silvio Amstutz neben der Steuerrechnung eine sehr hohe Zahnarztrechnung erhält, hat die Familie ein finanzielles Problem. Zudem benötigen die drei Kinder unbedingt neue Schuhe. Silvio verlangt von seinem Arbeitgeber einen Lohnvorschuss.
Hat Silvio Anrecht auf einen Vorschuss?

W8 Antonio Manca hat am 30. April seinen letzten Arbeitstag. Bei der Verabschiedung überreicht ihm der Chef die Lohnabrechnung. Als Antonio die Lohnabrechnung kontrolliert, stellt er mit grossem Erstaunen fest, dass der Chef ihm keinen Anteil am 13. Monatslohn verrechnet hat.
Hat Antonio Anrecht darauf?

W9 Selina hat wegen einer hartnäckigen Mittelohrentzündung im letzten Monat drei Wochen am Arbeitsplatz gefehlt. Als sie ihre Lohnabrechnung erhält, stellt sie fest, dass ihr der Arbeitgeber für die erste Woche der Krankheit keinen Lohn und für die restliche Zeit der Erkrankung nur 80 Prozent des üblichen Lohnes als Krankentaggeld bezahlt.
Ist diese Abrechnung korrekt?

W10 Cornelia Dähler kündigt auf Ende September ihre Stelle. Im März hat sie eine Woche Skiferien in Zermatt verbracht, und für den Monat Juni hat sie bereits drei Wochen Ferien auf Sardinien geplant. Nun weiss sie aber nicht, auf wie viele Wochen Ferien sie tatsächlich noch Anrecht hat.
Helfen Sie ihr.

W11 Fabian Kieser hat einen neuen Job gefunden. Er kündigt deshalb unter Einhaltung der zweimonatigen Kündigungsfrist auf Ende September. Weil er sich in einem finanziellen Engpass befindet, will er bis zum Ablauf der Kündigungsfrist arbeiten und sich die zwei Wochen Ferien, die er noch zugute hat, auszahlen lassen.
Kann das Fabian vom Chef verlangen?

W12 Yves Feller absolviert die Unteroffiziersschule. Insgesamt ist er etwas länger als vier Monate im Militär. Als er seine berufliche Tätigkeit wieder aufnimmt, behauptet der Chef, er dürfe ihm wegen dieser langen Abwesenheit den Ferienanspruch von vier Wochen um eine ganze Woche kürzen.
Darf der Arbeitgeber Yves die Ferien kürzen?

W13   Ihre Ferien verbringen Carlo und Claudia auf den Kanarischen Inseln. Am vierten Ferientag liegt Claudia mit Fieber und Schüttelfrösten im Bett. Da es in der näheren Umgebung keinen deutsch sprechenden Arzt gibt und sie sich zu schwach fühlt, das Hotelzimmer zu verlassen, pflegt Carlo sie mit Medikamenten aus der Reiseapotheke. Nach den Ferien verlangt Claudia vom Arbeitgeber, dass er ihr die drei verpassten Ferientage gutschreibt. Dieser verlangt von Claudia Beweise und weigert sich, auf ihre Forderung einzutreten.
Muss Claudia beweisen, dass sie in den Ferien krank war?

W14   Die Restaurationsfachfrau Fabienne teilt ihrem Chef mit, dass sie drei Wochen Ferien gerne im Juni beziehen möchte, damit sie nicht in der Hochsaison in die Ferien gehen müsse. Ausserdem könne sie in der Vorsaison günstiger reisen. Ihr Chef ist mit ihrem Vorschlag nicht einverstanden und teilt ihr mit, sie könne die drei Wochen im August beziehen, da im Juni Hochbetrieb herrsche.
Muss sich Fabienne mit dieser Antwort zufriedengeben?

W15   Adriana Zeller arbeitet seit sechs Jahren in einer Gärtnerei. Nun schaut sie sich nach einem neuen Job um und verlangt von ihrem Chef ein Zwischenzeugnis. Ihr Arbeitgeber stellt sich auf den Standpunkt, dass er ihr in den Mitarbeitergesprächen mündlich ihre Leistungen mitgeteilt habe und sie erst bei einem allfälligen Austritt ein Arbeitszeugnis erhalten werde. Nachdem Adriana endlich das Arbeitszeugnis erhalten hat, stellt sie fest, dass die Formulierungen nicht aussagekräftig sind. Sie weiss nicht, ob das Zeugnis verschlüsselt ist.
Wie begründen Sie die Forderung nach dem Zwischenzeugnis? Welchen Rat erteilen Sie Adriana Zeller?

W16   Vanessa Burri heiratet und macht kein Geheimnis daraus, dass sie sich bald Kinder wünsche. Der Arbeitgeber kündigt ihr, weil er Arbeitsausfälle und einen reduzierten Einsatz der Arbeitnehmerin befürchtet.
Ist dies erlaubt?

W17   Sandra Graber arbeitet seit sieben Jahren beim gleichen Arbeitgeber. Am 15. August erleidet Sandra einen schweren Motorradunfall. Am 24. Dezember desselben Jahres erhält Sandra das eingeschriebene Kündigungsschreiben. Als Kündigungstermin wird der 28. Februar des folgenden Jahres angegeben.
Wie beurteilen Sie das Vorgehen des Arbeitgebers?

W18   Urs Kraft arbeitet als Maurer. Er ist bekannt als ein Mensch, der schnell jähzornig und gewalttätig wird. Als ihn der Polier zum wiederholten Male auffordert, etwas schneller und exakter zu arbeiten, kann sich Urs nicht mehr unter Kontrolle halten.
Ohne Vorwarnung prügelt er auf den Polier ein, sodass dieser ins Spital eingeliefert werden muss. Der Chef fackelt nicht lange und kündigt Urs fristlos.
Muss Urs die fristlose Kündigung akzeptieren?

W19   Herr Keller arbeitet seit fünf Jahren in der gleichen Firma. Er kündigt seine Stelle Mitte April.
Welche Kündigungsfrist muss Herr Keller einhalten, und wie lautet der Kündigungstermin?

W20 Hans tritt am Montag, 1. Mai, seine neue Stelle an. Bereits am Freitag gefällt es ihm nicht mehr und er kündigt.
Wann endet das Arbeitsverhältnis?

W21 Ursulas Arbeitgeber kündigt nach vier Jahren das Arbeitsverhältnis auf Ende Juli. Am 22. Juli erleidet sie einen Unfall und ist während 90 Tagen arbeitsunfähig.
Welches ist der neue Kündigungstermin?

W22 Peter muss am 5. Juli für drei Wochen ins Militär einrücken. Am 28. Mai erhält er die Kündigung seines Arbeitgebers mit einer Frist von zwei Monaten auf Ende Juli.
Wann endet das Arbeitsverhältnis?

Korrespondenz

K1   Sie bewerben sich auf eine ausgeschriebene Stelle bei einer Tageszeitung.
Erstellen Sie ein Bewerbungsdossier.

K2   Für das Bewerbungsschreiben brauchen Sie eine Referenzperson.
Fragen Sie Ihren ehemaligen Berufsbildner oder Ihre ehemalige Vorgesetzte schriftlich an.

K3   Nachdem Sie Ihren alten Job aufgegeben haben, erhalten Sie Ihr Arbeitszeugnis. Nach Rückfrage beim ehemaligen Arbeitgeber wird Ihnen bestätigt, dass das Arbeitszeugnis nach einer bestimmten Zeugnissprache verschlüsselt abgefasst worden ist. Ihre Leistung wird wie folgt beurteilt: «Er hat die ihm übertragenen Arbeiten zu unserer Zufriedenheit ausgeführt.» Im Klartext heisst das: «Genügende Leistungen». Sie sind mit dieser Qualifikation nicht einverstanden.
Verlangen Sie von Ihrem ehemaligen Arbeitgeber ein neues Zeugnis, und legen Sie ihm gleichzeitig einen Vorschlag bei.

K4   Seit vier Jahren arbeiten Sie im gleichen Betrieb. Obschon Ihnen die Arbeit nach wie vor gefällt, wollen Sie sich verändern und suchen eine neue Stelle.
Schreiben Sie die begründete Kündigung mit dem heutigen Datum auf den nächstmöglichen Kündigungstermin.

Grundsätzliches zum Recht

Einleitung 294

11.1 Rechtsgrundlagen 295
11.2 Personenrecht 299
11.3 Vertragsrecht 301
11.4 Strafrecht 304

Das haben Sie in diesem Kapitel gelernt 307
Wissen anwenden 308

Einleitung

Ein Schiffbrüchiger, der auf eine unbewohnte Insel gespült wird, kann sein Leben auf dieser Insel gestalten, wie es ihm beliebt. Seiner persönlichen Freiheit sind keine Grenzen gesetzt.

Was für den Einzelnen gilt, verliert jedoch in der Gemeinschaft an Bedeutung. Die persönliche Freiheit stösst hier an Grenzen. Um ein vernünftiges Zusammenleben zu gewährleisten, braucht der Mensch «Spielregeln». Jede Person soll die Chance haben, sich in der Gemeinschaft möglichst frei entfalten zu können, sie darf aber die Rechte und Ansprüche der anderen nicht verletzen.

Im Laufe der Zeit hat sich eine Rechtsordnung entwickelt, welche die unterschiedlichsten «Spielregeln» umfasst: überlieferte, nicht aufgeschriebene (z.B. Moral, Brauchtum, Gewohnheitsrecht) und schriftliche (z.B. Verfassung, Gesetze, Verordnungen, Reglemente). Zusätzliche Regeln werden den Menschen durch die Religionen auferlegt.

«*Es gibt nur etwas, das schlimmer ist als Ungerechtigkeit, und das ist Gerechtigkeit ohne Schwert in der Hand. Wenn Recht nicht Macht ist, ist es Übel.*»

Oscar Wilde

«*Etwas ist nicht recht, weil es Gesetz ist, sondern es muss Gesetz sein, weil es recht ist.*»

Charles de Montesquieu

11.1   Rechtsgrundlagen

Aufgaben des Rechts

Der Ausdruck «Recht» stammt von «Regel». Regeln enthalten Vorschriften für das Verhalten der Menschen. Alle geltenden Regeln eines Landes nennt man die Rechtsordnung. Die einzelnen Regeln heissen Rechtsnormen.

Rechtsordnung / Rechtsnormen

Rechtsnormen
- verleihen Rechte (z.B. Niederlassungsfreiheit),
- auferlegen aber auch Pflichten (z.B. Steuerpflicht).

Rechte und Pflichten

Zur Durchsetzung der Rechtsordnung werden
- Gebote und Verbote erlassen (z.B. Strassenverkehrsgesetz),
- Strafen verhängt (z.B. Bussen, Gefängnis).

Gebote und Verbote, Strafen

Alle Rechtsnormen haben die Aufgabe, das Zusammenleben der Menschen in geordnete Bahnen zu lenken und ihnen ein sicheres Leben zu ermöglichen. Deshalb sollte eine Rechtsordnung gerecht sein und sich den wechselnden Lebensumständen einer Gesellschaft anpassen.

Rechtsnormen ermöglichen den Menschen ein geordnetes und sicheres Zusammenleben.

Hierarchie der Rechtsnormen

Bundes-verfassung

Art. 63
Berufsbildung

Die Verfassung ist das Grundgesetz eines Staates. Sie beinhaltet die wichtigsten Leitlinien. Keine andere Rechtsnorm darf der Verfassung widersprechen.

Beispiel **BV Art. 63**
[1] Der Bund erlässt Vorschriften über die Berufsbildung.
[2] Er fördert ein breites und durchlässiges Angebot im Bereich der Berufsbildung.

Gesetz

Bundesgesetz über die Berufsbildung (BBG)

Die Gesetze dienen der näheren Ausführung einzelner Verfassungsartikel. Deshalb haben alle Gesetze eine Grundlage in der Verfassung.

Beispiel **BBG Art. 22**
[3] Wer im Lehrbetrieb und in der Berufsfachschule die Voraussetzungen erfüllt, kann Freikurse ohne Lohnabzug besuchen. (…)

Verordnung

Berufsbildungs-verordnung (BBV)

Die Verordnungen dienen der näheren Ausführung einzelner Gesetze. Es gilt: Ohne Gesetz keine Verordnung.

Beispiel **BBV Art. 20**
[1] (…) Der Umfang von Freikursen und Stützkursen darf während der Arbeitszeit durchschnittlich einen halben Tag pro Woche nicht übersteigen.

Rechtsordnung

Unsere Rechtsordnung gliedert sich in zwei Hauptgruppen, in das öffentliche und das private Recht.

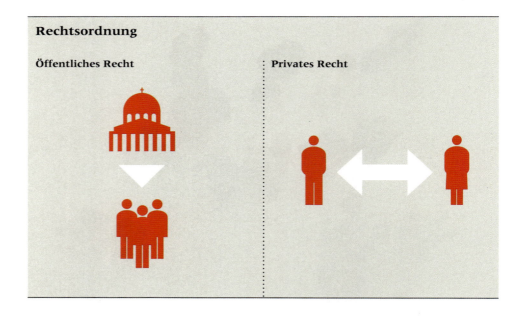

Rechtsordnung

Öffentliches Recht   **Privates Recht**

Öffentliches Recht

Das öffentliche Recht regelt die Rechtsbeziehung zwischen dem übergeordneten Staat und den untergeordneten Bürgerinnen und Bürgern. Das Allgemeininteresse steht somit über dem Sonderinteresse (Gemeinnutz vor Eigennutz).

Das öffentliche Recht ist z.B. geregelt

- in der Bundesverfassung / BV (Struktur und Funktion des Staates),
- im Schweizerischen Strafgesetzbuch / StGB (strafbare menschliche Verhaltensweisen / Strafmass bei strafbaren Handlungen),
- im Schuldbetreibungs- und Konkursgesetz / SchKG (Verfahren beim Eintreiben von Geldforderungen).

Wenn ich das öffentliche Recht verletze, indem ich z.B. eine strafbare Handlung begehe, klagt mich der Staat via Staatsanwalt in einem Strafprozess an.
Die rechtliche Grundlage bietet hier das Schweizerische Strafgesetzbuch (StGB). Darin wird geregelt, was strafbare Handlungen sind und welches Strafmass ausgesprochen werden kann. **Strafprozess**

Privates Recht

Das Privatrecht (oder Zivilrecht) regelt die Rechtsbeziehung zwischen einzelnen Privatpersonen. Die beteiligten Bürger sind bezüglich ihrer Rechte und Pflichten einander gleichgestellt.
Das Privatrecht ist im Zivilgesetzbuch (ZGB) und im Obligationenrecht (OR) geregelt. Diese beiden Gesetzbücher gehören zusammen. Das OR bildet den 5. Teil des ZGB, wird aber als selbstständiger Teil gedruckt.

Teile des Privatrechts

Zivilgesetzbuch (ZGB)	*Personenrecht*	Behandelt die Stellung des Menschen als Träger von Rechten und Pflichten. Hierbei wird unterschieden zwischen natürlichen und juristischen Personen.
	Familienrecht	Ordnet die persönlichen und finanziellen Beziehungen der Familienmitglieder.
	Erbrecht	Regelt die Rechtsnachfolge beim Tod.
	Sachenrecht	Regelt das Eigentum und den Besitz von Sachen.
Obligationenrecht (OR)		Enthält hauptsächlich Bestimmungen über das Vertragsrecht (z.B. Kauf, Miete oder Arbeitsvertrag).

Wenn zwei Parteien Probleme wegen eines Vertrags haben, wird das in einem Zivilprozess geregelt. Der Kläger klagt gegen den Beklagten. Am Ende entscheidet die Richterin oder der Richter aufgrund des OR, wer nun Recht hat. **Zivilprozess**

Rechtsgrundsätze

Rechtsgrundsätze sind Rechtsnormen, die wegen ihrer allgemeinen Tragweite von grosser Bedeutung für unsere Rechtsordnung sind. Im Folgenden werden einige wichtige Rechtsgrundsätze erklärt.

Rechtsgleichheit (BV 8)

Alle Menschen sind vor dem Gesetz gleich. Niemand darf diskriminiert werden, namentlich nicht wegen der Herkunft, der Rasse, des Geschlechts, des Alters, der Sprache, der sozialen Stellung, der Lebensform, der religiösen, weltanschaulichen oder politischen Überzeugung oder wegen einer körperlichen, geistigen oder psychischen Behinderung.
Mann und Frau sind gleichberechtigt.

Treu und Glauben (ZGB 2)

Der Grundsatz «Treu und Glauben» beinhaltet, dass sich alle in der Ausübung ihrer Rechte und in der Erfüllung ihrer Pflichten loyal, anständig, fair, ehrlich und korrekt verhalten. Wer andere übervorteilt («übers Ohr haut»), findet keinen Rechtsschutz.

Beweislast (ZGB 8)

Wer vor Gericht etwas behauptet, hat den Beweis für die behauptete Tatsache zu erbringen. Aus diesem Grund ist es wichtig, rechtzeitig Beweisstücke zu sammeln und aufzubewahren. Viele Rechtsverletzungen können nicht durchgesetzt werden, weil die Beweise fehlen.

Gerichtliches Ermessen (ZGB 4)

In unserer Rechtsordnung gibt es immer wieder Rechtsnormen, die sehr allgemein formuliert sind. Ausserdem bestehen Lücken im Gesetz, d. h., gewisse Rechtsprobleme sind nicht geregelt. Gerichte bzw. Richter müssen dann nach eigenem Ermessen urteilen. Diese richterlichen Entscheidungen müssen in jedem Fall möglichst objektiv, angemessen und sachlich begründet sein. Grundlagen dazu bieten Bundesgerichtsurteile.

Verstanden?

11.1 Welche Aufgabe hat die Rechtsordnung?

11.2 Wie wird die Rechtsordnung durchgesetzt?

11.3 Wo ist festgelegt, worüber es Gesetze gibt?

11.4 In welche zwei Hauptgruppen gliedert sich die schweizerische Rechtsordnung?

11.5 Womit befasst sich das StGB?

11.6 Wie heissen die vier Teile des ZGB?

11.7 Wo finden Sie gesetzliche Vorschriften über Verträge?

11.8 Betreffen die folgenden Beispiele privates oder öffentliches Recht?
a) Sie werden mündig.
b) Sie unterschreiben einen Arbeitsvertrag.
c) Sie mieten eine Wohnung.
d) Sie erhalten eine Busse für zu schnelles Fahren.
e) Sie kaufen ein Auto.

11.9 In welchem Gesetzbuch (ZGB / OR) finden Sie eine Antwort auf die folgenden Probleme?
a) Darf eine jugendliche Person Verträge abschliessen?
b) Ihre Kollegin will ihnen trotz Mahnung ein Darlehen nicht zurückzahlen.
c) Wie hoch ist der Lohnzuschlag auf Überstunden?

11.10 Erklären Sie den Begriff «Rechtsgrundsatz».

11.11 Welche Rechtsgrundsätze gelten?
a) Zwei Bauern besiegeln den Kauf eines Rindes per Handschlag.
b) Ein Kollege von Ihnen behauptet, Sie seien ihm Fr. 100.– schuldig.
c) Sie kaufen auf einem Occasionsmarkt für Autos einen alten Chevrolet. Der Verkäufer versichert Ihnen, dass es sich nicht um ein Unfallauto handle.

11.2 Personenrecht

Das Personenrecht befasst sich mit den natürlichen und juristischen Personen.

Natürliche Personen sind Menschen mit Geschlecht und Alter. Sie können grundsätzlich ihre Handlungen beurteilen, frei entscheiden und selbst handeln. Die Ausübung ihrer Rechte ist vom Alter abhängig.

Natürliche Personen

Juristische Personen sind keine Menschen (keine Rechtsanwälte oder Notarinnen), sondern Verbindungen von mehreren Personen (z. B. Vereine, Aktiengesellschaften). Rechtlich gesehen, sind dies neue, eigenständige Personen. Sie handeln durch ihre Organe (z. B. beim Verein der Vorstand, bei einer Aktiengesellschaft der Verwaltungsrat).

Juristische Personen

Personenrechtliche Bestimmungen

Die Rechtsfähigkeit ist die Fähigkeit, Rechte und Pflichten zu haben (z. B. Recht auf einen anständigen Namen, Erbrecht, Schulpflicht, Steuerpflicht).
Rechtsfähig sind alle Menschen, unabhängig von Alter, Geschlecht, Herkunft oder Geisteszustand (Tiere sind nicht rechtsfähig).

Rechtsfähigkeit (ZGB 11)

Die Handlungsfähigkeit ist die Fähigkeit, durch eigenes Handeln Rechte und Pflichten zu begründen. Handlungsfähig ist, wer urteilsfähig und mündig ist.
Eine urteilsfähige, mündige Person ist somit selbstständig, von den Eltern unabhängig und kann in eigener Verantwortung z. B. Verträge abschliessen (Vertragsfähigkeit). Für alle Rechtshandlungen muss die Verantwortung übernommen werden.

Handlungsfähigkeit (ZGB 12/13)

Die Mündigkeit besitzt, wer das 18. Altersjahr vollendet hat (Volljährigkeit) und nicht bevormundet ist. Die Ehefähigkeit deckt sich mit dem Mündigkeitsalter.
Die religiöse Mündigkeit besitzt, wer das 16. Altersjahr vollendet hat.

Mündigkeit (ZGB 14)

Die Urteilsfähigkeit ist die Fähigkeit, vernunftgemäss zu handeln. Diese ist gegeben, wenn eine Person die Folgen ihrer Handlungen richtig abschätzen kann und charakterlich reif genug ist, sich auch entsprechend ihrer Erkenntnis zu verhalten (z. B. einer Versuchung widerstehen). Das Gesetz legt kein genaues Alter für die Urteilsfähigkeit fest.
Eine urteilsfähige Person muss für ihre Handlungen einstehen und ist deliktsfähig (d. h., die Person haftet für den Schaden aus einer widerrechtlichen Handlung).

Urteilsfähigkeit (ZGB 16)

Fehlen der Urteilsfähigkeit (ZGB 18)

Urteilsunfähig resp. nicht urteilsfähig sind alle Personen, die wegen ihres Kindesalters oder infolge von Geisteskrankheit, Alkoholrausch, Drogenrausch, Schlafwandel oder Schock unfähig sind, vernunftgemäss zu handeln. Rechtshandlungen einer urteilsunfähigen Person sind unwirksam (nichtig), und ein Verschulden ist ausgeschlossen.

Beschränkte Handlungsfähigkeit (ZGB 19)

Urteilsfähige Unmündige (Jugendliche unter 18 Jahren) sind beschränkt handlungsfähig. Sie dürfen z. B. mit ihrem Einkommen Kaufverträge abschliessen (siehe Vertragsrecht, Kapitel 11.3).

Jugendliche unter 18 Jahren sind beschränkt handlungsfähig, sie dürfen mit ihrem Einkommen jedoch selbstständig Kaufverträge abschliessen.

Verstanden?

11.12 Handelt es sich um natürliche oder juristische Personen?
a) Dr. jur. Ernst Huber
b) Turnverein Seldwyla
c) Herr Gerichtspräsident Ammann
d) Nussbaumer AG
e) Migros
f) BSC Young Boys

11.13 Wer ist in der Schweiz rechtsfähig?

11.14 Wann ist eine Person handlungsfähig?

11.15 Erklären Sie die beschränkte Handlungsfähigkeit.

11.16 Wann ist eine Person urteilsunfähig?

11.17 Wer besitzt die religiöse Mündigkeit?

11.18 Kann eine 17-Jährige heiraten?

11.19 Sandra wurde am 13. Juni 2004 geboren. Wann wird sie mündig?

11.20 Erklären Sie den Begriff «deliktsfähig»?

11.3 Vertragsrecht

Zum Abschluss eines Vertrages ist die übereinstimmende gegenseitige Willens-äusserung zweier oder mehrerer Parteien erforderlich.
Der Wille zum Abschluss eines Vertrages muss vorhanden sein (z. B. Kaufs- und Verkaufsabsicht). Jeder Vertragspartner muss dem Vertragsabschluss ausdrück-lich (mündlich/schriftlich) oder stillschweigend (durch ein bestimmtes Verhal-ten) zustimmen. Ein Kaufvertrag kommt z. B. nur dann zustande, wenn sich die Vertragsparteien in den wesentlichen inhaltlichen Punkten einig sind (Gegen-stand, Menge und Preis).

Entstehung (OR 1/2)

Die Voraussetzung für den Abschluss eines Vertrages ist die Handlungsfähigkeit. Eine häufige Ausnahme zu diesem Grundsatz betrifft Jugendliche unter 18 Jah-ren: Verträge, die sie mit ihrem Lohn, den damit gebildeten Ersparnissen oder mit ihrem Sackgeld erfüllen können, sind ohne die Einwilligung der gesetzli-chen Vertreter gültig, obwohl diese Jugendlichen noch nicht mündig sind.

Vertragsfähigkeit

Vertragsformen

Vertragsparteien können frei bestimmen, mit wem und über was sie einen Ver-trag abschliessen wollen. Verträge bedürfen zu ihrer Gültigkeit nur dann einer besonderen Form, wenn das Gesetz dies ausdrücklich vorschreibt (z. B. Lehrver-trag, Gesamtarbeitsvertrag).

Wo keine Formvorschrift besteht, kann ein Vertrag formlos abgeschlossen wer-den, d. h. mündlich.

Mündliche Verträge

Viele Verträge sind formlos gültig und können daher mündlich abgeschlossen werden – so zum Beispiel der Kaufvertrag.

Schriftliche Verträge   Bei wichtigen Verträgen sollten die Parteien aus Beweisgründen ihre Abmachungen immer schriftlich festhalten. Dabei unterscheidet das Gesetz folgende Möglichkeiten:

Varianten schriftlicher Verträge	
Einfache Schriftlichkeit	Der Vertrag muss schriftlich (von Hand oder PC) abgefasst werden und die eigenhändige Unterschrift des Verpflichteten aufweisen (z. B. bei einem Kaufvertrag der Käuferin und des Verkäufers).
Qualifizierte Schriftlichkeit	Der Vertrag erfordert neben der Unterschrift noch andere handschriftliche Vertragsbestandteile (z. B. beim Bürgschaftsvertrag bis Fr. 2000.– die Bürgschaftssumme).
Öffentliche Beurkundung	Der Vertrag wird unter Mitwirkung einer Urkundsperson (Notarin oder Notar) abgeschlossen. Die Urkundsperson fasst den Vertrag ab, lässt ihn von den Parteien unterschreiben und bestätigt mit der eigenen Unterschrift, dass der Inhalt dem Willen der Vertragsparteien entspricht (z. B. Ehevertrag, Erbvertrag).
Eintrag in ein öffentliches Register	Der Vertrag gilt erst mit dem Eintrag in ein öffentliches Register als abgeschlossen (z. B. Eigentumsvorbehalt beim Kauf von Waren mit Konsumkreditvertrag). Interessierte haben die Möglichkeit, Einsicht in das Register zu nehmen. Öffentliche Register sind das Handelsregister, das Grundbuch und das Register «Eigentumsvorbehalt».

Für Verträge von grosser Tragweite (z. B. Kauf einer Liegenschaft, Gründung einer Aktiengesellschaft) sind sowohl die öffentliche Beurkundung als auch der Eintrag in ein öffentliches Register vorgeschrieben.

Vertragsinhalt

Grundsätzlich kann jede beliebige Leistung in einem Vertrag verbindlich vereinbart werden. Dieser Vertragsfreiheit sind aber gesetzliche Grenzen gesetzt.

Nichtige Verträge   Nichtige Verträge sind ungültig und können nicht durchgesetzt werden.

Beispiele nichtiger Verträge (OR 20)	
Unmöglicher Vertragsinhalt	Ein Vertrag ist unmöglich, wenn bereits bei Vertragsabschluss niemand in der Lage ist, die vertragliche Pflicht zu erfüllen (z. B. Ferienreise auf den Mars).
Widerrechtlicher/rechtswidriger Vertragsinhalt	Ein Vertrag ist rechtswidrig, wenn er gegen das Gesetz verstösst (z. B. Ware schmuggeln, mit Drogen dealen).
Unsittlicher Vertragsinhalt	Ein Vertrag ist unsittlich, wenn er gegen das allgemeine Rechtsempfinden, d. h. gegen die guten Sitten verstösst (z. B. Frauenhandel, Vereinbarungen von Schmier- und Schweigegeldern).

Ein anfechtbarer Vertrag ist grundsätzlich zustande gekommen und deshalb nicht ungültig. Die benachteiligte Partei kann den Vertrag jedoch innerhalb eines Jahres anfechten und der Gegenpartei erklären, dass sie den Vertrag nicht einhalten wolle, sondern die Aufhebung oder eine Änderung verlange.

Anfechtbare Verträge

Beispiele anfechtbarer Verträge	
Wesentlicher Irrtum (OR 23/24)	Ein wesentlicher Irrtum liegt dann vor, wenn der Irrtum so schwerwiegend ist, dass der Vertrag nicht abgeschlossen worden wäre, wenn der Irrende den wahren Sachverhalt gekannt hätte (z.B. echtes Bild erweist sich als Fälschung).
Absichtliche Täuschung (OR 28)	Eine absichtliche Täuschung liegt bei der Vorspiegelung falscher Tatsachen oder beim Unterdrücken von Tatsachen vor (z.B. Unfallauto wird als unfallfrei verkauft).
Drohung (OR 29)	Eine Drohung liegt vor, wenn eine Person einer anderen droht, ihr oder einer ihr nahe stehenden Person im Falle des Nichtabschlusses eines bestimmten Vertrages Schaden zuzufügen (z.B. Person stimmt einem Liegenschaftsverkauf zu, weil ihr Leben bedroht wird).
Übervorteilung (OR 21)	Eine Übervorteilung liegt vor, wenn zwischen der vereinbarten Leistung und der Gegenleistung ein krasses Missverhältnis besteht oder wenn sich der Übervorteilte zur Zeit des Vertragsabschlusses in einer wirtschaftlichen oder persönlichen Notlage befunden hat (z.B. wenn eine Person dringend Geld braucht und jemand ihr ein Darlehen zu 20 Prozent Zins gewährt).

Verjährung

In der Regel erlöschen vertragliche Vereinbarungen, indem sie erfüllt werden. Werden die vertraglichen Vereinbarungen nicht erfüllt, und die Gläubigerin kümmert sich nicht um ihre Forderung, verjährt diese nach einer bestimmten Zeit, d.h., die Gläubigerin kann den Schuldner nicht mehr zur Zahlung zwingen. Die verjährte Forderung wird unklagbar und lässt sich mittels Betreibung nicht mehr einfordern.

Beispiele Verjährungsfristen
- Maximale Verjährungsfrist: 10 Jahre
- Mietzinse, Arzt- und Handwerkerrechnungen, Lohnforderungen: 5 Jahre
- Forderung an eine Versicherung: 2 Jahre
- Bussen im Strassenverkehr: 1 Jahr

Verstanden?

11.21 Wie entsteht ein Vertrag?

11.22 Wer darf einen Vertrag abschliessen?

11.23 Warum ist es empfehlenswert, wichtige Verträge schriftlich abzuschliessen?

11.24 Zählen Sie vier schriftliche Vertragsformen auf.

11.25 Erklären Sie die «öffentliche Beurkundung».

11.26 Welche Vertragsinhalte sind nichtig?

11.27 Was ist eine Übervorteilung?

11.28 Worin besteht der Unterschied zwischen einem nichtigen und einem anfechtbaren Vertrag?

11.29 Welche Folgen hat eine Verjährung für den Schuldner bzw. die Schuldnerin?

11.4   Strafrecht

Zweck des Strafrechts ist es, die wichtigsten Rechtsgüter der Menschen zu schützen. Dazu gehören unter anderem Leib und Leben, Freiheit, sexuelle Selbstbestimmung sowie Eigentum bzw. Vermögen. Verletzt jemand ein strafrechtlich geschütztes Rechtsgut, muss er mit Bestrafung rechnen. Es spielt dabei keine Rolle, ob einem der entsprechende Artikel des Strafgesetzes bekannt ist oder nicht. Die Kenntnis dieser Artikel wird vorausgesetzt, da es sich hier um die grundlegendsten Rechte der Menschen überhaupt handelt.

Grundsätze des Strafrechts

Im Strafrecht gibt es einige Grundsätze, die man kennen sollte.

Keine Strafe ohne Gesetz (StGB 1)

Der wichtigste Grundsatz heisst «Keine Strafe ohne Gesetz». Er legt fest, dass nur Personen bestraft werden können, die eine Tat begangen haben, die das Gesetz ausdrücklich mit Strafe bedroht. Dieser Grundsatz ist ausserordentlich wichtig und wird deshalb im ersten Artikel des Strafgesetzbuches (StGB) explizit genannt. Seine Aufgabe ist es, die Bürgerinnen und Bürger vor Willkür zu schützen. Denn: Wenn nicht bekannt ist, was verboten ist, kann man auch nicht wissen, ob man etwas Ungesetzliches tut oder nicht.

Keine Strafe ohne Schuld (StGB 12)

Das heute geltende Strafrecht ist ein Schuldstrafrecht. Das bedeutet, dass Personen nur dann von einem Strafrichter verurteilt werden dürfen, wenn ihnen die Schuld für ihr Delikt nachgewiesen werden kann. Das Strafrecht kennt die beiden Schuldformen «Vorsatz» und «Fahrlässigkeit». Hat jemand ein Delikt nicht vorsätzlich begangen und kann ihm auch nicht Fahrlässigkeit nachgewiesen werden, trägt er keine Schuld – für den Zufall muss niemand haften! Ebenfalls nicht schuldfähig ist z. B. eine Person, die zum Zeitpunkt der Tat unzurechnungsfähig (nicht urteilsfähig) war.

Strafmass

Es ist Aufgabe des Gerichts, das Strafmass festzulegen. Das Gesetz schreibt der Richterin oder dem Richter nur den Strafrahmen vor, an den sie oder er sich zu halten hat. Für einen Mord beträgt der Strafrahmen gemäss StGB zwischen 10 und 25 Jahren Freiheitsstrafe. Es liegt nun an der Strafrichterin oder am Strafrichter zu entscheiden, welches Strafmass im Einzelfall angemessen ist. Bei der Festlegung der Strafe hat das Gericht das Verschulden des Täters, dessen Beweggründe, dessen Vorleben sowie die persönlichen Verhältnisse zu berücksichtigen.

Deliktarten

Bei Offizialdelikten geht der Staat von sich aus gegen Straftäter vor und wartet nicht zuerst auf die Anzeige der Geschädigten. Beispiele für Offizialdelikte sind Raub, Tötung, Vergewaltigung oder die meisten Vermögensdelikte.

Offizialdelikt

Bei Antragsdelikten hingegen erfolgt die Strafverfolgung gegen die Täterin nicht von Amtes wegen, sondern nur auf Anzeige des Geschädigten hin. Antragsdelikte bilden im schweizerischen Strafrecht die Ausnahme. Beispiele hierfür sind Diebstahl zum Nachteil eines Angehörigen, Ehrverletzung, Drohung und Hausfriedensbruch. Der Staat soll sich hier nicht ohne ausdrücklichen Willen des Geschädigten in Sachverhalte einmischen, die eher dem Privatbereich dieser Person zuzuordnen sind.

Antragsdelikt

Strafen

Im schweizerischen Strafrecht gibt es drei Arten von Sanktionen: Freiheitsstrafe, Geldstrafe oder gemeinnützige Arbeit.

Die Dauer der Freiheitsstrafe beträgt in der Regel mindestens sechs Monate und höchstens 20 Jahre. Wo es das Gesetz ausdrücklich bestimmt, dauert die Freiheitsstrafe lebenslänglich.

Freiheitsstrafe (StGB 40)

Die Geldstrafe kennt zwei Komponenten: die Anzahl Tagessätze (nach Verschulden) und die Höhe des Tagessatzes (nach persönlichen und finanziellen Verhältnissen). Falls Verurteilte die (unbedingte) Geldstrafe nicht bezahlen wollen oder können, tritt an die Stelle der Geldstrafe eine sogenannte Ersatzfreiheitsstrafe, wobei ein Tagessatz einem Tag Freiheitsstrafe entspricht.

Geldstrafe (StGB 34–36)

Die gemeinnützige Arbeit wird von der Richterin oder dem Richter mit dem Einverständnis der Täterin oder des Täters angeordnet. Das Gericht bestimmt die Anzahl Stunden, welche die verurteilte Person zu leisten hat. Vier Stunden gemeinnützige Arbeit entsprechen einem Tagessatz Geldstrafe oder einem Tag Freiheitsstrafe.

Gemeinnützige Arbeit (StGB 37–39)

Wer einen Mord begeht, wird mit 10 bis 25 Jahren Freiheitsstrafe bestraft. Das exakte Strafmass legt die Richterin / der Richter fest. Im Bild die bernische Strafanstalt Thorberg.

Massnahmen

Bei den Massnahmen wird hauptsächlich unterschieden zwischen den therapeutischen Massnahmen, der Verwahrung und den anderen Massnahmen.

Verwahrung (StGB 64) Die Verwahrung ist die härteste Massnahme, bei der eine verurteilte Person unter Umständen nie mehr seine Freiheit zurückerlangt. Sie sollte nur in Ausnahmefällen und als letztes Mittel ausgesprochen werden, z. B. dann, wenn die Sicherheit der Öffentlichkeit vor bestimmten, nicht therapierbaren Täterinnen und Tätern höher eingeschätzt wird als deren persönliche Freiheit.

Therapeutische Massnahmen (StGB 56ff) Bei psychisch kranken oder drogenabhängigen Personen ist eine Freiheitsstrafe oft nicht sinnvoll. In diesen Fällen werden therapeutische Massnahmen angeordnet.

Andere Massnahmen (StGB 69) Die Richterin oder der Richter kann als andere Massnahme z. B. ein Berufsverbot, die Veröffentlichung des Urteils, die Einziehung von Gegenständen (z. B. Raserauto) oder von Vermögenswerten sowie neu ein Fahrverbot anordnen.

Jugendstrafrecht

Für Jugendliche von 10 bis 18 Jahre gilt ein besonderes Jugendstrafrecht. Um straffällig gewordene Jugendliche wieder in die Gesellschaft zu integrieren, werden vor allem erzieherische Massnahmen ergriffen.

Jugendliche, welche zur Zeit der Tat das 16. Altersjahr vollendet haben, können bei besonders schweren Delikten jedoch mit Freiheitsentzug bis zu vier Jahren bestraft werden.

Verstanden?

11.30 Was bedeutet «Keine Strafe ohne Schuld»?

11.31 Erklären Sie den Unterschied zwischen «Antragsdelikt» und «Offizialdelikt» mit Beispielen.

11.32 Unterscheiden Sie die drei Sanktionen im schweizerischen Strafrecht.

11.33 Was wird bei der Strafzumessung berücksichtigt?

11.34 Warum ist die Verwahrung die härteste Massnahme; was sollte deshalb dabei beachtet werden?

11.35 Warum werden im Jugendstrafrecht vor allem erzieherische Massnahmen ergriffen?

Das haben Sie in diesem Kapitel gelernt

- **Rechtsgrundlagen**
  Welche Aufgaben die Rechtsordnung hat.
  Wie die Rechtsnormen hierarchisch gegliedert sind.
  Wie sich privates und öffentliches Recht unterscheiden.
  Welche wichtigen Rechtsgrundsätze in der Schweiz gelten.

- **Personenrecht**
  Wie sich natürliche und juristische Personen unterscheiden.
  Welche Bedeutung die Begriffe Rechtsfähigkeit, Urteilsfähigkeit,
  Mündigkeit, Handlungsfähigkeit haben.

- **Vertragsrecht**
  Welche Vertragsformen unterschieden werden.
  Welche Vertragsinhalte anfechtbar, welche nichtig sind.
  Wann vertragliche Abmachungen verjähren.

- **Strafrecht**
  Welches die wichtigsten Grundsätze im Strafrecht sind.
  Welche zwei Deliktarten in der Schweiz unterschieden werden.
  Welche Strafen in der Schweiz bei Gesetzesübertretungen verhängt
  werden.
  Warum das Jugendstrafrecht spezielle Regelungen enthält.

Wissen anwenden

Hinweis: Die Antworten zu den Fragen, die mit einem Ja oder Nein beantwortet werden können, müssen Sie begründen.

W1 Der sehr begüterte Architekt Walter Arnold wird wegen Fahrens in angetrunkenem Zustand mit Fr. 8000.– gebüsst. Für das gleiche Vergehen erhält der Coiffeur Hans Klein eine Busse von Fr. 2000.–.
Ist das gerecht?

W2 Entscheiden Sie, ob die folgenden Fälle rechtlich zulässig sind, und begründen Sie Ihren Entscheid (urteilsfähig, urteilsunfähig, mündig, unmündig, beschränkt handlungsfähig, handlungsfähig).
   a) Herr Berger ist 30-jährig und von Beruf Drogist. Vor Jahren hat er sich bei einem Unfall schwere Verletzungen zugezogen, seither ist er invalid. Nun hat er im Sinn, sich selbstständig zu machen und eine eigene Drogerie zu eröffnen.
   b) Frau Zbinden ist Alkoholikerin und bevormundet. Nun erbt sie Fr. 26000.–. Mit dem Geld will sie sich ein Auto kaufen. Ohne mit ihrem Vormund Rücksprache zu nehmen, schliesst sie einen Kaufvertrag ab.
   c) Sandra, 19-jährig, besucht eine Mittelschule. Sie beschliesst, die Schule aufzugeben und eine berufliche Grundbildung als Floristin zu beginnen.
   d) Die 17-jährige Fabienne kauft sich mit ihrem verdienten und ersparten Geld einen Laptop. Ihr Vater ist mit diesem Entscheid nicht einverstanden und fordert Fabienne auf, diesen Kauf rückgängig zu machen.

W3 Anna, 16½-jährig, tritt einer religiösen Vereinigung bei, von der bekannt ist, dass sie ihre Mitglieder stark beeinflusst, totale Unterwerfung unter die Sektenvorschriften verlangt und ihre Mitglieder den Familien entfremdet. Die Eltern sind mit dem Beitritt überhaupt nicht einverstanden und fordern Anna zum Austritt auf.
Können sie das von Anna verlangen?

W4 Eine ältere, urteilsfähige Dame schreibt in ihrem Testament: «Mein Einfamilienhaus soll meine Katze Tiger erben.»
Kann eine Katze als Erbin eingesetzt werden?

W5 Ramona, eine 17-jährige Katholikin, will einen 23-jährigen Muslim heiraten und anschliessend mit ihm nach Marokko ziehen.
Ist sie zu diesen Handlungen berechtigt?

W6 Ein Nachtwandler stösst auf seinem nächtlichen Gang eine brennende Kerze um. Dadurch entsteht ein Brand. Der Hauseigentümer verklagt den Nachtwandler und verlangt die Bezahlung des Schadens.
Muss der Nachtwandler für den Schaden aufkommen?

W7 Der 12-jährige Fabian überredet an seinem schulfreien Nachmittag den 5-jährigen Hugo, mit ihm zusammen von einer Autobahnbrücke Steine auf die vorbeifahrenden Fahrzeuge zu werfen. Mit einem gemeinsam über das Brückengeländer gehobenen Stein beschädigen die beiden ein Fahrzeug.
Können die beiden Knaben zur Verantwortung gezogen werden?

W8 Beat hat endlich das nötige Geld zusammen, um sich einen Occasionswagen zu kaufen. Eine Autohändlerin verkauft dem unerfahrenen Beat einen rostigen Occasionswagen für Fr. 8000.–. Nach einigen Wochen merkt Beat, dass er mit diesem Auto einen Missgriff getätigt hat.
Was kann er tun?

W9 Beim Jassen verspricht Bauunternehmer Sauber seinen Jasskollegen zwei Wochen Ferien auf den Malediven, wenn sie im Gemeinderat dafür sorgen, dass er die neue Turnhalle bauen darf.
Wie beurteilen Sie diese Situation?

W10 Der 17-jährige Lernende Beat Klein hat den Wunsch, selbstständig zu werden und sich ein eigenes Zimmer auswärts zu mieten. Er meldet sich auf ein Inserat bei einem Vermieter.
Kann hier ein Mietvertrag zustande kommen?

W11 Der 9-jährige Peter ist ohne Einwilligung der Eltern auf Shoppingtour. Er kauft ein paar CD und eine Micro-Hi-Fi-Anlage für Fr. 280.–. Die Eltern sind mit dem Kauf des teuren Gerätes nicht einverstanden und verlangen deshalb vom Verkäufer, dass er es zurücknimmt und das Geld zurückerstattet.
Muss der Verkäufer diesem Wunsch Folge leisten?

W12 Sandra will sich endlich den Traum von Freiheit und Abenteuer erfüllen. Bei einem Motorradhändler kauft sie sich einen neuen Töff zum Preis von Fr. 15 000.–.
Welche Vertragsform kommt bei diesem Kauf zur Anwendung?

W13 Wegen einer neuen Anstellung ist Frau Meier gezwungen, ihre Eigentumswohnung zu verkaufen.
Welcher Vertragsformen bedarf dieser Verkauf?

Stichwortverzeichnis

A

Absichtliche Täuschung 303
Absolutes Mehr 95
Abstrakte Malerei 127
Abstrakter Expressionismus 128
Aktie 35
Aktivgeschäft 33
Alkohol 60
Allgemeinverbindlicherklärung (AVE) 286
Alte Eidgenossenschaft 85
Alters- und Hinterlassenenversicherung (AHV) 75
Altersvorsorge 75
Amnesty International 231
Anfechtbarer Vertrag 303
Anfrage 41
Angebot 179
Angebotskurve 179
Antragsdelikt 305
Arbeit 185
Arbeitgeberverband 105
Arbeitnehmerverband 105
Arbeitslosenversicherung (ALV) 74
Arbeitslosigkeit 192
Arbeitsmarkt 215
Arbeitsvertrag 273
Arbeitszeit 14, 284
Arbeitszeugnis 16, 279
Architektur 131
Armut 227
Asyl 216
Aufbewahrungspflicht 43
Auslandschweizer 213

B

Ballett 134
Bank 32
Banküberweisung 37
Barkauf 44
Bedürfnis 177
Berufsbildung 9
Berufsfachschule 9
Beschränkte Handlungsfähigkeit 300
Bestellung 41
Besteuerungsformen 196
Betreibung 43
Bevölkerungsentwicklung 207
Bewegungsarmut 61
Bewerbung 268
Bilaterale Verträge 170
Bildende Kunst 123
Bildhauerkunst 131

Biokapazität 218
Boden 185
Bonus 67
Bruttoinlandprodukt (BIP) 187
Bruttolohn 31
Budget 39
Bundesgericht 112
Bundeskanzlei 111
Bundesrat 109
Bundesstaat 89
Bundesverwaltung 111
Bürgerlich-Demokratische Partei (BDP) 103

C

Christlichdemokratische Volkspartei (CVP) 102

D

Dadaismus 127
Darstellende Kunst 132
Dauerauftrag 37
Debitkarte 38
Demokratie 90
Departement 111
Dienstleistungsgeschäft 33
Diktatur 91
Direkte Steuern 196
Doppeltes Mehr 94
Dramatik 141
Dritte Säule 77
Drohung 303

E

E-Banking 37
Ehe 251
Eigentumsvorbehalt 45
Einfache Schriftlichkeit 302
Einfacher Wirtschaftskreislauf 182
Einheitsstaat 89
Einkommensverteilung 189
Einzelarbeitsvertrag (EAV) 274
Emigration 213
Energie 220
Entwicklung 227
Entwicklungsländer 228
Entwicklungspolitik 228
Entwicklungszusammenarbeit 229
Epik 140
Erbrecht 258
Ernährung 61
Errungenschaftsbeteiligung 256
Erweiterter Wirtschaftskreislauf 183

Erwerbsersatzordnung (EO) 74
Ethik 49
EU-Binnenmarkt 162
Euro 163
Europäische Freihandelsassoziation (EFTA) 168
Europäische Gemeinschaft für Kohle und Stahl (EGKS) 160
Europäische Kommission 166
Europäische Union (EU) 159, 164
Europäische Verfassung 166
Europäische Wirtschaftsgemeinschaft (EWG) 161
Europäischer Rat 165
Europäischer Wirtschaftsraum (EWR) 169
Europäisches Parlament 166
Evangelische Volkspartei (EVP) 103
Exekutive 109
Exporte 157
Expressionismus 126

F

Fairtrade 49
Familienname 252
FDP. Die Liberalen 102
Feiertage 279
Ferien 15, 277
Film 135
Fixe Kosten 39
Fixkauf 42
Föderalismus 89
Fonds 35
Fotografie 130
Fraktion 109
Franchise 71
Frauenstimmrecht 87, 249
Freiheitsstrafe 305
Fristlose Kündigung 12, 282

G

Garantie 42
Geldanlagemöglichkeiten 34
Geldinstitut 32
Geldstrafe 305
Generalstreik 87
Gesamtarbeitsvertrag (GAV) 286
Geschlechterrollen 23
Gesellschaftliche Risiken 65
Gesetzgebungsprozess 113
Gewährleistung 42
Gewalt 63
Gewaltenteilung 108

Gewerkschaften 105
Gleichberechtigung 249
Gleichstellung 23
Globale Hektare 218
Globalisierung 155
Grafik 130
Gratifikation 276
Greenpeace 232
Grossbank 32
Grundhaltung 100
Grundrechte 92
Grundversicherung 71
Grüne Partei der Schweiz (GPS) 103
Grünliberale Partei Schweiz (GLP) 103
Güterarten 179

H

Haftpflichtversicherung 67
Handelsblock 156
Handelsschranke 155
Handlungsfähigkeit 299
Hausratversicherung 69
Helvetische Republik 85

I

Immigration 214
Importe 157
Indirekte Steuern 196
Inflation 193
Initiative 99
Instanzenweg 112
Interessengruppe 100
Internationale Konferenzen 233
Internationale Organisationen 230
Internationales Komitee vom Roten
    Kreuz (IKRK) 232
Invalidenversicherung (IV) 74

J

Judikative 112
Jugendstrafrecht 306
Juristische Person 299

K

Kantonalbank 32
Kapital 185
Kapitaldeckungsverfahren 76
Kaskoversicherung 69
Kaufkraftverlust 193
Kaufvertrag 40
Kausalhaftung 68
Kaution 241
Kindesverhältnis 254
Kleindarlehen 45
Klimaveränderung 223
Kollegialitätsprinzip 110
Kommission 109
Kommunikation 19
Konflikt 17, 63
Konjunktur 192
Konkordanz 109
Konkubinat 250
Konsumkreditvertrag 45
Konten 35

Krankenversicherung 71
Krankheit 62, 277
Kreditfähigkeit 45
Kreditkarte 37
Kreditkauf 44
Kubismus 126
Kultur 121
Kündigung 12, 245, 280
Kündigungsfrist 280
Kunst 122
Kyoto-Protokoll 226

L

Lastschriftverfahren (LSV) 37
Leasing 46
Lebenslauf 268
Lebensmittellabel 49
Lebensversicherungen 77
Legislative 109
Lehrbetrieb 9
Lehrvertrag 11
Lerntipps 18
Lieferung 42
Lieferungsverzug 42
Literatur 139
Lohn 14, 31
Lohnabzüge 31
Lohnfortzahlung 276
Lorenzkurve 189
Lyrik 142

M

Mahnkauf 42
Majorzwahl 96
Malerei 124
Malus 67
Mängel 242
Mangelhafte Lieferung 42
Mängelliste 241
Mängelrüge 42
Markt 180
Marktgleichgewicht 180
Marktversagen 191
Marktwirtschaft 190
Mediation 85
Medienkunst 135
Mehrwertsteuer (MWST) 199
Menschenrechte 92
Mietende 245
Mieterschutz 247
Miet-Kauf-Vertrag 48
Mietvertrag 241
Mietzins 242
Migration 209
Migrationsströme 210
Millenniumsziele 229
Minderung 42
Ministerrat 165
Modern Dance 134
Motorfahrzeughaftpflichtversicherung 67
Mündigkeit 299
Mündlicher Vertrag 301
Musical 133
Musik 143

N

Nachfrage 177
Nachhaltigkeit 226
Nationalrat 109
Natürliche Person 299
Nettolohn 31
Neutralität 86
Nichtiger Vertrag 302
Nichtregierungsorganisationen (NGO)
    106, 231
North Atlantic Treaty Organization
    (NATO) 231
Nutzen 178

O

Obligation 35
Obligationenrecht (OR) 297
Öffentliches Recht 297
Offerte 41
Offizialdelikt 305
Ökobilanz 51
Ökologie 49
Ökologischer Fussabdruck 218
Oper 133

P

Parlament 104, 109
Partei 100
Passivgeschäft 33
Pensionskasse 76
Personenfreizügigkeit 170, 215
Personenrecht 299
Personenversicherung 71
Persönliche Risiken 60
Pflichten der Arbeitnehmenden 274
Pflichten der Berufsbildenden 16
Pflichten der Lernenden 13
Pflichten des Arbeitgebers 276
Planwirtschaft 190
Politische Rechte 93
Pop-Art 129
Preisbildung 180
Preisüberwachung 50
Privates Recht 297
Privathaftpflichtversicherung 68
Probezeit 12, 274
Produktionsfaktor 185
Proporzwahl 96
Prozessarten 112
Pull-Faktoren 209
Push-Faktoren 209

Q

Qualifikationsverfahren 15
Qualifizierte Schriftlichkeit 302
Qualifiziertes Mehr 95
Quittung 43

R

Rechte der Lernenden 14
Rechtsfähigkeit 299
Rechtsgrundsätze 298
Rechtsnormen 295
Rechtsordnung 295

Rechtsschutzversicherung 69
Referendum 98
Reformation 85
Regierungsform 90
Regress 67
Reiseschecks 38
Relatives Mehr 95
Rendite 34
Ressourcenverbrauch 221
Restauration 86
Risiko 34, 59
Risikomanagement 59
Roman 140
Römer Verträge 161

S
Sachversicherungen 69
Schauspielkunst 132
Schecks 38
Schriftliche Verträge 302
Schulden 39
Schuldenbremse 194
Schweizerische Nationalbank (SNB)
    32, 193
Schweizerische Volkspartei (SVP) 102
Selbstbehalt 72
Session 109
Sexualität 64
Smartspider 101
Solidarhaftung 241
Solidaritätsprinzip 66
Sozialdemokratische Partei der Schweiz
    (SPS) 102
Sozialversicherung 71
Sozialversicherungsbeiträge 31
Sperrfrist 281
Staatenbund 89
Staatsaufgaben 114
Staatsbürgerliche Pflichten 93
Staatsbürgerliche Rechte 93
Staatsfinanzierung 195
Staatsform 89
Staatsversagen 191

Staatsverschuldung 194
Ständemehr 94
Ständerat 109
Stellensuche 267
Steuererklärung 200
Steuerprogression 197
Stiftung für Konsumentenschutz (SKS) 50
Stille Wahl 96
Stimmrecht 94
Strafe 305
Strafmass 304
Strafrecht 304
Stress 63
Strukturwandel 186
Surrealismus 128

T
Tabak 60
Tanz 134
Theater 133
Travel Cash 38
Treibhauseffekt 223
Trinkwasser 221

U
Überbetriebliche Kurse 9
Überstunden 13, 14, 275
Übervorteilung 303
Umlageverfahren 75
Umweltpolitische Instrumente 225
Umzug 240
Unbestellte Ware 41
Unfall 62, 277
Unfallversicherung 73
United Nations Organization (UNO) 231
Untermiete 244
Unterversicherung 69
Urteilsfähigkeit 299

V
Variable Kosten 39
Verband 105
Vereinigte Bundesversammlung 109

Verfügbarkeit 34
Verjährung 303
Verlobung 251
Verrechnungssteuer 198
Versicherungen 66
Vertrag von Maastricht 162
Vertragsformen 301
Vertragsinhalt 302
Vertragsrecht 301
Verwahrung 306
Vierfache Botschaft 20
Volksmehr 94
Vorstellungsgespräch 271

W
Wachstum 188
Wahlrecht 95
Wandelung 42
Wasser 221
Wertschrift 35
Wesentlicher Irrtum 41, 303
Wettbewerb 180
Wirtschaftsformen 190
Wirtschaftskreislauf 182
Wirtschaftspolitik 191
Wirtschaftssektor 186
Wissen 185
Wohlfahrt 187
Wohlstand 187, 192
Wohnen 239
Wohnungssuche 239
World Economic Forum (WEF) 233
World Trade Organization (WTO) 231
World Wild Fund For Nature (WWF) 232

Z
Zahlung 43
Zahlungsverkehr 37
Zahlungsverzug 43
Zauberformel 87
Zins 34
Zivilgesetzbuch (ZBG) 297
Zusatzversicherung 72

Bildnachweis

- Bundesamt für Gesundheit (BAG): S. 60
- Burkhard Balthasar, Bern: S. 130 (unten)
- Brenzoni Maurizio, Archives of Fondazione Arena di Verona:
  S. 132
- Bundesbehörden der Schweizerischen Eidgenossenschaft:
  S. 110
- European Communities: S. 170
- Europäisches Parlament: S. 166
- Greenpeace/Ex-Press/Forte: S. 106
- iStockphoto: S. 14, 37, 62, 121 (oben), 121 (rechts),
  121 (unten links), 121 (unten rechts), 196, 198, 242, 254,
  270, 281, 293

- Keystone: S. 44, 50, 57, 65, 70, 86, 87, 90, 92, 123, 127
  (unten), 128 (unten), 129, 133, 139, 146, 153, 169, 175, 184,
  209, 210, 300, 301
- Max-Havelaar-Stiftung (Schweiz): S. 49
- Parlamentsdienste, Bern: S. 83
- Photocase: S. 35, 47, 252, 295
- Schwander Philipp, Bern: S. 9, 29, 241, 305
- Schweizerische Nationalbibliothek, Grafische Sammlung:
  S. 249 (beide)
- ullstein bild: S. 7, 32, 33, 122, 124, 131 (oben), 131 (unten),
  134 (oben), 134 (unten), 135, 136, 138, 144, 145, 159, 160,
  205, 213, 237, 239, 256, 265, 275, 282